朱小蔓——著

第二卷 情感发展与素质教育

朱小蔓文集

北京师范大学出版集团
BEIJING NORMAL UNIVERSITY PUBLISHING GROUP
北京师范大学出版社

目

录

爱，无言的道德命令^①

  2008 年 5 月 12 日，四川突发里氏 8.0 级大地震。我们所有人都在抗震救灾中受到了深刻的情感教育。很多天以来，我们浸入了最真实、最强烈、最感人、最受教育的巨大社会氛围之中，这让我们真切感受到了善良、正义、利他、奉献、责任、爱国、民族利益高于一切等美好而动人的情感。所有这些感受和体验，是中华民族巨大的精神财富。有感于此，故作此文。此文曾发表于《中国教育报》2008 年 5 月 27 日第三版。现收入文集，作为本卷的开篇，以此展开对人的情感发展与素质教育的讨论。

  情感对一个人的行为和品质的养成十分重要。作为教育工作者，我们尤其关注情感质量与人的素质之间的关系。情感是人的行为最本质的表现，是一个人认同什么样的价值观的"标识器"，是培养一个人、一个群体精神的最好原材料。

  那么，我们到底需要什么样的情感？应该培养什么样的情感？

  人是社会的人，是有社会意识的人，所以，我们需要社会性情感。情为何而发？为何而系？人类学研究认为，个体成长过程中最早出现的情感有同情、怜悯、羞耻、敬畏等。这意味着，这些情感对道德有

---

① 本文是作者发表在《中国教育报》2008 年 5 月 27 日上的文章。

重要的支持作用，是道德教育的原材料。在此基础之上，移情、依恋、信赖、利他、奉献、爱国等情感才会产生。一般来说，原始—社会性情感是与生俱来的；而较高级的情感，则要通过家庭教育、社会教育、学校教育以及自我教育不断强化，并在主体身上表现出来。

情感与道德关系密切。道德行为不仅依赖知识、认知能力，而且需要情感作为内在驱动力。因为只有知识、认知能力，不足以产生行为；只有当情感强大到一定程度时，才会催生行为。情感是重要的，而且需要培养。但是，如果社会风气不良，到处是冷漠、麻木和钩心斗角，人们看不到自己期待的美好情感，就会对人类到底有无真善美的情感产生怀疑。其实，人性中本来就有这些美好的情感，只是一时被遮蔽起来了。

在这次灾难中，人们突然发现，原来我们身上还有那么多美好的品质。亲情、爱情、友情的萌发相较而言是比较自然的，但更高级的情感和由此产生的行为却并不容易出现。

爱的情感是生命持存的力量。蓥华镇中学八年级女生蒋德佳和九年级女生廖丽互不相识，但当听到对方的声音时，她们隔着钢筋水泥和碎石互相说话、彼此鼓劲，为救援赢得了时间。

不仅身在地震灾区的人们受到这些爱的力量的感染，灾区之外的人们，通过电视、网络、广播等各种媒体的播报，也身临其境、感同身受。在这场突如其来的灾难中，人们不仅在忍受苦难，也在创造伟大。人们并非徒有肉身，只寻求生存本能的满足，而是在真心互助，在无私奉献。他们被爱的力量感染着，又于无形中传递着爱的力量。爱似乎直抵人的心灵深处，成为无言的道德命令。

为什么在和平时期人们能通过这场灾难感受到非同寻常的崇高？其实，中国人的文化本性中就带有这些元素，虽然有时外部环境的变化把它们遮蔽起来了，将它们淡化、钝化了，但是危机能把它们激发得淋漓尽致。人是生活在历史文化中的人，五千年的文明在中华儿女的"文化基因"里形成了无法泯灭的文化积淀和道德自觉。中华民族的血脉中流淌着自强不息、自食其力、善待他人、仁义待人、投桃报李的血液。以仁爱为核心的道德情感是中国人的立身之本、文化之根。因此，中华民族的力量是无可比拟的。以仁爱、利他为标志的道德情感、伦理文化及其传承是中华民族最优秀的财富，这些情感的迸发使我们对民族文化充满了信心，它们是我们强大的精神依靠。

作为教育工作者，我们要思考，教育特别是学校教育应当如何培养学生的高尚情感。

从生命早期到少年时期，是人类个体培养情感的最好时期。面对这个时期的孩子，我们应该像培育花朵那样，不误时节，悉心呵护，把他们的同情、善良、友爱的情感开发、培育出来，并使其足够强大，以激发相应的行为。积极的情感应答关系是提高早期情感教育质量最重要的条件。等孩子稍大一些，要想发展个人情感，需要做到以下几点。一是学习一定的知识，促进认知发展，提高理解力和判断力，这有助于道德情感的发展。二是保持自我同一性，外部对个人的期待和评价与个人对自己的期待和评价应该尽量保持一致，否则将出现分裂，更不可能发展出道德的同一性。三是自我操练，爱和道德的情感需要自我操练，需要行动。在这场突如其来的灾难中，很多人在进行着真正的、实在的道德实践，不论是救灾现场紧张的搜救、转移、安置、治疗和抚慰，还是灾区之外的捐款、全国性的默哀，都是切切实实的爱的行动。爱可以通过语言和行动表达出来，但爱是双向的，如果这种爱没有被他人感受到，或者他人感受到了却不能做出反应，那么爱的付出就没有得到回馈。只有得到了回馈，施爱者才会更加强大，爱与爱的行为才会不断循环。所以，爱是交流、分享和行动，爱是受爱与施爱永无止境的过程。

道德情感需要在周遭环境中得到稳固和发展。如果人所处的大环境存在缺失，那么人的爱的情感很难长久持续。而公平、公正、相互信任的环境和良好的人际关系是道德情感发展重要的支持力量，因为情感是不能被命令的。学校教育更应该意识到情感及培育情感的重要性，不能过分看重分数，过分追求升学率，忽视学校教育对人的情感发展的作用。同时，不仅学校教育有这种功能和特殊的使命，人们所处的生活环境也是爱的教育更大的磁场。环境本身可以进行教育。值得注意的是，在这场灾难中，电视、网络、广播等媒体为我们营设了真实、感人的环境。通过学校教育、社会教育等，凝聚起一种力量，指向了人的善良、道德、爱的情感，净化着人的心灵。

　　在这场灾难中，很多中小学生表现得非常勇敢和坚强，他们表现出的自救、救人的能力和智慧令人惊讶。很多平凡的教师也在危难时刻尽显师德光辉。他们自觉的道德意识和强烈的道德情感，在一定程度上说明学校道德教育给师生的道德成长奠定了重要基础，学校教育发挥了应有的作用。当然，作为教育工作者，我们也应该反思。过去的教育的确存在一定的问题，它往往更多地诉诸自上而下的教育。其实，群众完全可以进行自我教育。实际生活中有着巨大的道德教育资源，这对教育工作者来说是一种有利的启示。学校教育的改革要进一步尊重学生主体，相信来自人民群众、来自实际生活的教育资源，相信学生自我教育的能力和能量。否则，教育效果会与期望相距甚远。

情感是人类精神生命中的主体力量①

关注人的情感发展是教育中的本源性、根基性的问题。因为只有情感才是真正属于个体的，它是内在的、独特的，是人类真实意向的表达。从这一意义上说，人的本质正是其情感的质量及表达。一个人认同、遵循某种价值乃至于形成人格，虽然需要以一定的认知为条件，但根本上是一个人情感的变化、发展，包括内在情感品质与外在情感能力提升和增强的过程。

一

情感作为人精神生活中的一种特殊体验，虽能给予人铭心刻骨之情、回肠荡气之感，但要真正把握它的本质内涵，却极不容易，要给它以确切的定义，那更是难上加难。为此，有人索性回避，也有人简化处理。1995 年出版的《心理学百科全书》是我国第一部专科性大型心理学百科全书，全书共收心理学方面的词条约 2800 条，计 600 余万字，分 3 大卷出版，并根据我国心理学界常涉及的领域分成 15 类，其规模之大、内容之全可见一斑。但就是这样一部在"林林总总的辞书世界中占有一席之地"的专科性大型百科全书，却没有"情感"这一词条。在普通心理学的大类中，有动机、情感、意志、个性专栏，但在情感

---

① 本文是作者发表在《南京林业大学学报（人文社会科学版）》2001 年第 1 期上的文章。

一栏中，却没有"情感"这一单独词条。在《中国大百科全书·心理学卷》中，也有类似的情况。在《简明心理学百科全书》中，有"情感"条目，但注释为"见情绪"。[①] 颇具权威性的《辞海》和《辞源》对情感的解释也很简单。《辞海》结合"情绪"对"情感"做了简要描述："与人的社会性需要有关，是人类特有的高级而复杂的体验，具有较大的稳定性和深刻性，如道德情感、美感、荣誉感等。"[②]而《辞源》对"情"的注释，也只是点明了它出自《荀子·正名》而已，"性之好、恶、喜、怒、哀、乐谓之情"[③]，并没有做更为深入的分析和详细的解释。在国外，英语中对情感(feeling)、情绪(emotion)和感情(affection)等词的解释也较为简单。因此，外国心理学家认为："在现代心理学中，没有一章是比这个更不明确了……要细微地观察情感是极其困难的，这种研究可列入生物学中观察与叙述的最困难的问题之一。"[④]专门研究情绪心理学的郎迪士也有这样的表示："关于情绪的科学知识，既不完备，也不十分正确。但是人类对于情绪的问题，谁都感兴趣。在这样广泛的兴趣与缺乏科学知识的矛盾现象中，科学家乃不得不作不断的努力。"[⑤] 由此可见，要揭示情感这一心理—精神现象的本质属性和科学内涵，实属困难。为此，我们在千百年来人类众多的智慧领域中进行科学的探觅，力求从多角度、多层面给情感寻找一个较为科学、较为确切的概念，从而使人们更好地把握人的情感发展的轨迹。

人们对自身情感现象的认识和理解有一个过程：先现象，再本质；先是大量的对外在表情的文学描述，再到对内在体验的科学探索。最早切入情感领域的是文学艺术。人们丰富的情绪、复杂的情怀、千姿

① 荆其诚：《简明心理学百科全书》，371页，长沙，湖南教育出版社，1991。

② 《辞海》，1838页，上海，上海辞书出版社，2009。

③ 《辞源(修订本)》第二册，1131页，北京，商务印书馆，1980。

④⑤ 胡寄南：《胡寄南心理学论文选》，181页，上海，学林出版社，1985。

百态的情态、万般波澜的情爱，为文学艺术提供了宽广的描述领域。人们在日常生活中，因需要得到满足而愉悦欢乐，因欲望被阻而愤怒憎恨，因感到悲哀而涕泣痛哭，因事业成功而微笑自豪，因遭受威胁而受惊害怕，因人际关系亲密而柔情满怀……人有"七情"，即喜、怒、哀、惧、爱、恶、欲。(《礼记·礼运》)在《汉语大词典》中，对"情"的解释有近20种之多，涉及"情"的词汇约有200个。其中，表达情感内容的有情趣、情致、情谊、情调、情愫、情怀、情理、情志、情操等；表达情感状态的有情绪、情态、情思、情妒、情迷、情热、情变、情虑等；此外，还有表达人际关系的情缘、描述表情特点的情昵、叙述情感空间的情境等。描述情感的词语更多，有情谊深长、情操高尚、情思如缕、情意绵绵、情窦初开、情理通达、情投意合、情同手足、情景交融……描述"七情六欲"的词更是数不胜数。我国心理学家林传鼎于1944年从《说文》中找出了9353个正篆，发现其中有354个字是描述人的情绪的，按释义可分为18类，即安静、喜悦、恨怒、哀怜、悲痛、忧愁、愤激、烦闷、恐惧、惊骇、恭敬、抚爱、憎恶、贪欲、嫉妒、傲慢、惭愧、耻辱。[①] 西方文字和文学中也有类似的情况。据俄罗斯学者统计，俄语中有5000~6000个词语被用来表达各种不同的情绪和情感。在文学作品中，英国大文豪莎士比亚在他的著作中为人们提供了各种情欲的全部系统，包括各种内心活动，从冷淡或者一般的喜悦直到强烈的愤怒与绝望。他为我们创造了一部精神史。例如，他在《威尼斯商人》中，对美好情感的歌颂、对卑劣情感的斥责等达到了淋漓尽致的程度。他写道："闪光的不全是黄金。"比黄金、白银宝贵得多的是心心相印的爱情。他把自己的诗歌和戏剧提炼为一个主题：对真、善、美的追求。他在《罗密欧和朱丽叶》这一不朽的名剧中，更

---

① 孟昭兰：《普通心理学》，402页，北京，北京大学出版社，1994。

是揭示了情感的复杂变化和爱憎两极的特殊状态。

文学家通过文学形象的塑造和诗歌的创作来表达人类情感的丰富内容，展示它多姿的风采。但是，对情感内涵的深刻把握，需要进行历史的追溯，需要多学科、多视角的综合研究。只有这样，才能对它的概念有一个较为完整、较为深刻的理解。

二

情感究竟是什么？

早在 2000 多年前，我国先秦时代的哲人荀子，在《正名》篇中就谈道："性之好、恶、喜、怒、哀、乐谓之情。""性者，天之就也；情者，性之质也；欲者，情之应也。"这是从人性和欲望的角度来揭示情感的本质属性的。他认为情感是人性的体现，是人的欲望的一种感应，是欲求满足与否的反映。"以所欲为可得而求之，情之所必不免也。"管子在《禁藏》篇中也认为，"凡人之情，得所欲则乐，逢所恶则忧""人情皆然"，贵贱皆同。东汉王充在《论衡·祭意》篇中还提道："凡人之有喜怒也，有求得与不得，得则喜，不得则怒。喜则施恩而为福，怒则发怒而为祸。"这说明王充看到了情感与需要的关系。这里"求得与不得"，便是针对欲望、需要的满足与否而言的。他认为人都有喜怒的情感，都有谋求欲望满足的需要。当需要得到满足时，就会产生肯定的、积极的、愉悦欢喜的情感；当需要得不到满足时，就会产生否定的、消极的、愤怒不满的情感。而将愉悦欢喜的情感给予他人，就会产生幸福感；将愤怒不满的情感给予他人，就会产生不良的后果。我们认为，上述思想，在许多方面是与现代心理学的情感论相吻合的。

中国古代对情感的探索，除了从情与性、情与欲的角度来说明它的本质属性之外，还针对它的表现形式，提出了情波说。这一学说最早由南朝梁代经学家贺场提出。他说："性之与情，犹波之与水，静时是水，动则是波，静时是性，动则是情。"后来，宋代程颢、程颐又说：情是"感于外而发于中"的，它"湛然平静如镜者，水之性也。及遇沙石，或地势不平，便有湍激；或风行其上，便为波涛汹涌"。[①] 为此，有人认为情感是因外物影响而激起的一种心理的波动状态。

在我国古代的思想宝库中，对情感方面的论述，除了上述的情性说、情欲说、情波说之外，还有脏腑说、六情说、动力说、损益说、利害说、节导说，等等。"情""感"二字，在汉语中合起来使用，可追溯到晋代陆云："情感复结，悲叹而已。"唐代韩愈说："情也者，接于物而生也。"宋代陈淳的《北溪字义》一书中，还有一篇专论情感的文章《情》。他认为："情者，性之动也。在心里面未发动底是性，事物触著便发动出来是情……其大目则为喜、怒、哀、惧、爱、恶、欲七者……孟子又指侧隐、羞恶、辞逊、是非四端而言，大抵都是情……大学所谓忧患、好乐及亲爱、畏敬等，皆是情。"这里他概括了有关情感的基本观点：情是静态的性在外物影响下处于动态的表现。情感可分为七情。同时，将忧患、好乐、亲爱、畏敬和孟子的"四端说"充实到情感之中，使情感包含的内容更丰富，涉及的层次更高。这是我国古代情感学说中的瑰宝，值得珍视。可惜，对情感的研究，受历史和我们民族的传统思维特点及整体科学发展水平的影响，还处于一种感性的、感悟的状态，处于类比推测阶段，缺乏更深邃、更缜密的分析和科学实验的证明。

西方较早开始对情感加以关注的是古希腊的柏拉图。他在《理想国》中，认为人心有理与欲之分。人有比较高尚的冲动，这是创造科学、艺术和人文制度的冲动；也有比较低级的欲求。其中，"爱慕论"是柏拉图心理学的一个重要方面。亚里士多德也认为：思想和欲望为

---

① 燕国材：《中国心理学史资料选编》第 3 卷，55 页，北京，人民教育出版社，1989。

心的元素。"愉快和痛苦的情感因知觉而起。""活动最完善时，最使人感到欢乐。"以上观点，是西方情感认识的早期理论。这些理论直到 17 世纪才由笛卡儿加以发挥。笛卡儿认为，情绪和情感是控制和决定人类行为的活力因素，由羡慕、爱、恨、欲望、愉快和悲哀组成。它们的混合物便是我们称之为情绪的内省情感。继笛卡儿之后，达尔文于 1872 年在《人类和动物的表情》一书中，从情绪的生理学角度出发，强调情感和情绪外显的行为以及外界刺激的重要性。美国心理学家詹姆斯于 1884 年在他的《心理学原理》中，提出了较为系统的情绪理论，阐明了刺激、行为和情绪体验之间的关系。他认为，情绪和情感是一种使有机体产生反应的强烈感受，包括躯体变化的感受和道德、理智、审美的感受。他把人的情绪分为粗糙的情绪和细致的情绪。粗糙的情绪，如悲哀、恐惧、愤怒等，是强烈的机体反应，是跟在躯体变化之后产生的。"所谓细致情绪，就是道德的，理智的，和美感的情绪。声音的调和，色彩的调和，线条的调和，逻辑上的一致，目的求达上的适宜，都使我们感到一种愉快——这种愉快似乎深渍到这些表象的形式本身里，并不需要任何从脑以下的身体各部汹涌上来的波流。赫尔巴特(Herbart)派心理学者曾分别出一种由观念配合的形式(form)发生的情感。"①这是一种"真正发于大脑的愉快和不愉快"的感受和体验。我国著名心理学家唐钺在此段译文后的按语中引证美学家居友的生活体验与感受进行了说明。居友在《现代美学问题》一书中讲道：有一年夏天，在比利牛斯山中，我走得筋疲力尽了，遇见一个牧人，便问他要点牛乳喝。他走到茅舍那里取牛乳——茅舍下临清溪，牛乳瓶浸在溪中，牛乳冰凉。这鲜牛乳，真把群山的香气都收入此中；每一下咽，它的味儿好像赋予人新生命。我喝的时候，的的确确体验到绵延不断

① ［美］W. James：《论情绪》，唐钺译述，34 页，上海，商务印书馆，1946。

的情感，绝不是"适意"（agreeable）这个词能形容得充分的。这简直是牧歌的交响曲，不过以嘴巴而不以耳朵领会罢了……在这里，我们有理由认为，詹姆斯所讲的那种细致的情绪，实际上是指一种情感体验。这种情感体验，不仅来自直接刺激的感觉反应，而且来自主体需要和生活感受的综合反应。因此，居友此时此刻，喝的是鲜牛乳，感受到的是"牧歌的交响曲"。同样，人在欣赏音乐时，听到的是音律，感受到的是无声的悬念和生命的个性。这是音律和心灵共鸣后的结果。詹姆斯把这种反应称为"美的激动"。詹姆斯的情绪理论在情绪心理学发展史上"居于不可抹杀的地位"，是第一代情绪学说，是第一里程碑。由于詹姆斯关于"细致情绪"（有人译为"精细的情绪"）的分类方式与人类的真、善、美的理想相对应，因此这一理论框架为国内外学术界所接受和认同。但是，詹姆斯的理论还不完善，对于情感的研究还处于初级阶段，只见霞光，未见红日。

三

心理学家对情感的研究，在 20 世纪有了不少突破性的成果。弗洛伊德结合 20 多年的思考和临床经验，提出了较为系统的精神分析理论，对情绪、情感等做出了独具特色的理论分析，为世人打开了一个新的人的微型世界。他研究了本我、自我和超我，重视欲望在个体情绪、情感和人格行为中的动力作用。他强调情绪与情感是一种体验。在情绪状态中，无意识参与的因素更多；而在情感状态中，有意识的体验成分更多。他在《文明及其不满》一书中明确指出：人生的目的在于"追求幸福。他们想获得幸福，并保持幸福"。情感就是一种对幸福的感受和对快乐的体验。弗洛伊德还认为，文化的成就可用人类幸福的程度予以测量。他的学说继承者埃·弗洛姆专门分析了人的特有的心理需要与情感的关系。埃·弗洛姆认为，人有归属的需要，有受爱、创爱的需要，"孤独是强烈焦虑的来源"①。对人与人融为一体的渴求，是人类最强有力的奋斗的动力。它是最基本的激情，是一种保存人类种族、家庭、社会的力量。由此，爱的情感产生，表现为"对所爱对象的生命和成长的积极关心"，产生强烈的同情感、责任感、自尊感。为此，他认为人特有的这种情感，从本质上来说是一种能力，是一种感受、体验人生价值的能力，是一种突破使人与人分离的那些屏障的能力，是一种把他和他人联系起来的能力。这种能力，使人感受到生活的甜美、生存的幸福，从而摆脱各种自然力的束缚，向着人类永恒的爱的情感世界前进。由此可见，埃·弗洛姆的学说把人的情感、人的需要、人的体验作为人性的具体内容，它们是人的本质的体现，这与我国古代的性、情、欲合一论有着相同之处。

到了 20 世纪 60 年代，由于认知派的发展，情感研究领域出现了不少新的理论，阿诺德的评价理论成为第二代情绪学说。这一理论不仅把情绪和情感看作有机体生理上的唤醒和个体生理欲望的满足，而且重视客观情境刺激对人的意义和作用。这就把对情感本质的认识推至一个新的阶段。阿诺德认为，人的体验是有机体觉知到刺激事件的意义后产生的，而刺激事件的意义来自评价。她举了一个很生动、很能说明问题的实例。人若在森林里遇到一只熊，会产生极大的恐惧；然而，在动物园里看到阿拉斯加的巨熊时，人不但不会产生恐惧，反而会产生兴趣和惊奇。深夜，孩子听到室外有脚步声，当不知是谁时，会感到害怕；当知道是父亲回家时，会充满喜悦。同样，当学生不理解老师的严格要求时，会产生反感，甚至憎恨；当理解老师的良苦用心时，会产生感激之情。情感体验，不仅包括感官体验，而且包括有认知参与的精神体验。这是对情境刺激是否符合个体的需要、意图、

---

① [美]埃·弗洛姆：《爱的艺术》，刘福堂译，7 页，合肥，安徽文艺出版社，1986。

渴望及意义价值的综合评定后的体验，既包括身心的体察，也包括认知的评价和检验。美国心理学家曼德勒运用认知理论把人看作一个不停地进行着自动意义分析的信息加工系统。在这个系统中，自主性唤醒的知觉和认知评价，是产生情绪和情感的两大决定因素。其中，自主性唤醒的知觉决定体验的强度，认知评价决定体验的性质。以上两者的整合作用，就产生了情绪和情感的体验。其中，情境评价和意义分析显得非常重要。这是环境中事件与个体的心理结构和期望之间相互作用的产物，较为活跃，可随时随地感知有机体内外事件，对周围整体进行分类和解释，揭示其意义，做出相应的反应。由此可见，情感——人对情的感知，不仅是分析器官的直接感知，而且是意识参与下的一种特殊感知，即对感知的再感知，是意义性的、评价性的、选择性的感知，心理学上又称之为觉知和采择。这是情感共鸣、情感体验内化和深化的基础。曼德勒进一步认为：意义分析的来源和结果，都存在于由个体的过去经验、知觉的期望和有关的心理结构组成的复杂网络之中。情感体验不是对当前刺激物、当前情境的瞬时、单一的体验，而是个体用自主的、全身心的经验参与的一种全方位、全历程、全情境的整体性体验。这为深入分析复杂情感和高尚情操提供了依据，为分析体验产生的过程和机制提供了理论，使对情感概念的把握不只停留在个体需要的层面或日常描述的水平上，而是从主体深层次的适应水平来认识情感的本质，从而使我们对情感的理解深入一层。

20 世纪 80 年代，美国心理学家 H. 加登纳在《智能的结构》一书中把情感作为一种能力，这是颇有创造性的论证。他在论述"自我感"时写道：在审视人性发展时，有"一种是一个人内在方面的发展"，即能力，"这里，起作用的主要能力是通向一个人自己感受生活（即一个人情感或情绪范畴）的能力"。他称之为内省智能，它的原始形式为区分快乐与痛苦感受的能力，最高层次是"能监测复杂的高度划分了的感受"和获得深刻而又丰富的内心体验。再有一种能力是"人格智能转向了外部，转向其他的个体"，这就是人际智能。他认为："内省智能主要是个体对自己的感受的审查与认知，而人际智能则面向外部，指向了其他人的行为、感受与动因。""我们将了解到，自我感的出现是人格智能领域中的关键因素，是对于全世界个体来说都至关重要的因素。""在全世界范围内所出现的大量不同的'自我'使人感到，我们最好应把这种'感'看成是某种混合物，看成是从一个人的内省认知与人际认知的结合或熔合中出现的。"①这种人格智能也是信息加工能力（其中一种指向内部，另一种指向外部），是人类与生俱来的能力，是人类认知不可分割的一部分，应当成为人类智能群中的一部分。加登纳的人格智能观揭示了情感和智能的统一。他提出的内省智能，实质上是个体对主观体验的一种自我认知；人际智能，是个体对他人情感体验和行为表情的一种认知。这两种认知揭示了情感体验过程中的信息加工机制。它们既是认知能力，又是情感能力。

与此同时，作为"第三思潮"的人本主义心理学，对情感内涵的研究做出了特殊贡献。其中，马斯洛的需要层次论和高峰体验的提出，使"情感产生于需要"这一科学命题有了更具体、更清晰、更深层次的表述。马斯洛提出人的七种需要，按由下而上的层次排列是：生理需要、安全需要、归属和爱需要、尊重需要、认知需要、审美需要与自我实现需要。他认为情感产生于需要的满足。当生理、安全、归属和爱、审美等需要都能得到满足时，人会强烈地感受到友爱的可贵，渴望在一定的社会集体中建立深厚的同事关系，希望自己能够胜任所担负的工作并能有所建树，充分发挥自身的潜能，成为一个富有理想、

---

① ［美］H. 加登纳：《智能的结构》，兰金仁译，277～281 页，北京，光明日报出版社，1990。

富有创造能力的人，去体验人生的崇高价值，获得一种情感上的高峰体验，从而获得"完满的人生"。

四

回顾古今中外，从关于情感本质的研究概况来看，我们认为，情感和理性一样，都是人的精神活动的重要部分，它是人类的生命精神和自由精神的体现，是人性的本质反映，是人生创造、人生享用的一种生存方式。它与理性的不同之处在于，它指向的对象主要不是客观的物质世界，而是主体的精神世界；它是对跟自己有着不同利害、损益关系的事物，在意识观念上的不同态度的反映。它与个体自身的一系列生理状态的激活有关，不仅有大脑皮层的参与，而且还有丘脑和内分泌腺及多种感觉器官的共同参与、协调活动。因此，情感具有很强的动机功能和激活机能。人有不同品位的精神要求，对各种刺激物具有不同的感受体验，会产生如情趣、情致、情愫和情操等不同的情感内容。不同的精神境界会形成不同的情感品质和情感反应，形成不同的人格素养。

孟昭兰在《人类情绪》中总结道，情感（feeling）这个词，既包括一个"感"字，有"感觉""感受"之意，又包括一个"情"字，有别于"感觉"之解。在俄语、法语、英语中，关于"情感"的解释也说明情感的概念既涉及与"感觉""感受"相联系的"感"字，又涉及与"同情""体验"相联系的"情"字。因此，"情感"这一术语的基本内涵是感情性反映方面的"觉知"，它集中表达了感情的体验和感受方面。情感，在日常生活中，经常被用来描述社会性高级感情。一般认为情感是"具有稳定而深刻社会含义的感情性反映"，它标志感情的内容，其含义在于"对事物的社会意义的体验"。[①] 当代认知心理学的最新研究成果认为，它还有评价和选择的性质。我们认为，情感是人类精神生命中的主体力量。它是

---

① 孟昭兰：《人类情绪》，14～15页，上海，上海人民出版社，1989。

主体以自身精神需求和人生价值体现为主要对象的一种自我感受、内心体验、情境评价、移情共鸣和反应选择。其中，以需要满足和价值体现为情感体验的对象和前提，以大脑皮层、丘脑、内分泌腺、多种感觉器官的共同参与、协调活动为情感的生理基础，以自我感受、内心体验、情境评价、移情共鸣和反应选择为情感活动的内在机制，以语言、行为、表情为情感的态度表现。按人格智能理论分析，情感又是一种能力，它主要是以内省智能和人际智能为主要内容的一种生存能力。爱己、爱人、爱国，正是个体的自我感、归属感和价值感在社会生活中的体现。

人类已经进入一个新纪元，21世纪的明显特征是科学技术日益发展，知识发展日新月异，不同文化和价值观相互影响。21世纪的教育只有一个选择，即促使人们学会生存、学会学习、学会选择、学会合作、学会发展。这样的教育必然是主体性的和情感化的，即必然要使受教育者有强烈的学习欲望、探求动机和合作共事的愿望。积极的感受和体验是"生命的维生素"，消极的情绪是"生命的癌细胞"。创造完满的人生，必须从情感发展入手，素质教育的实施需要从情感发展契入。我们对情感教育的精细性、开拓性研究充满了信心。

人的情感发展与教育①

苏联教育家阿扎罗夫指出：在情感世界里，任何东西都不会自然地产生，因为这是与学习或者其他工作一样复杂和费力的心、脑、精神工作。人的情感发展过程绝不是自然成熟的过程，而是教育促其发展、成熟的过程。主要有以下几方面的根据。

一、生物与生理方面的根据

人的情感发生以人类特有的从高等动物进化而来的人脑结构及神经系统的活动为物质基础。关于脑区，美国的 H. 加登纳提出，最重要的是额叶，"额叶为来自大脑两个最大功能区域的信息构成了卓越的汇合点。这两个最大功能区域是：加工所有感觉信息（包括对别人的知觉的信息）的背侧区域和管理个体动机与情绪功能的（一个人内心状态便由此而发生）边缘系统"。其次，"处于脑皮质腹面（颞部）区域里的一套皮质区则似乎在对刺激物的辨别，在学习新东西和作出恰当的情绪应对方面是关键的"。再次，"处于脑皮质背面（颅顶）区域里的一套皮质区似在监视、注意与唤发方面是关键的部位，如果这个部位受了伤，

① 本文是作者发表在《高等师范教育研究》1994 年第 6 期上的文章。

那便会导致淡漠，便会使病人丧失对自己本人的照应感"。最后，"次皮区域受伤的个体或皮质区域与次皮质区域没有联系的个体常被描述为平板的、缺乏情感的"。[①] 还有的研究认为，脑灰质额叶前部的扁桃核与许多脑区相连接，似乎起着一种"感情中枢"的作用。日本学者时实利彦的提法是，除了在大脑边缘系统发动的情动之情（快感、不快感、愤怒、恐惧等）以外，我们还能体会到在新皮质系统，特别是在人的已经非常分化和发达了的前叶联合区域发动的情操之情，即那些伴随着目标的达成、期待的实现等而产生的精神，如喜悦、悲哀等。[②] 我国的心理学家认为，大脑额叶前部是人特有的神经结构，由于有了这样的神经联系，人能领悟到应该照顾别人的需要，愿意用自己的知识去减轻别人的痛苦。这是自然演化的大转折，也是动物脑神经结构演化的最高阶段。

脑科学研究证明，情感有它相应的脑化学运动的基础，甚至已经发现了分子水平的情感运动机制。美国纽约洛克兰州医院生物控制室主任克莱因的实验证明，人类存在着一种有遗传学基础的程序或脑活动状态，它们制约着每一种特定的情绪状态，每一种情绪都受特殊的脑的程序控制，人的社会情感有相对固定的中枢组织和特有的神经机制。

由此，教育介入的根据如下。

第一，个体拥有的大脑物质需要教育加以及时开发。就大脑额叶前部来说，它为人类特有的利他情感打下了生理基础。但人脑毕竟是由原始脑（爬行动物复合体）、边缘脑（旧哺乳动物脑）、大脑（新哺乳动

---

① ［美］H. 加登纳：《智能的结构》，兰金仁译，143、303、307 页，北京，光明日报出版社，1990。

② ［日］时实利彦：《情操的培育》，见瞿葆奎：《教育学文集　美育》第 8 卷，211 页，北京，人民教育出版社，1989。

物脑）、人脑特有的额叶前部四个部分复合而成的。与原始脑、边缘脑、大脑相比，人的额叶前部最后发育，根浅力薄，必须经过教育和锻炼才能变得强大有力，有效控制住原始的冲动，节制和调整有害于己、有害于人的不良驱力。日本学者时实利彦认为，由于前叶联合区在人四岁左右开始起作用，十岁左右可充分发挥作用，一些特定的教育形式，如美术、音乐鉴赏比其他任何形式更能锻炼前叶联合区，以利于情操的培养。世界各地发现的"狼孩"虽然有正常儿童的脑结构，但缺乏人的丰富情感，完全与大脑后天没有得到正常运用、锻炼有关。还有，母婴分离也会带来伤害性后果。半岁到三岁的儿童如果被他人抚养和持久与母亲分离，那么在后来的成长中容易出现智力分数低、阅读能力差、社会性成熟晚、纪律性和语言修养差、破坏纪律后较少表现内疚等情况。临床心理学家鲍尔比将此称为"感情缺乏人格模式"。

第二，情感在遗传的或非遗传的生物学方面的基础，需要教育加以改造、优化。关于获得性遗传，恩格斯时代就已经发现并加以肯定。现代遗传学认为，高等动物的这种遗传大约六百代后就会引起某种质的改变。关于其改变的机制，19 世纪 80 年代初，社会生物学家 E. 威尔逊提出"基因—文化协同进化"的理论。一方面，文化的发展在某种程度上要受到基因的制约和指导；另一方面，文化发明的压力，又影响着基因的生存，并且最终改变着遗传纽带的强度和韧力。因此，我们渴望通过教育使人的优化的情感运作将脑内组织结构及神经加工方式固定下来，一定程度上改变原有的遗传基因，从而使一代代人拥有越来越优质的情感发生的基因蓝图。至于脑内影响情感的化学成分、个体原有的神经加工方式，现代研究都已证明可以由后天的活动加以改变，如快乐、信心、期望、好奇心等都能直接影响大脑的化学成分。正确认识、使用、训练大脑，其体积、重量、密度、复杂性等在一生中随时都可能得到改善。

二、社会与心理方面的根据

教育是实现个体的社会化和个性化的过程。所谓社会化，是指个人接受其所属社会的文化和规范，变成该社会的有效成员，并形成独特自我的过程。这一过程是以怎样的机制为基础的呢？近一百年来，不同学科都在用各自的理论与实验不断地做出解释。我们发现，无论哪一种解释，都若明若暗地显示出人的情感与社会化的关系。特别是美国 E.A. 罗斯完全用情感方面的发展作为社会化的指标，他声称，个人适应群体需要的情感和愿望的形成是社会上最高级、最困难的工作，这种形成，就是群体成员的社会化。

社会学理论揭示这一过程有两种主要的机制。第一，习惯形成的机制。这一机制又分两种情况：一是多次重复同一行为，二是肯定或否定的强化。肯定的强化是利用奖励，否定的强化是运用惩罚。得到奖励，人便有积极快乐的情感，从而进一步行动；受到惩罚，人便有消极悲伤的情感，从而进一步回避。教育可以利用这一机制帮助人进行社会学习。第二，模仿和认同的机制。班杜拉认为，在社会情境中，人们通过直接的观察学习和模仿，可以学得又快又好。认同与模仿略有类似，模仿是有意再现规范性的行为，而认同是无意采取了规范性的行为。

弗洛伊德分析认同作用"乃是感情上和他人相结合的最早表现"，由于认同作用，大多数儿童常常将自己敬慕的人当作偶像。教育可以利用这一机制，用树立榜样的方式促进人向社会化的要求前进。但是，正如有的心理学家评论的那样，榜样的作用是无穷的，但不是万能的。尽管榜样能使儿童看到如何给别人提供帮助，但在现实生活中，儿童不见得运用这些知识，除非他们与榜样有感情深厚的关系。直接强化的作用是模糊的，表扬或奖励会教会儿童为了表扬或奖励去帮助别人，认识的作用是有限的，儿童做的比知道的要少得多。

因此，我们希望寻求更深层次的个体社会化机制，我们把这一机制叫作情绪外化与情感内化的机制。情绪的产生与认识的发生一样，都植根于生命体的内在需要在自我满足水平上的表现。人的内在需要是通过与外界事物接触的外化过程而显现的。所以，人的行为和认识的需要的内在动因最终要以情绪的形式来表现，情绪是主客体发生关系时主体方面最积极的反映。按照劳奇的观点，情绪是一种激情或能量，在没有外界刺激的情况下，这种激情或能量维系在原有的水平上，一旦受到外界刺激即外化为情绪。怎样处理这一情绪呢？可以用外界新的刺激满足人的需要，使情绪达到高潮后逐渐平和。审美正是对这样一个过程的复写，美学理论界把它叫作情感的转移或升华。若外界刺激不能满足人的需要，则表现为情绪骚乱。列维-斯特劳斯在对神话的分析中提出"能指剩余"的概念，即丰富的能指需要找到指称的形式。因此，用分析的、语言的、提供认知概念的方式，可以帮助人的情绪确定化。骚乱情绪寻求自身平衡的过程，实质上是寻求情绪的确定化的过程，而情绪的确定化就意味着为这种情绪的能指找到指称的形式，以实现主体对客体的理解。由此可见，对人的情绪外化这一主客体的反映形式，需要教育通过科学认识和艺术审美两类基本途径，使情绪达到自身的平衡，以实现主客体的统一关系。情绪心理学把个体在没有明显外来干涉的情况下，学会对行为的自我控制的这一现象叫作内化。内化的发展首先以人对自己的情感体验的认识，以及对它们的评价为基础。而在教育实践中，我们往往将这一认识和评价看成简单的、概念逻辑的递传、输入，结果内化的奥秘并没有被真正揭开。运用情感内化的机制，就是用引起情感的方式，将教育期望的社会思想内涵负载于一定的人、事物及其关系上，引起人的特定情感反应，从观察、注意、反应到自赋价值，乃至构成一定的价值体系，通过产生一定的情感体验，并经反复体验，积累为人对事物的理解，从而自觉对某些行为或趋或避，对社会的要求主动服膺。所以，外化的机制与内化的机制都在走同一条道路，即不是压抑或扼杀人的情绪、情感，而是给情绪、情感发展提供通道，特别是对于儿童来说，情绪、情感是促进其早期社会性行为发展的一种原始的动机系统。人的社会性情感通过系统化的获得性遗传，具有某些自然先天的可能，研究发现儿童早期已有其表现。因此，可以将早期教育的起点始于健康情感的培育，如让儿童学会识别和描述情感，会适当表达情感，也会在必要的时候控制情绪。在此基础上，进一步促进人的移情倾向和能力的发展，让人在情感的氛围中培育具有更高社会性的情感。这时，其情感体验同时也就是人对社会性内涵的认识和理解，社会化不再是简单的服从性适应，而是发乎自然、情出于心的认同。

三、历史与文化方面的根据

人的情感发展需要教育，更深刻的原因还应从人的社会存在的历史与文化因素中寻找。

教育所要寻求实现的人的社会化与个性化的目标是一个历史的范畴，也是一个文化的范畴，它必须在历史文化的坐标中加以检验。文化学认为，"人的最显著的特征正是文化而不是社会"①，是文化向人提供了作为人类一员的行为方式和内容。文化学家通过对不同民族的各种实证考察，证明了像亲子行为、性行为、示爱方式、种族偏见、

———————

① ［美］莱斯利·A. 怀特：《文化科学——人和文明的研究》，曹锦清等译，113 页，杭州，浙江人民出版社，1988。

音乐行为这些具有强烈情感色彩的行为，都是文化的产物。因此，许多社会学家和人类学家批驳达尔文学派有关情感表达具有普遍性的论点，认为行为者要想表达自己的感情，就必须把自己置于本团体的文化宝库中。从文化的视野、历史发展的视野出发，比从心理的视野出发更能说明人类的情感差异。而且所有的民族人类学家、文化人类学家经过考察都认为，情感作为文化最深层的内核，在表征一定民族文化成员的行为时，是变化最为缓慢、最为保守的成分。据此，现代文化哲学认定，各民族文化背景的人们解决自身情感矛盾的方式并不相同，各民族都有自己设计情感、安顿情感特有的价值取向与认同方式。它们作为文化沉淀，作为无意识文化，也可以通过制度、风尚、习俗、社会心理，通过文化艺术作品影响一代一代人。但是，这种自发的影响是缓慢的，并且其中鱼龙混杂，并非每个人都有机会接触优秀的人物，接触高尚的心灵和美的事物。教育的文化传承与文化选择的功能决定了教育要把本民族解决情感矛盾、安顿情感的最优秀、最可取的情感经验积累起来，并传递下去，要把符合本民族价值取向、为本民族所认可的情感方式、高尚的情感品质展示给受教育者。

但这只是一个方面，是就民族文化以及作为民族的类对个体的影响而言的。就个体来说，人不是被动受制于既定文化的，而是活生生的能动个体。由于历史的发展，社会的变迁，新的价值观念与传统的价值观念、不同民族文化的价值观念的碰撞、冲突、相互吸纳，也由于人境遇的不断变化，人的自我需求及满足方式不断地发生改变，人会不断有新的情感对象、新的情感矛盾、新的情感体验。前者，作为民族的类的伦理表现，积淀为民族文化的价值尺度；后者，作为个体的心理反应，是人在时间之流——历史中新的生活、新的创造。这种既是保守的又是活跃的悖论关系恰恰是人类发展中历史与价值的永恒矛盾在情感领域中的表现，也恰恰是情感领域的发展需要教育介入的最深刻的根据。教育看待人的情感矛盾具有超越的视界，即人的情感表现不像动物那样起因于生物学的实际需要的满足以及据此而导致的冲突（需求）的减少。对于人来说，新的需求的自觉产生，即新的矛盾的创造，是十分必要的。没有这种新的需求的产生以及由此引起的情感矛盾，就不会有新的活动选择、新的活动领域与活动方式。当代心理学认为，不断前进的志向，是人特有的、调动其他一切需求的基本需求。教育正是为发展中的人创造这样的认识条件，使人在历史的发展中，追求最有时代价值的需求，并找到满足这一需求的适当方式，从而不断用新的体验与认识平衡心理上的冲突。从教育的这一新的文化视界看，把情感教育仅仅视为帮助受教育者实现社会规范内化之类的理论模式是肤浅的，也是片面的。教育不仅要帮助人适应一定历史时期稳定社会的规范和角色要求，而且要教人不断地以一定的价值理想去改造社会现存，创造新的社会规范，聚合新的社会意识。在对这样的价值理想的追求过程中，人可能恰恰为自己带来情感在社会接纳方面的困难。但这并不是教育在促进个体社会化方面的失败，相反，恰恰是教育具有一定超前性的结果。马斯洛的人本主义心理学中有一个观点值得注意——那些具有健康人格、高尚情操的人中并不包含情感障碍者。我的理解是，品性高尚的人，虽然有的可能不合时尚，得不到外在的功利性的肯定评价或物质利益上的报偿，由此可能造成他们心理上的冲突和失衡；但是，正是教育与自我教育的力量帮助人重新找到了意义（价值）。只有审美才能给精神个体以充分的自由，审美化了的德育过程将会是善美交融、求美达善的过程。学生可以在教育过程中观赏、领略和创造科学道德体系的科学美，从而能够在学习和实践中充分体验作为道德主体的某种"从心所欲不逾矩"的自由感。因此，克服逆反心理的办法在于实现道德教育的科学化和审美化。

论情感在个体道德形成中的特殊价值[①]

由于情感对于人的生存发展有特别功能，其作用的机制逐渐被现代科学与哲学揭示出来；同时，随着人类文明的进步和发展，道德作为人类自由精神的本质逐渐被人们认识，情感与个体道德形成的内在关系也就越来越清楚地显现出来。情感不仅是道德认识转化为道德行为的中间环节，而且在个体道德形成的过程中，始终占据特殊的地位，具有特殊的价值。

一、人对道德信息的接受以情绪活动为初始线索

人对道德观念的真正接受、理解，按照心理学家的研究，是在八九岁时抽象思维发展以后。但是，道德教育并不是从这一年龄段才开始的，原因在于，婴幼儿的自然—社会性情感是人的道德发展在早期最重要的心理基础。

婴儿在前语言阶段的学习是利用情绪信号进行的。心理学研究证明，三个月的婴儿开始有社会性微笑，六个月的婴儿出现依恋感，不足八个月的婴儿已经有表示高兴、愤怒和其他情感的非语言表达方式

---

① 本文是作者发表在《上海教育科研》1994 年第 5 期上的文章。

了。幼儿在一岁左右时出现最简单的同情感，在两三岁时出现最初级的道德情感。总之，婴幼儿成为社会的人，感情是一种有力的工具。婴幼儿首先通过感情表明他们的需要，感情帮助他们建立或割断与别人的联系。与此同时，他人的情绪表情和事物信息的情绪性也是婴幼儿借以进行判断并接受某种信息的主要线索。哲学家劳伦斯、布莱姆用"联系感"的概念来对其加以概括。我们认为，"联系感"是一种自然社会性情感，它深深植根于人的天性之中，与人的一定的先天性需要相联系，具有自发性、早发性和直接感受性。如果家长或其他抚育人、家族亲属在举止行为与亲情关系方面自然渗透并传递了道德文化的内容，那么婴幼儿的初步道德观念完全有可能通过情绪表情的携带在早期打下基础。国外许多幼儿道德教育专家认为两三岁的幼儿很有可能产生道德观念。我国发展心理学专家通过自己设计的实验也证明，三岁前儿童由于自我意识尚留在生理自我的水平上，还没有转向社会自我，完全意义上的道德行为尚不可能出现；但是，可以对他人的某些行为做出移情反应，如感受到他人的悲伤、痛苦，产生同情反应或模仿性的援助行为。这虽然称不上真正的亲社会行为，但却是初级形态的社会性情感，是进一步亲社会行为的心理基础。

至于高级形态的道德要求，如爱国主义品质，也以爱国情感为其心理基础。有专门研究认为，对12岁前的儿童进行爱国主义教育，应当从对爱国的基础情感的培养做起。这一基础情感是指对形成爱国情感有影响的情感体验，它分直接性基础情感和间接性基础情感。其中，间接性基础情感主要是指爱父母、爱老师、爱母校、爱集体、爱家乡等不断扩展、放大了的爱心。这些基础情感虽然与爱国情感在内容指向上不完全相同，但在心理结构上有很多相似之处，伴随着日益复杂的社会生活，在教育的影响下，其有可能不断分化、演变和发展，成为与高级社会性需要相联系的情操。

情绪对道德信息的接受的自发性、早发性和直接感受性不仅表现在婴幼儿时期，即使成年人也常常以他人的情绪表情和事物信息的情绪性为鉴别、判断的线索，以自己满意或不满意、肯定或否定的情绪化特征为不加选择的、第一次反应。当代情绪心理学家的研究认定：情绪过程可以在无意识觉知的情况下和无认知加工参与的情况下发生。研究者用麻醉手段，证明人的感性知觉一开始，在下意识中就具有把人的周围现象分为肯定和否定两方面的机制。"道德记号"的特征原来是内在情感具有的，甚至在个体意识范围内在道德意义上没有区别的东西，也会以道德色彩出现在下意识中。① 正因为如此，德育有可能利用人的无意识领域，通过设计各种情境，使人借助无意识联想激发起来的移情效应不断积累、丰富情绪经验，扩充无意识领域里的道德信息储备，形成必要的道德准备态势。

二、人对道德价值的学习以情感—体验型为重要的学习方式

人类对道德价值的学习，自古以来在东西方文化传统中，就有不同的强调重点。西方自苏格拉底、柏拉图到康德的伦理教育思想强调，人只有学习了道德知识、认识了道德规律后，才有善在自身的显现和展开。东方文化中，孔孟的儒家伦理教育思想强调人对道德价值的学习主要是社会规范习俗的熏染、潜移默化以及人的理性思维活动的内化和积淀。但长期以来，以西方教育文化为参照背景逐渐形成的知识论、教学论，无论是唯理论派还是经验论派，都从客体方面理解知识。

---

① ［苏联］А. И. 吉塔连柯：《情感在道德中的作用和感觉论原则在伦理学中的作用》，石远译，载《哲学译丛》，1986(2)。

当代中国德育应站在东西方文化交融的新背景下，从主体方面、从主客体的关系上重新认识道德价值学习的性质。可以把对道德价值的学习分为三种类型。第一是对事实性知识的学习。它是关于道德现象是什么、怎么样、为什么会这样以及在怎样的条件下，其发展变化的进程可能怎样等的知识。对这类知识，需要运用一定的逻辑—认知学习的方法来掌握其中的概念、范畴、规律及逻辑推导过程，同时也需要训练人的思维判断能力和语言的运用能力，促进对道德规律的认识、辨析和创造。第二是对评价性知识的学习。这是人类，特别是本民族在社会历史过程中积累起来的价值经验，包括社会道德准则、规范体系，社会风尚、习俗，道德理想等。这类知识必须用情感性或体验性的思维和态度加以把握，将自己的热情、激情，甚至全部身心融合进去，才可能获得个人的理解，成为个人的内在需要，融入个性经验，成为自己追求的价值目标。第三是对人事性知识的学习。它是人在直接或间接参与的道德交往关系中由本人领悟、获得的道德经验与体会。这类知识通过榜样作用，通过舆论传导，通过奖励与惩罚，更多通过生动的直接接触，表现出亲近感、认同感、自豪感、内疚感，直达人的感情喜恶、爱好、偏好与兴趣，使参与主体的思想、情感和意志相互渗透、交融或互补，使个体原有的自我感和人际感增添新质，形成新的、超出任何原有个体的通性。

这三种类型的学习，在对道德价值的学习过程中都是不可缺乏的。但在现代教育中，需要重视并引导学生掌握后两种属于情感—体验型的学习方式。

三、人的道德行为受情感的引发和调节

人的道德行为的产生不是一种本能的活动，它必须以一定的道德

认识为基础。情感对人的道德行为的引发和调节作用以三种作用形式出现。第一，情感使人的道德认识处于动力状态，从而在一定程度上保证道德认识和道德行为的统一。什么是道德情感呢？道德情感是人对道德原则、规范在情绪上的认同、共鸣，又表现为人对道德理想、道德建构的向往之情。它们可能表现为肯定性的、积极的情绪反应，如道德自尊感、尊严感、利他行为后的愉悦感；也可以表现为否定性的，但同样是积极的情绪反应，如羞愧感、内疚感等。但无论哪一种情绪反应，都以当下或者未来出现满足、愉快、安心等自我肯定的情绪体验为精神报偿。英国哲学家休谟在以情感原理建构他的理论及道德学说时，提出了情感力量和人的精神运动水平的关系。他认为："心灵处于自在的状态中时，就立刻萎靡下去；为了要保持它的热忱，必须时时刻刻有一个新的情感之流予以支持。"①也就是说，神经冲动的紧张度在心灵的构成中起作用："凡能支持情感和充实情感的东西，都使我们愉快；正如在另一方面，凡使情感微弱无力的东西也都使人不快一样。"②情感力量创造着道德，没有这一力量，也就无所谓精神。当然，古典哲学家对情感的精神价值的肯定在当时没有取得现代意义上的科学实证根据。20 世纪 60 年代以来，心理学家逐渐认识到人往往趋向积极情感体验而回避消极情感体验，表现出先天性的倾向。正是由于这种先天性的倾向，情感才具有调节人的行为的功能。苏联的库尔奇茨卡娅研究发现，学前期儿童已能独立表现出羞愧感。起初，它是情境性的、与做出某种行为相联系的体验（如小班、中班）；以后，它会变成儿童个性的稳定形成物，儿童不但会在做出某一行为时产生羞愧感，而且在做出这一行为之前也会产生羞愧感（大班以后）。西方

---

① ［英］休谟：《人性论》，关文运译，459～460 页，北京，商务印书馆，1980。
② ［英］休谟：《人性论》，关文运译，472 页，北京，商务印书馆，1980。

学者鲁玛等人测量过失者和普通人的内疚品质发现，这两种人在道德评价发展阶段上没有差别，但过失者的内疚得分明显低于普通人。研究认为，内疚得分与道德行为之间成正相关，与说谎、欺骗、偷盗、争斗等成负相关($r=-0.041$)。心理学家认为，当人不断积累了一些积极情感体验后，会产生某种偏爱的立场、定向的行为；相反，当人因想象到若实施偏离社会(集体)要求的行为会遭到社会否认，而体验到消极情感时，情感校正现象便会产生，并"超前"影响自己的后继行为。

第二，情感本身构成特殊的道德认识，即以道德直觉的方式引发或调节行为。由于道德认识的对象是人与自然、人与社会和人与自身的客观伦理关系，因此它们始终与人融为一体，难以分解。获取道德认识更多靠意会理解，而不能靠言传推理。道德认识是人对伦理关系的认识，这一认识主要是在伦理交往实践中形成的。伦理交往更多以情绪感受的形式，而非以认知的形式作用于主体。处理这一关系时有更多的情境性、个人具体性和时效性，因此，人更多地靠由理性积淀、规范内化而成的心理财富"不假思索"地在瞬息间完成。这使得以情感为主要表征的体验性、体感性、体悟性思维，以道德直觉的方式成为道德认识的基本思维方式。我们在日常生活中常常看到的所谓良心、义务感、道德冲动，便是这种以情感为载体、有效引发和调节人的行为的道德认识。

第三，由情感的状态水平构成的稳定道德心境是人的道德行为的恒常心理背景。20世纪80年代以来，心理学家倾向于把道德行为的产生看作一个极其复杂的过程。美国的雷斯特详细分析了特定道德行为产生过程中的构成因素，并将其概括为四种成分。①解释情境：研究表明，一个人对道德情境的理解能力越差，对情境的道德敏感性越缺乏，产生道德行为的可能性就越低。②做出判断：这一过程涉及的主要是一些与道德判断有关的问题。③进行道德抉择：在道德抉择的过程中，一些非道德的价值观念往往引起个体内部理智与情感的斗争。④履行道德计划：需要坚定的意志去克服挫折、抗拒诱惑，完成道德行动。

这一"四成分构成说"强调的显然不是道德情感当下的、直接的引发力量，而是情感品质的稳定作用。由此可以引申为，当代心理学及其在教育（包括德育）上的应用，更加重视情感品质的培育。由人的情感品质制约的道德敏感性，对自己、对他人的感受性，情感世界的丰富性、深刻性、稳定性等是人的道德行为过程中的恒常心理背景。

四、人以情感为核心的动机系统是个人道德发展的内在保证

个人道德的发展既受制于个体的外部环境，又受制于个体的内部环境，最终以个体内部动机系统为个人道德发展的内在保证。

之所以视情感为个人道德发展的内在保证，是因为人的情感的性质、内容和状态主宰着人的动机系统的指向与功能发挥。情绪心理学中一个重要派别的代表人物伊扎德已明确提出，在人类庞大的动机系统中，情绪是核心。无论是与内驱力相联系的动机，还是同知觉、认知相联系的情绪，抑或是蕴含在人格结构中的情绪特质，都起着重要的动机作用。[1] 利珀更直截了当地提出了情绪本身就是动机的观点。[2]我们认为，把情绪作为动机系统的核心，从根本上说，是因为情绪表

---

[1] ［美］K. T. 斯托曼：《情绪心理学》，张燕云译，70～72 页，沈阳，辽宁人民出版社，1986。

[2] ［美］K. T. 斯托曼：《情绪心理学》，张燕云译，61 页，沈阳，辽宁人民出版社，1986。

征着人的需要。需要得到满足会带来不同程度的快感，需要得不到满足则会导致苦恼。快感与苦恼的程度依需要的强度而变化，依满足或不满足的具体形式而变化。同时，情绪、情感不仅伴随着活动而出现，由需要的满足与否而引发，而且反过来影响机体的需要，并且引导需要、调节需要。人的情感表现不像动物那样起因于生物学的实际需要的满足以及据此而导致的冲突（需要）的减少。从本质上看，人的道德要求不是生物适应性需要，而是控制、调适某些生物适应性的需要。不仅如此，人的道德需要不仅表征为将现存的、既有的道德价值体系内化为社会适应性的需要，而且是人追求、适应新的生活方式，进行新的生活体验，获得新的认识，改变自身的周围世界，建构新的理想世界的需要。人的这些道德需要当然不是凭空产生的，从根本上说受制于人建立在物质生产方式之上的交往方式，是在人的直接交往或间接交往中，人对社会道德价值体系的一次次生活积累、一次次情感体验的强化和过滤，以至逐渐定向并迁移、淡化，最终实现价值体系化、人格化的结果。苏联心理学家鲁克指出："不同的人们各有其不同的最理想的体验标准。任何人所竭力追求的情感谱体现着这个人的个性特征。"①也就是说，在人的成长过程中，在进行道德行为、履行道德义务、发展道德自我的背后，人必须有强大的自我肯定的情感来支持自己。这些情绪体验也许伴随着痛苦、羞愧、焦虑等负性情绪，但最终人还是能够体会到自己的力量。在幼儿期，人的道德行为主要受快乐感的激发或受羞愧感的调节。在青少年期，追求自我同一性过程中的欢乐与痛苦伴随着道德成长。成年人则以道德情感维系自己的人格尊严。其间的内在运动轨迹正在于人在品尝了各种体验之中，找到了自

---

① ［苏联］A. H. 鲁克：《情绪与个性》，李师钊译，203 页，上海，上海人民出版社，1987。

己喜欢的体验，并自愿追求这类体验；丰富了这类体验的经验后，产生了对某些价值偏爱的感情。人们常说的为了某种价值"甘于清苦，以苦为乐，乐此不疲"，正是对这种情感境界的描述。

这一情感运动制约着人的内在动机，它既有外在的形式，也有内在的因素。外在的形式可以是给予关注、表示赞同、对特定行为给予嘉奖，也可以是不予关注、不许可、给予惩罚，从而使人重复某种行为或不再做某事。内在的因素是个人的神经生理类型、家庭教养背景以及自己生活经验中的情感体验。显然，外在形式的强化同样是通过人的内在情感上的满足起作用的。所以，归根结底，外部客观条件以及人在道德关系中占有的现实态势，对于人的道德发展而言，并不是本质的东西；而人对道德关系的体验以及由体验强化和过滤后的人格立场才是本质的东西，它把人的需要、志向、神经加工类型、性格统合为"内部态度"这一复合体。外部的道德影响始终通过个人的内部态度这一媒介的折射而发挥作用；并且，正是这一内部态度保证人在实现道德自我的道路上，总能以个人的方式对既有道德价值系统加以掌握、同化，并重新外化与创造。

当代情感教育的基本特征^①

用现代综合的思维方式看待、追求与实际操作情感教育，我们发现，当代情感教育和传统情感教育、近现代的逻辑理智教育的区别在于，它将科学与人性（价值）重新组合了起来。这一鲜明的、具有时代精神的基本特征，可从以下三个方面加以把握。

一、当代情感教育是现实性与超越性的统一

传统情感教育强调真、善、美的素朴统一。"在古希腊不仅有完全和谐的相互平衡的直觉和抽象，而且科学也不与哲学、文学和艺术疏远。所有这些文化活动都接近于人类的精神和情感。"^②在中国，孔子曰："知之者不如好之者，好之者不如乐知者。""兴于诗，立于礼，成于乐。"这同样体现了情感教育具有符合人的本性的知、情、意的内在统一性。

近代，以卢梭为代表的情感教育虽然为人类教育提供了丰富的资源，但卢梭的逻辑基点是强调人与自然自在的统一，人必须服从自然

---

① 本文是作者发表在《教育研究》1994 年第 10 期上的文章。

② ［日］汤川秀树：《科学思维中的直觉和抽象》，周林东译，载《哲学译丛》，1982(2)。

状态，而人的自然状态本身就是道德的、美好的。因此，他必然排斥工业和科学，而将情感教育置于科学与道德对立的思想框架中。随着科学不可阻挡地高歌猛进，其软弱性和空泛性日渐显著。这说明生长于古典人文时代或理性启蒙时代的人文主义已经不能容纳现代情感教育的内涵了。

当代情感教育建立在承认现代科学发展的历史必然性与合理性的基础上，所以，它决不回避科学理智教育。它认为科学的本质是人的活动，近代科学和教育只因为割裂了科学的自然性本质和文化性本质，才使科学在现代社会中更多地服从于工具理性，而不是服从于价值理性。因此，情感教育并非着眼于否定人的理性层面而强调非理性层面，甚至像非理性主义那样过分夸大不受理智控制的情欲的价值，而是强调挖掘科学的价值层面，高扬科学的文化性，主张人通过科学创造活动重新发现人的意义和价值，认识到提高人自身素质的重要性。罗马俱乐部创始人奥雷利奥·佩西提出，只有提高人的素质，才能解决科学带来的问题。① 他引导人们把注意力转向人和文化，从人的提升上寻找出路，坚持对人类的前途抱乐观主义的情绪。当代情感教育在各历史形态的基础上，强调它们的融合互补，在科学教育中强调发展人的认识兴趣，强调人的创造快乐，强调审美的自我享用价值，强调道德情感的科学理性的基础。因此，当代情感教育扎根于现代人真实的生活背景中，是为现代人的生存完美，防止现代人生存异化服务的，它具有时代的真实性，即具有现实性。

由于科学和伦理之间存在矛盾在相当长的历史时期内是人类社会必然发生的历史文化现象，教育不能回避这一矛盾，要解决这一矛盾，这就形成了教育理论中的一个二律背反的难题。但是，教育要把一个

---

① ［意］奥雷利奥·佩西：《人类的素质》，薛荣久译，北京，中国展望出版社，1988。

不谙世事的儿童培养成一个成熟的社会创造者，其间至少要经历二十多年。所以，教育本质上是面向未来、属于未来的。未来使科学和伦理之间的矛盾不断得到克服，又使新矛盾不断产生，直至最终统一。因此，我们不应站在自然人的高度，而应站在自由主体的高度为未来准备高素质人才，即高理智与高情感相互平衡、协调发展的人才。在这个意义上，当代情感教育是具有超越性的，其超越性在于寄希望于不断培养出一批批全面发展的人，通过改造世界与改造自己的统一，实现由现实世界向理想世界的转化。

二、当代情感教育是适应性与主体性的统一

现代情感教育与传统情感教育的一个重要区别在于，传统情感教育把人的本性看成内在的、具有理想化先验主体及美好向往的根据，它不同于动物性冲动，这是从亚里士多德的"人是理智的动物"开始的。建立在这种观点上的教育便是预设目标—导入目标—期待目标的实现的过程，其结果往往是天真烂漫、苍白而不科学的。我们在实际操作中常常感觉找不到教育目标、教育内容与受教个体自身之间的接合点或接合部，原因即在于此。现代情感教育建立在这样一个逻辑基点上：既然在我们的人群中，在我们民族和民族以外的历史和现实中，有那么一些杰出人物在事实上具有优秀的情感品质境界，并以此标志着他们达到的人性境界，那么其他人也应该和可能达到。如果他们尚未达到，那么除了社会及本人身心方面的一些因素外，是教育还没有找到这一接合点。不是思辨地构想，而是由事实来创造，应该是事实认识的一个内在固有的方面。教育必须根据个体生存状态、个体深层精神结构去确认其发展的可能性和主体的能动性。

这种可能性、事实性是什么呢？马斯洛人本主义的逻辑框架中有

一个深层概念对我们有启发意义。马斯洛提出了一个所谓人性的类似本能(instinctoid)的概念。他指出,传统的观点(如达尔文、弗洛伊德的观点)把我们的动物性看成与狼、老虎、猪、秃鹫或蛇的本性一样,而"任何只在人身上有的而在动物身上没是(有)的冲动都被认为是非本能的"①,这样,人特有的各种超出动物性的天性似乎成了某种捉摸不定、没有实证基础的东西。马斯洛认为,其实人性本身就是具有生物学意义的,人特有的天性本身也类似生物本能。比如,爱、尊重和安全等都不是某种可有可无的臆念,而是人的生存中某种高层次的需要,类似对维生素 D 的需要。一旦失去了这些本能的需要,人也会生病。这不是指生理机体不健康,而是"灵魂病",即"人性的萎缩"。马斯洛认为,它们是一种只要人活着就无法摆脱的人性,并且是完全可以从实证科学的意义上加以确证的。

由于承认这一可能性、事实性,当代情感教育主张不应从外部强加,而应从内部找根据。首先强调适应性,把适应人的需要,控制、调节、引导、提升人的需要作为情感的事实性状态与应该性状态之间相互转换的真实通道。

情绪心理学认为,有机体与其生存环境直接联系着的需要,特别是在人类长期社会生活中形成的社会性需要,在人的情绪发生发展中起着重要的作用。需要,既是情绪发生的生物内在原始根源,又是制约人的情绪社会化的重要内在因素。情绪的生物和社会适应功能,情绪的分化,情绪与客观现实、认识、动机、人格的关系等,都是以情绪与需要的关系为基础的。正是因为客观现实与主体的种种需要发生了不同的关系,对主体的生存发展具有种种利害不同的意义,在长期

---

① [美] A. H. 马斯洛:《动机与人格》,许金声、程朝翔译,104 页,北京,华夏出版社,1987。

的生物发展中形成了产生不同反应的广泛的神经生理机制，进而在人类社会发展中形成了各种社会情境和需要之间的关系，在这些关系的基础上，人对客观情境进行认知评价、意义分析，产生各种情绪，或者转化为趋向和避开某种情境的动机，以至形成一定的人格特质；所以，尽管人的认知、意识都能影响情绪，但归根结底，需要是最直接制约人的情绪的。当代情感教育主张，教育应适应人的向善求美的需要，让人的情感获得在人际伦理亲情、在认识兴趣、在创造冲动、在审美快乐、在理想憧憬方面的满足。不仅如此，还要有目的地制造一些满足方式，帮助人淘汰一些满足方式，选择或认同另一些满足方式。通过对需要的调节和引导，人反复地从追求"完满""超越"中获得满足，最终形成一种情感上的"定式倾向"。这时，由于个体的需要得到了满足，由于自己的选择使人感到不是必然总体在主宰、控制、排斥偶然个体，相反是偶然个体去主动寻找、建立、确定必然总体，人会有自我超越的快乐感、高尚感和幸福感。正因为情感教育突出了人经由实践自我生成的无限可能与主体能动选择的一面，体现了人的主体自由的本质，这才表明情感教育不仅是适应性质的，更是主体性质的。准确意义上的教育主体性必须从人的主体性中取得证明。当代情感教育正是在这一主体性特征方面开创了一个深蕴的、主体的教育学方向。

三、当代情感教育是人文科学性与自然科学性的统一

（一）当代情感教育的人文科学性

就西方来说，直到 19 世纪末，情感教育一直具有人文科学性质，甚至可与人文学科相同。人文学科源于古罗马西塞罗一种理想化的教育思想"humanitas"（拉丁文），其既有"人性"或"人情"的意思，又与"paideia"——开化、教化通用。所修科目大致包括哲学、语言修辞、

历史、数学等。就当时情感教育的古典人文性质看，它具有东西方可比性。例如，与古罗马"七艺"相仿的孔子的"六艺"。在西方，人文学科性质不断地演变，如文艺复兴时期将人文学科作为研究人自身事务的世俗学科，更突出了与古罗马人文理性教化殊异的自然人欲。在启蒙运动时期的百科全书派那里，人文学科政治化鲜明，启引民众成为"自由、平等、博爱"旗帜下的战士。但情感教育的人文科学性基本上局限于古典人文主义的"教化"之意，从中世纪的教会学校，从卢梭与裴斯泰洛齐的情感教育，到德国文化教育学派中的陶冶学派，一直到19世纪晚期和20世纪初期美国永恒主义教育流派都如此。所涉及的课程主要是传统的文科教育，诸如文学、哲学、美术、宗教和历史等。在中国传统文化中，情感教育始终被赋予"教化"色彩，具有"人文化成"的含义，教人在夫妇、父子、长幼、君臣之间恪守道德规范。这一"人文"色彩，就叫"情深而文明"（《礼记·乐记》）。至于情感教育的具体思维方法与操作方法，则是"能近取譬"（《论语·雍也》），"近取诸身，远取诸物"（《周易·系辞下》）。其特点是推己及人，"己欲立而立人，己欲达而达人"（《论语·雍也》），"己所不欲，勿施于人"（《论语·卫灵公》）。因此，情感教育便是以理服人，以情动人，合情合理，理从情出。

当代情感教育的人文科学性的内涵则大大扩展，表现为涌现出了更多的人文学科，如社会学、民族学、文化人类学、哲学人类学等，它们为情感教育增添了新的教育指导思想与操作资料，更重要的是为当代情感教育注入了现代人文学科的独特方法、态度和精神。它们着重强调以下一些方法。

第一，以作为主体的人为对象。就具体对象而言，并不存在"人文"这种实体。因为作为主体的人不可能局限于特定的活动领域中，人文学科遍涉万境而不可能有实体性对象或固定领域。在特定条件下，任何一门学科都可因偏重于主体情感(或审美)功能而人文化。

第二，评价性而非描述性。与科学陈述"是什么"不同，人文学科的内涵有"应当是什么"的价值指向，其终极旨归指向具有人类学本体意义的人。因此，人文学科提供超越实用主义而又与宗教虚幻的彼岸迥然有别的目的观和价值观，给人以安身立命之根。

第三，践履性。人文学习不是静观意义上的认识，而是注重内在的体验与直接认同。对其的理解，在一定程度上意味着知、情、意身心整体的介入。

第四，不可重复性。人文学科强调独特、出人意料、复杂性以及独创性，因此，对教育过程的研究和评估主要采用"观察—理解"模式，或称非量化模式，如自然式探究、教育鉴赏、教育评论、阐明式评价、感应式评价、个案法等。其共同特点是不再用"指标—量化"的方法，而是深入受教育对象中，收集第一手资料，在此基础上做出判断，实施教育措施。

总之，自19世纪末到20世纪初的现代物理学革命为人文学科的现代复兴提供第一个契机以来，人文学科教育在世界各国日益受到重视。许多国家调整了课程设置，如增加人文学科，加强自然科学的人文化，增加教育评估中对"人性度"的测评，强调教育过程的人性化等，这从不同角度映射出当代情感教育的人文科学性。

(二)当代情感教育的自然科学性

早期人类只有自然哲学的概念，至19世纪末，"自然科学"的概念才正式产生。情感教育在"自然科学"概念诞生前，一直在人文哲学的怀抱里。怎样理解当代情感教育的自然科学性呢？

第一，本质上属于自然科学门类的生物学、脑科学、神经科学和心理学等学科的知识以及用自然科学方法和手段获得的新资料，可以用来解释情感发生发展的某些机制，从而为教育寻找更充分的实证根据。并且，它们将大量转化为情感教育的操作思想与操作方法。现在，对情绪与不同脑区、与脑中化学物质、与主司不同情绪反应（对人或对己的感受）的具体脑部位的关系，对大脑的分工与协作，对大脑及神经系统的发育时间，脑科学和神经学中都有了进一步的探明。根据这一线索，当代情感教育认为，人经历的每个生长阶段对发展一定种类的情感都具有最好的可能性，应有针对性地在儿童早期加以突出地开发这种可能性或弥补其先天不足。情绪心理学的研究资料更多地被运用于情感教育领域。詹姆斯-兰格理论一个世纪以来主导着一系列关于情绪的生理唤醒和神经激活方面的研究。后来，沙赫特等人的研究得到了发展，这使当代情感教育不能忽视情绪发生时所伴随的生理特征，而应将它们合理地加以引导。当代情绪心理学从进化适应性的角度解释了情绪的发生和发展，重视早期形成的情感与认知相互作用的固定倾向，揭示了评价因素、认知加工本身的机制对情绪的重要影响，强调情绪的社会适应性质与社会交际功能，认定了情绪体验的意义和特有色调不是从认知加工系统中获得的，而是从有机体在同环境相适应的过程中需要的满足与否的感受状态中发展而来的。特别是伊扎德·霍夫曼的理论对感情和认知的相互作用有许多具体的说明，如什么样的刺激条件能够促进具有感情充予性质的归类和图式的形成等，这些都可以直接运用于情感教育操作。除此以外，现代情绪心理学目前采用的研究方法仍主要是生理测量方法、表情测量方法、主观体验测量方法、调查统计方法等，它们在情感教育的实验中都是主要测评办法。目前，我们对情绪本身的信息加工图式还不清楚，特别是距离建立操作模型还有相当的路程，必须期待神经科学、心理学和计算机科学的共同研究成果。一旦破译，它将为情感教育提供更坚实的实证基础。

第二，以自然科学为依托的系统科学在观念和方法上对当代情感教育有深刻影响。

由于经典科学本质上的还原论方法只适用于处理能分解为孤立的部分和因果链的宏观力学现象，无力解答在当代生物科学、行为科学和社会科学中涌现出来的诸如组织、整体性、方向性和目的性之类的事实和概念；因此，一般系统论在机体论生物学的基础上被提出来了。

系统的观点总是把系统当作由从属组成部分结合成的集成整体来看待，从不把系统当作处在孤立因果关系中的各部分的机械聚集体来看待。它影响着当代情感教育对人的情感培养采取的整体性观照的方法，将对情感的科学研究在生理、心理、社会文化这三个层次上继续分化，在获得更加精细的知识的同时，使其综合构成一个整体的画面。如果说采用古典人文方法的情感教育用信念和洞察代替了翔实的探索，而试图用科学方法研究情感教育（如早期实验心理学的方法），牺牲了融会贯通以换取条分缕析；那么当代情感教育则转向了严谨、精细、整体的把握。比如，情绪发展的个体心理基质从横向看，由认知水平和情绪感受水平两个层面构成。情感教育不仅着眼于认知水平的提高，而且着眼于情绪感受水平的提高。从纵向看，情感不仅有语词水平，也有前语词水平；既有自觉意识水平，更包含人的强大的下意识领域。"在下意识里，感性知觉赋予周围人的行动以道德—肯定或者道德—否定的符号，而这些符号与形成未来心境胚芽的情绪色调直接融合在一起。"①当代情感教育十分重视无意识领域，强调情绪记忆在无意识领域中的沉积对人的情感质量的影响（如美好的人生经验与创伤性经验），有目的地设计主要作用于无意识心理层面的教育方式，甚至可以通过

---

① ［苏联］А. И. 吉塔连柯：《情感在道德中的作用和感觉论原则在伦理学中的作用》，石远译，载《哲学译丛》，1986(2)。

一定程度上弱化意识的作用来保证无意识对人的统一机能作用。[①]

第三，自然科学的彻底理性精神鼓舞情感教育从扑朔迷离的生命感受中寻求恒定的秩序。

科学是严格地运用经验的可重复性来鉴别其真伪的标准（而不是其他标准）。可重复性有双重意义：一是某一现象（或人类经验）可以不止一次地重复出现；二是社会化，即属于某一观察者的个人经验可以积累，可以转化为技术。

情感教育操作可以有一定的可重复性，这是因为，神经科学在几十年的发展中确认，神经系统在整体上是一个自我封闭的系统。人的神经系统中大约有1亿个接收外部信息的外感受器，但同时有10亿个接收内部信息的内感受器。人的外感受器接收的外部信息大多是人对客体操作的结果。神经系统用功能耦合网络创造某种同构的符号，将千千万万看似相同的电脉冲组成人各有异的情绪感知。由此可以证明，每个人都有和他人类似的身体和大脑结构，人与人可以互相沟通。在一定时期，一定民族文化背景下的个体有建立相近的情感社会性模式的可能性。情感教育就是坚持对教育经验的积累，坚持实验设计，有目的地通过观察和实验，寻找其间可重复、可描述、可验证的规律，然后将它们逐步地、部分地转化为技术。诸如心理疏导、催眠术、意象疗法、暗示教学法、隐性课程、情感交往技巧训练、移情训练、感受性训练等，在不同程度上都体现了这种经验性的技术转化。

卡西尔在《人论》中深刻指出，科学在思想上给予我们秩序，道德在行动中给予我们秩序，艺术则在对可见、可触、可听的外观之把握中给予我们秩序。当代情感教育并没有放弃对这种秩序的追求。因此，

---

① ［日］石川光男：《从文化方面看意识与物质的相互作用》，刘绩生译，载《哲学译丛》，1991(1)。

只有科学理性精神才能给予我们对永恒世界的信念。人类经验的可重复性与社会化使我们相信，在形形色色的非理性主义思潮的冲击下，理性主义仍然具有支撑现代人的能力。

道德情感教育初论①

像钢琴家熟悉每一个琴键那样去了解每一个孩子，

让每个孩子在尊重中培养自信，在关爱中健康成长。

把握最佳时机，创设最佳教育环境，使每个孩子得到最佳发展。

一、道德情感基础

　　道德，我们界定为：它是人们为了自身生存和社会发展而形成的调节身心的生活准则和协调人际关系的社会规范。它的基础是人类生存发展的需要，追求的目标是生活幸福和社会安定，其基本内容对己是调节身心的生活准则，对外是协调人际关系的社会规范，它渗透到社会生活中的一切领域，发生在个人对自身的态度上和与周围事物的接触中，"道德是行为的、关系的、价值的、心理的、思维的和语言的等多形态的构成物"。

　　什么是道德情感呢？通行的对道德情感的解释为：从社会形成的道德范畴出发，用道德原则的观点感知各种现实的观点时，人体验到的一切情感。我们认为道德情感的这一定义是长期以来把情绪、情感作为认知的副现象和逻辑结果的产物。不突破这一定义的思维方式，

①　本文是作者与梅仲荪合作发表在《思想·理论·教育》2001年第10期上的文章。

我们必然走上道德教育的唯认知主义道路。

一般来说，道德情感是道德意识在个体感受方面的反应，或者说人的作为意识形态的情感具有道德的意涵。它是道德性质的活动引起的人在心理上的情绪反应和内心感受。由于道德性质的活动与物质生产、科学活动不同，主要不是对象性的活动而是关系性的活动，它是人将自己与外部关系的合理性反求于己，由内心建立的评价尺度激荡起的情感；因此，道德情感不是被动地接受社会道德规范对它的约束，而是主体蕴含的归属欲望和向善要求得到满足与否的情感反应。顺遂了便产生积极情感反应；反之，则产生消极情感反应。因此，道德情感并不总是以逻辑—认知活动及其结果为主要的活动前提；相反，常以社会性认知、人际关系觉知以及由上述评价活动引起的情感为主要前提、基础或伴随物。

如果这样来理解道德情感，那么它就是一种不能脱离人的活生生的生活，并且深深扎根于、取决于人的生存状态及感受的情感。我们必须看到人的一些基础性社会情感，如归属感、依恋感、自我认同感、自尊、自信与道德情感有着难以分割的联系，有着丰富的道德意味。它们是人的德行生长的重要基础。在婴幼儿时期，人首先是以情绪、情感为沟通信号与成人进行生存联络的。如果婴幼儿采用某种情感表达方式表达的正当的生理、心理需要得到了成人及时的、敏感的、恰当的回应，那么婴幼儿便与成人建立起稳定的依恋关系。"人之初"建立起来的依恋感、安全感、归属感是儿童社会性、合作性行为最重要的源泉。心理学家马文认为，四岁是成熟的依恋感形成的关键期。他指出，到四岁左右时，儿童才把照料者看作有感情、有动机的独立的人。为了相互适应，儿童必须能够了解别人，能够设身处地。因为道德包含着对别人的尊敬，包含着了解别人。婴幼儿对照料者的依恋后来发展为更平衡的伙伴关系以及在公众教育机构——学校里的师生依恋、同伴依恋关系。这是一个人从范围较小的依恋到范围较大的依恋，社会性越来越扩展的发展过程。

学校中的师生依恋关系、同伴依恋关系与家庭内的亲子依恋关系相比，虽非以血缘关系为基础，但在情绪感受的脑生理机制上、在心理反应机制上是异质同构的。这同样成为一个学生在学校这一社会性组织中建立归属感、依恋感、自我认同感、自尊、自信的基础。

反之，如果在母婴应答关系中或在学校师生应答关系中，健康的依恋关系没有建立；那么不但会使儿童正当地表达情感需求的反应消退，以致形成鲍尔比所说的"感情缺乏人格"类型，而且会对其日后社会适应性的发展造成严重障碍。

道德情感基础的另一个重要支撑是人的同情、分享、社会性兴趣所指及其范围、领域。这是人超越自我中心的标志。根据霍夫曼的研究，儿童在两岁以后才能将自我中心性的同情发展为对别人的感情的同情，六岁以后又进一步发展为对别人的普遍痛苦的同情。随着人的年龄、学龄的增长，一定要相应出现社会性兴趣的发展。

至此，我们分析认为，道德情感不仅仅是道德认识的产物，也是人的情感系统本身的发展升华。道德情感生成、发展的一个不可忽略的机制在于人的那些与社会性发展，特别是与德行形成相关的情感的形成。正如苏联伦理学家吉塔连柯指出的那样，道德情感并不是脱离一般情感的抽象物，人的感觉、知觉、激情、心境、热情、赞成和谴责、共同感受、同情、友谊、团结、忠诚、爱国主义等极为丰富、广泛的情感都是道德的心理机制，人的道德积极性和道德上的自我发展正是通过这一心理机制表现出来的。[①]

---

① ［苏联］A. И. 吉塔连柯：《情感在道德中的作用和感觉论原则在伦理学中的作用》，石远译，载《哲学译丛》，1986(2)。

二、道德情感结构

由上述分析可知，道德情感是一个多层次、多维度的构成物。我们先从内容维度加以剖析。

(一)对己的自我认知感、自我适应感、自我同一感、自爱自尊感、自信自强感等

当今主体性哲学和心理学从自我同一性理论来分析，普遍认为，道德情感形成和发展的基础在于儿童的自我意识、自我感受、自我观念、自我知觉、自我认知、自我评价、自我体验、自我尊重、自我监控、自我调节、自爱、自信、自尊、自豪感的形成和发展，这是一切道德认知、道德情感、道德行为形成和发展的基础。埃里克森关于儿童人格发展理论的基石就是通过不同年龄阶段儿童信任、自主、主动、勤奋和自我同一性的发展，来说明儿童在自我认同、自我肯定和自我关怀中得到成长和成熟。他认为，让儿童成为会走路的人、能站立的人，是"一种具有文化意义的经验，一种在活动中感到愉悦的经验，一种具有社会声誉的经验；因此，它是确立自尊的一块基石。这种自尊，由于在每个重要危机结束时得到了进一步的证实，所以使人逐渐确信：自己正在学会有效地走向明确的未来，正在自己所理解的社会现实中形成一种明确的个性"①。

(二)对人的同情关怀感、体贴仁慈感、友谊真诚感、善解人意的挚爱感等

同情是道德情感中的核心成分，孔子提出的仁爱之心，孟子提出

---

① 瞿葆奎：《教育学文集　德育》第7卷，651～652页，北京，人民教育出版社，1989。

的恻隐之心，以及人们常说的怜悯之心，其核心内容就是同情之心。西方人文主义者认为：对不幸的人寄予同情，是一种德行。谁都应该具有这种德行，尤其是那些曾经渴求同情，并且体味到同情的可贵的人。只有人的心灵以同情的眼睛看见的苦难才能真正震撼人的心灵。通过同情去理解并且感受别人的痛苦，自己的内心也会丰富。因此，英国哲学家培根在《论善良》中提出："如果他对其他人的痛苦不幸有同情之心，那他的心必定十分美好，犹如那能流出汁液为人治伤痛的珍贵树木。"①同情关怀是一种对他人的不幸遭遇产生共鸣及对其行动表达关心、赞成、支持的情感，具体表现为能理解他人的思想、感情和愿望，并给予道义上的积极支持。在人的道德情感发展历程中，同情出现得比较早。将近1岁的儿童在与周围人交往时，就逐渐能对他人的情绪表露出直接的反应，如看到别人哭自己也哭，看到别人笑自己也笑。这虽然很难说是道德情感体验，但它却是发展同情心的基础，没有对他人的同情、理解、尊重和支持，不关怀他人的需要和利益，也就没有道德可言。培养青少年儿童对老弱病残者的关心，对因天灾人祸惨遭不幸者的支持和支援。这不仅是一种情感上的移情和共鸣，也是"助人为乐"情感的升华，是促进高尚道德情操形成的基础性情感。

(三)对自然的敬畏感、亲近感、秩序感、护爱感、神往迷恋感等

自然生态学和人文生态学认为：我们要热爱自然、保护自然，要热爱生命、保护生命，要热爱科学、尊重科学。有人认为，人类文明经历了几个不同的形态。农业社会人是自然的奴隶，"听天由命"；工业社会人是自然的主人，通过不断地增强对自然的"控制"和大量掠夺

---

① ［英］弗兰西斯·培根：《培根论人生》，何新译，55页，天津，天津人民出版社，2007。

自然资源，造成了资源衰竭，破坏了生态平衡，给人类自身带来了灾难；未来社会人是自然的朋友，生态文明要求我们确立"人是自然的一员"的观念，要建立人与自然和谐相处的亲情关系，要教育学生树立"人与自然"的整体性价值观，人类的一切活动要服从"人与自然"系统的整体利益，要为"绿色文明"多做努力，为重新建立一个绿色的世界，让人们生活于生机盎然的生命世界之中做出贡献。

（四）对社会的合作责任感、公正公平感、荣誉成就感、爱国使命感等

责任感是道德活动中，因对自己完成道德任务的情况持积极主动、认真负责的态度而产生的情感经验。责任感与合作感、义务感有密切联系。社会责任常常是在合作中产生的，义务感促使人们在社会生活中更积极地履行其道德义务。责任感要求每个人对自己和他人、对家庭和集体、对社会和国家所负责任产生正向的认识、情感和信念，以及对与之相应的遵守规范、承担责任和履行义务持自觉态度。这种态度使人们在社会交往中获得公正公平和荣誉成就。它升华之后是对祖国抱有的责任使命感，表现为个体对国家利益和自身价值的关心，对国家发展前途寄予期望，并抱有积极主动的参与意识和认真负责的态度，始终与祖国命运休戚相关。

道德情感是人的高级情感，它是由三个维度组成的多层次、多水平的整合的心理组织，它显现为一种动态的、彼此交叉的、互为联系的网络体系（见图 1）。

道德情感第一个维度（A）是它的内容维度，主要由对己的自我认知感、对人的同情关怀感、对自然的敬畏感和对社会的合作责任感四个部分组成。

第二个维度（B）是它的形式维度，主要由自然感性道德情感、幻化想象性道德情感、社会理性道德情感和悟性超越性道德情感四个层次组成。

第三个维度(C)是它的能力维度，主要由道德情感觉知感受能力、道德情感理解体验能力、道德情感移情共鸣能力和道德情感反应调控能力四个部分组成。

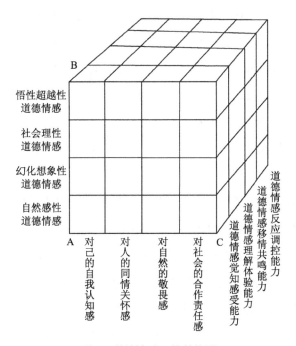

图1 道德情感三维结构图

实际生活中的道德情感比我们设想的要复杂得多。上述结构体系只是我们为了便于操作而创建的一个图解模式，为我们指导教育实践和实验提供了一个框架。

三、道德情感教育

对人的情感教育有着与对人的认知教育不完全相同的教育机制，这需要我们从学理上和经验上加以研究和概括。道德情感教育强调以感受体验为基础，以情感态度的养成为表征，以情感与认知相互影响、彼此促进为发展过程，以培养情感性道德人格为目标。它的教育要求与内容：一是对己培养自知自控、自尊自爱、自信自强的品质；二是对人培养同情关怀、仁慈宽容、理解体谅的品质；三是对自然培养敬畏、爱恋、保护、珍惜的品质；四是对社会培养亲和、公正、负责、奉献的品质。它的操作要求以以情动感受、体验共鸣为内在机制的情感反应模式和移情共感模式为主，创设情境，再现生活，加深感受，重视觉知，把道德认知与道德体验结合起来，把隐性与显性结合起来，在特定的情感场中，形成特定的道德情感品质。

根据我们在实验学校包括幼儿园的实践探索，在以下三个方面，我们初步达成了共识。

第一，道德情感形成有自身的发展轨迹，道德情感教育的目标要求和内容确定存在着明显的阶段性和层次性。

婴幼儿时期，我们将培养安全感、归属感和依恋感作为教育重点，为道德情感的发展和道德情感教育目标的提升奠定基础。

道德情感发生学研究证明：个体道德信息源最早不是语言，而是人们感情性的交往。照料者微笑的面孔和愉快的语音经常在婴幼儿面前和耳边出现，这是婴幼儿愉快情绪社会化的开端，是唤起母爱体验的重要根源。它是健康情绪的表现，也是道德情感体验和道德意识之萌芽。婴幼儿的道德情感是在与亲人的交往中形成的。照料者的关注为婴幼儿提供了"安全基地"和亲密的情感，照料者的眼睛是婴幼儿精神生命成长的太阳。关注其情感需求、尊重其活动需求的培育模式，不仅有助于婴幼儿身心健康、智慧发展，而且能够为其未来的社会体验留下深刻的印迹和愉悦的基础情调，并为高层次情感发展奠定基础。

我们的研究还发现，婴幼儿早期情绪情感经验和行为特征几乎都同道德发展相关（见表 1）。

表1　0～6岁婴幼儿情感发展的教育策略与发展要点

年龄	教育策略与发展要点
依恋的0岁	通过关注性满足，发展依恋感
好动的1岁	通过安全性保护，发展安全感
探险的2岁	通过支持性参与，发展信任感
听话的3岁	通过尊重性引导，发展秩序感
模仿的4岁	通过榜样性示范，发展自主感
好问的5岁	通过积极性鼓励，发展探求感
合群的6岁	通过合作性互动，发展认同感

这一研究说明，人的生命各阶段都有道德情感教育的独特主题和方式。通过对不同年龄阶段婴幼儿精神生命的关注和开发，婴幼儿从道德的"无律态"逐步向"他律态"方向发展，再向"自律态"提升。

我们对幼儿开展了自信心和同情心的早期培养研究，让幼儿从入园第一天起，就感受到教师可亲、小伙伴可爱，并通过多种活动，让幼儿在早期生活中，获得分享、尊长等社会生活的感受和体验，还让他们从小学会识别、体察他人的情绪情感，从小学会尊重他人、理解他人、体谅他人和关怀他人，对伤害他人的行为感到内疚等。

小学时期，我们把道德情感教育的重点放在了培养自我认同感和对他人的尊重和关怀上，安排了受爱和创爱相结合的互爱教育系列。一年级重点是爱父母教育；二年级重点是爱老师教育；三年级重点是爱班级教育；四年级重点是爱自然教育；五年级重点是爱家乡教育。这种由近及远、由浅入深的教育系列，既让儿童感受到父母和教师的关爱，又在情感操练中让他们学会用行动来对父母、教师表达自己的爱心，从中体验到爱的欢乐、爱的可贵。

在这方面，我们的合作研究单位——上海市闵行区实验小学开展了小学生创爱情感培养的系列研究，开设了情意学习课，自编了对

1~5 年级学生进行道德情感教育的校本教材。教材取材于学生日常生活中遇到的种种交往中的现实问题，教师以创设情境、再现生活的方式，引导学生去感受和体验与父母、教师、同学之爱的纯真，交流和探讨生活中的情感问题。教师还运用电化教学手段以及实物展示、环境布置、语言诗化等方法，营造情感氛围，激发学生创爱之情。这使得道德情感教育既有潜移默化的功能，又有一定的载体，不仅使小学德育更有针对性和实效性，而且在系统性和可操作性方面也创造了很好的经验。

初中时期，正是由儿童向青少年过渡的时期，是身心发展上最迅猛地发生着质的结构性改变的时期。在道德情感发展上，学生显示这一阶段的特质，他们对教师的爱由盲从转向自觉，并有一定的选择性；在同学关系中，友谊成为他们心理生活的重要内容，人际交往突破单向从属与依靠，转向双向互助互爱的尊重，友爱感成为中学生心理发展的动力源和兴奋点。我们在这一阶段的教育实验中，重点进行了"珍爱自我"和"珍惜友谊"的教育，把爱的教育和美的教育结合起来，让他们用美的规律来塑造美的心灵和美的形象，使真挚友情升华为深厚的道德体验，成为鼓舞他们一生的精神动力。

高中时期，正是青少年从生理成熟向心理成熟的过渡时期，这是认知、情感、意志、性格发展，人生理想、信念确立和整合的阶段。在道德情感发展中，学生自我意识的独立性提高，他们学会观察周围和解剖自己，开始寻求生活意义；同时，对人、对社会生活的感受也日益增强，对社会、对教师、对他人、对自己、对国家的接纳更加敏感，尊严感和害怕挫折的焦虑感同时提高。这是以理想自我和现实自我的同一感为中心的时期。为此，我们在教育实验中把责任感教育作为研究的重点。责任感教育可以帮助他们建立准确的自我形象，提高自我认同感，并在原有的自尊感、友谊感和集体荣誉感的基础上，衍生出公民感、人际适应感、社会责任感和历史使命感，使道德情感更加丰富，道德人格更加完美。

我们合作研究单位——上海市杨浦高级中学将责任感培养作为一项育人的系统工程，从自我感受、情境体验、走向社会、营造学校特色文化等几个方面进行了责任感教育的探索，建立了包括学校、家庭和社会在内的责任感教育的网络体系，取得了实效，得到了家长的支持和社会的好评。

第二，道德情感教育要把握情意感通机制和需求冲突机制，让学生在情感场的氛围中，积累道德情感的感受和体验，从而使道德情感得到内化和升华。

道德情感教育应使学生的情感需求得到不断提升，让他们在道德实践中丰富情感体验，积累情感经验，为情感提升提供基础。我们的合作研究单位——上海市闵行区花园学校为了培养学生从小就具有对自然的亲近感、敬畏感、护爱感，开展了"绿色文明系列教育"，分赏绿、寻绿、护绿和创绿四个阶段。先让学生感受绿色生命之美，欣赏祖国植物景观，感受每株草、每棵树都是一个生命体，激发学生对大自然的亲近、爱恋的情感，从而使学生进一步了解绿色生命与人类的关系以及体验绿色生命生长之不易，最终让学生用自己的双手和汗水为家乡添绿增色做出贡献。教育中还设计了情感定向体验策略和创设美感赋值策略，这既防止了负面情感体验的产生，又使美感在道德情感培养中产生增值和放大作用，使道德情感潜能得到进一步的开发和升华。

我们的实验学校——江苏省南菁高级中学利用自身校史悠久、人才辈出和文化底蕴深厚等优势，创造学校文化的情感场，在淳朴的学术氛围中给每一个学生注入一种人格力量，激励他们为成为时代之俊才、未来之强者而勤奋学习、奋发上进。

第三，道德情感教育要重视教育者的情感资质和人格魅力的独特作用。

教师的情感资质和人格魅力是指由以教育爱为核心的教育价值观、教育思维方式、教育行为技艺以及教育风格类型等因素组成的综合体。它的情感内质是一种纯情结构，对学生和事业具有一种纯真的爱，是纯粹、纯朴、纯洁心灵的集合。教师情感的实质是一种教育爱，这是对教育事业的执着，对学科的迷恋，对学生的理解和尊重。在引导学生时，教师把自己的信念转化为教育能力和行为榜样，给学生以信念、追求和典范。教师的爱是一种存在的爱，它从受爱者出发，事事处处为受爱者考虑。他与学生既无血缘性联系，又无个人功利性联系，他们之间纯粹是一种民族希望、祖国前途、人民幸福、个体成长的意义性联系。这是一个特别亲密、亲切、亲热的"人类希望共同体"，在"人类希望共同体"之中，有的是纯真的爱、温馨的情、对真善美的执着追求。

由此可见，教师的情感资质和人格魅力对学生道德情感的发展和美好心灵的形成，从一定意义上说，具有决定性的作用。学生正处于情绪感受性最敏感的时期，道德情感形成的最佳时期，社会性依恋归属情结的奠基期。他们对教师的态度表情、行为举止、动作手势、语音语调，均有特殊的敏感性。教师对学生的影响，不仅体现在学生的知识和技能方面，而且体现在情趣、情愫和情操方面……正如乌申斯基所说，教师的情感资质和人格魅力对学生心灵上的影响不是"任何道德格言、学校规则和惩罚办法所能代替的。教师的信念和个性品质在教育事业中具有决定性的意义"。①

为此，我们要努力提高自己的道德情操水准，把情与理结合，真

---

① 戴本博：《外国教育史（中）》，385页，北京，人民教育出版社，1990。

与善、美结合，自爱与他爱结合，受爱与创爱结合，把自己真挚的爱播在每一个学生的心田上，让他们在道德情感教育的哺育中，去感受、体验人间的温馨，去创造人生的幸福和追求美好的理想。

我们的教育信条如下。

自由是孩子的天性，我们要将自由、尊重和关爱给予每个孩子，让他们从小能在自由中积极创造，在尊重中培养自信，在关爱中健康成长。

孩子的精神世界极为细腻、敏感，同时又有善良、爱美的萌芽。让我们像钢琴家熟悉每一个琴键那样去了解每一个孩子，让他们去谱写人生的第一乐章。

我们是终身教育论者，我们的事业是"根"的事业，培育孩子需要的是从容、宽容和等待。只有细心、耐心和精心的关怀，才能让他们根深叶茂、茁壮成长。

我们是多元智慧论者，每一个孩子都蕴有多元智慧和超常潜能。让我们在优质教育的指导下，把握最佳时期，创设最佳教育环境，使每个孩子都能得到最佳发展。

论体验范畴在教育过程中的独特意义①

一、体验的教育学含义

在传统心理学中，体验与感受是同一种心理过程。它们是心理活动中一种带有独特色调的感知或意义，是心理的一种主观成分。

在哲学认识论中，体验的概念与感受不同。感受指的是主体的感情、价值、伦理等因素对作为客体的各种信息的选择、同化和净化。体验则是主体把自身当作客体，从而获得关于客体感性信息的一种感知方式。体验方式有两种，一种是心理体验，另一种是实践体验。所谓心理体验，是指认识主体在观念上把自己当作客体，使自己暂时按照客体环境、立场、观点去观察事物、思考问题，从这种体验中获得关于客体的信息。所谓实践体验，是指认识主体在实践中把自己暂时变为现实的客体，不仅站在研究对象的立场和观点上去观察和思考问题，而且直接作为客体中的一分子去生活。总之，认识论把体验仅仅作为认识客观世界的一种特殊的认识方式。

把体验作为教育过程中的重要范畴，必须研究它的独特的教育学

---

① 本文是作者发表在《江苏教育研究》1992 年第 6 期上的文章。

含义，包括它的内涵、它的形态、它的功能。首先，体验作为教育理论的重要范畴，既有认识论的意义，即用体验的方式达到认知理解；又有本体论和价值论的意义，即体验是人的生存方式，也是人追求生命意义的方式。这就从认识论的框架中走向了本体论、价值论的视野。其次，强调体验也是一种实际的教育操作时，我们需要区分两种体验概念，我们把这两种体验概念称为被动体验过程和主动体验过程。被动体验过程取传统心理学的含义，指伴随着主体意义内容的直接的、经常的情绪形式。体验和认识不同。认识过程在知觉、思维、记忆的积极形式下，被认识的直观的内容表现为消极的客体，是心理活动指向的对象。也就是说，直观的内容在意识中被提供给人们，被观察者作为行为的主体出现。而在体验中，这些关系恰好相反：体验自发地、直接地、自然而然地提供给人们，不需要人的专门努力，即不需要意识和反省行为的努力。在这里，观察者是积极的，因而是逻辑上的主体；而被观察者仅仅是感受者，是被动的，并且表现为逻辑上的客体。

主动体验过程强调的不是体验直观，而是体验活动。它对心理学中的活动理论加以补充，认为主动体验过程是活动的特殊类型，是确定主体同世界的关系以及解决主体现实生活问题的独立过程，补充着外部物质——实践活动和认识活动不能直接解决的生活情境中的问题与冲突。体验活动的外部行为不是以直接达到某些实体的结果来进行体验活动的，而是通过改变主体意识和改变主体的心理世界来进行体验活动的。体验活动的内部心理过程并不仅仅是情绪过程，而且还可能由知觉、思维、注意以及其他心理机能来承当。它的积极意义在于，不仅仅把情绪看作一种特殊的反应方式，情境只向主体提供了作为存在前提的意义，只是确定了"存在和必须"之间的关系，但无权改变它。主动体验过程是主动地感觉已出现的感情的过程，它不在于认清情境的意义或找出潜在但是确有的意义，而在于自己建立意义、产生意义、建设意义。因此，它是一种现实地改变心理情境、积极地改造心理世界的特殊工作，是有结果的内部过程。苏联心理学家瓦西留克说，体验活动的结果总是一种内部的、主观的东西——精神平衡、悟性、心平气和、新的宝贵意识等。我们认为，对于人的发展来说，上述两种体验并不能相互取代。前者作为人们日常生活情感的内在的形式，天长日久地悄悄地累积着，始终与知识一起存在于人的意义之中，作为一种心理事实，是与个人生活血肉相连的一部分；后者是有目的的教育活动的一部分，我们着重探索其功能和其机制。教育不仅关心人是否有知识，而且关心人是否有体验，关心人体验到什么，追求什么样的体验，以及如何感觉自己的体验。教育把人的体验过程看作教育活动的基本形式之一，并且相信体验活动的过程可以在一定程度上被驾驭。

二、作为教育活动方式的体验类型

教育不仅要培养知识丰富的人，而且要培养情感经验丰富、内心世界丰富的人。作为教育活动方式的体验应该按照人的情感发展要求的全域来设计。目前，我们的教育在这方面积累的经验还不多，因此尚难以概括、提炼出完整的类型学思想，并在教育实际中做出恰当的分类。但我们认为，至少有以下几组类型及其相互关系是可以考虑的。

（一）从性质维度上划分，有接受性体验与创造性体验

我们把有意识的陶冶教育活动称为接受性体验活动，这是教育体验活动中经常使用的一种类型。人类的精神活动经由历史的积淀过程，成为一种文化财富。教育者从中选择具有陶冶价值、易于为受教育者所接受的精神文化财富，如优秀的哲学、历史、文学、艺术等，并将其作为情感教育的陶冶媒介。这一体验活动带有明显的传递性与接受

性的特征。

创造性体验是在教育为人提供的创造活动实践中获得的。只要教育承认学生在各个活动领域都有创造的潜力，并且鼓励人的创造性，人的创造性体验就可能油然而生，给人带来无限的喜悦。

(二)从空间维度上划分，有紧张性体验与庇护性体验

教育人类学把人的空间与人的本质联系起来考察研究，提出"人的体验空间"的概念。体验空间即具体人的生活发展所需要的空间。教育体验活动应该设定两种体验空间。一是主客对立，具有紧张关系的空间。比如，人的生产创造性活动，战胜困难及与其相伴随的痛苦和欢乐，人受外部关系制约及与其相伴随的压抑与高尚等。没有这类体验，就无法体验人的本质力量。二是具有庇护性的内部空间。比如，温暖、关怀、信任的教育气氛，和谐、优美引起的轻松、愉悦、舒适等，这些都令人产生真正回归家园之感。

(三)从时间维度上划分，有期待性体验与追忆性体验

一个人不能没有期待，不能没有对未来的憧憬。思考未来，是人性的一个必要部分。根据文化人类学的考察，在人生一切重要的转折关头，人们总是倾向于获得集体的接受和相关体验。当代教育也应重视人生中一些角色转换时期的体验以及庆典活动带来的体验，如入学、毕业、入队、入团、入党、参军、就职以及结婚庆典、国家和群体的庆典等。这些体验往往是一个人地位、身份、角色转变的契机，其作用和价值在于：构成对自己的期望、信念、责任，激起对生活新鲜、神圣的感受。在青少年中举行的歌颂青春、理想、生活等活动也属于期待性体验活动。

追忆性体验可以帮助人重新发现已逝生活中的意义。人们不仅能通过记忆把最好的、值得珍视的情感经验重新提取出来，而且还能挖掘出以往被视作平淡生活的美的因素，积极地享用人生。面对人以往

生活中的危机，如亲人死亡、偶发事故等，教育也应重视这类情感体验，引导人将痛苦的经历转化为积极的生活财富。

三、教育影响下人的体验水平可望发展

(一)从被动体验到主动体验

根据现代心理学的研究，情绪体验可以分为三种水平。①与机体需要相联系的情绪水平；②情感的对象化水平，包含个人对于客观现实的多种态度和有意识的体验，表现为丰富多彩的情感；③概括化的情感水平，表现为高级情操。我们相信，在教育的影响下，人的情绪体验是可能从被动走向主动的。

被动体验的特征是，它们与机体需要相联系，或者是人们对客观现实及时的体验，伴随着情绪唤醒而表现出情动，但主要是生理—心理层面上的变化，体验的水平仅停留在生活表层。这种体验或转瞬即逝，人对其中的意义是麻木的，并未引起关于他人、他物与自我关系的联想；或时有浮现，却没有形成确定的、内容丰富的趋向，对自我的成长并没有更深刻的影响。对于儿童来说，由于他们大脑皮层的认知加工尚不充分，轻度的唤醒已经能在脑内留下痕迹，作为早期经验潜入无意识中去；但对于形式思维开始发展甚至充分发展的青少年和成人来说，这种水平的体验便不能对情感发展起更大的作用。

苏联心理学家瓦西留克分析认为，人的体验是以文化历史为中介的。对于古希腊、古罗马的奴隶来说，他们没有人的个性体验，"在人的自身中缺乏他们是人而非物的意识"，因此，他们不会有任何主动体验的需求。所以，就个人而言，只有在人的意识里主体性觉醒时，人的生命的一些特征即自觉性、随意性、首创性、责任性才能获得价值，人才有体验的迫切需要。在苏联心理学中，以维果茨基为代表的文化

历史学派的研究给我们以启发，即体验既以文化历史为中介，又以心理学工具为中介，它们之间有社会历史决定的一般图式与个人交往中受到的教育的对应问题。因此，可以建立一个合乎逻辑的假设：集中历史上积累起来的典型生活情境体验的经验，当这些情境属于同一类型时，它们中的每一种体验都应具有足够的内容规定性。同时，当它潜在地接近任何个体生活的时候，也就是说，具有普遍意义时，体验应当具有相应的形式。渐渐地，个体意识便接上了某种文化的意识"图式"而重新改造自己原有的图式。可以认为这就是个体体验由被动的、自发的、偶尔和瞬间即逝的特征转为对自己体验的敏锐感觉，主动地挖掘意义，领略和享受意义，从而促使人再度去追求这类体验的文化给出的形式。教育在重视人的情感发展方面的所谓"构成规律性"，主要是指寻找这种文化给出的形式。人只有发展到主动体验的水平上，才不满足于直接的、当下的满足，也不受制于物欲、私欲的囚笼，甚至为了寻求或验证某种更高层次的意义关系，宁肯承受痛苦的感受。因为在痛苦之后，人会为自己在对象化过程中体现出人的本质力量而感到自豪，甚至感到崇高。席勒和康德在确定美学中"崇高"这一范畴时都曾描述过类似的体验过程。

（二）从经验到理解

在着眼于情感变化的教育过程中发展起来的"经验"概念不同于逻辑—认知教育中的"经验"概念。后者要求把经验客观化、公式化、抽象化、数量化，对经验的描述力求规范化。前者是人直接体验生活获得的经验，是人在逻辑思考前与外部世界的存在上的统一状态。它不仅通过记忆和体验将人生的价值和意义保存下来，也随着记忆进入人对生活的理解之中，随时影响个人对生活的认识。完整的教育过程并非以将主客体区分开来的思维模式去分裂经验与体验者，剔除生活中的经验成分，并试图将其上升为观念、体系、规律，而是认定经验对人生有着无法取代的持久意义，特别珍视人以体验获得的生活经验。一个人越是能够更多地体验人生，更多地接触历史保存的经验，他便越是能够更多地体味生活的意义。正如苏联心理学家鲁克所说的那样："个人的情绪经验愈是多样化，就愈容易体会、了解、想象别人的精神世界，甚至会有'密切的情感交流'。"①

以体验形式获得的生活经验成为人理解人生的基础。这一"理解"（understanding）概念不同于认知教育过程中的"解释"（explanation）概念。它建立在这样的信念上：人并非生活在因果关系的锁链中；相反，意义、意图和理解等自始至终渗透在人的行为和生活中，不能用因果关系去解释，而且，理解永远是个人的理解。知识可以是非个人的，而理解只有在个人的心境中才出现。旨在影响人的情感发展、变化的教育不像单纯的认知教育那样，通过理解，由个别推出一般的规律；而是在情感经验的积累中，越发保留着个人内心世界的特殊性和丰富性。这种以体验为基础的理解成为一个人知识和人生经验的表达方式。这种理解能力越是发展，越是表明教育不仅是知识传递的技术性活动，而且是铸造人的精神的事业。

---

① ［苏联］A. H. 鲁克：《情绪与个性》，李师钊译，236 页，上海，上海人民出版社，1987。

情感培育：在小学生心中播下
道德的种子[①]

第八次基础教育课程改革以来，在教育理论界和实践界的共同努力下，我国学校德育在理念、方法等方面有了不少新的探索，一些地区和学校也出现了新的典型。然而，从社会发展和学生个体发展的角度来看，目前我国学校德育仍然存在着一些问题，实效性不高。例如，由于小学、中学、大学这些不同学段的学生在认知、情感、行为等方面存在着差异，各学段德育的主要任务、功能、目标等基本要义也必然存在差异，而目前我们对不同学段德育的基本要义的差异及特殊性的认识还显得不够细致和深入。为了弥补这一不足，我们以小学德育为研究对象，对小学德育的基本要义加以省思，进而寻求适切的方式，以阐明这些基本要义。

一、播下道德的种子：小学道德教育的基本要义

"意图和行为乃是构成道德的最基本条件……任何只有良好的道德愿望而不能付诸实践，或在不道德的动机下做出符合规则条文的行为

① 本文是作者与徐志刚合作发表在《中国教育学刊》2011年第6期上的文章。

都不是真正道德的……"①我们不难发现，相对于中学生来说，小学生比较容易遵循规范，其许多行为都趋向或者符合道德标准。但是，我们不能因此就说小学生的这些行为一定是道德行为，因为这些行为并非都有道德动机的参与。之所以做出这样的判断，基于的是对小学生道德动机水平的认知。

道德认知发展理论认为，个体的道德动机源于对道德原则的理性理解。当道德原则纳入个体的认知结构之中，被个体理解与掌握之后，个体才会在完全意义上获得道德。但是，生理学的研究表明，儿童到10岁时，与其记忆、抑制和思维等高级心理过程密切相关的额叶才发展成熟，而前额区的脑沟和脑回的发育到12岁才能完成。② 可见，在小学阶段儿童尚不能完全掌握和真正理解抽象的道德概念。也就是说，要让小学生具有明确的道德动机是困难的。

在小学生尚不能形成明确道德动机的前提下，试图让小学生具备各种完整的道德品质是不现实的。如果教师试图让小学生具备完整的道德品质，那就是对学生生命的浪费与戕害，而这种道德教育的成果自然也是令人失望的。那么，小学道德教育的基本要义是什么呢？审读相关的课程标准，我们可以发现：在低年级，道德教育主要是培养学生的爱心、自信心、良好的生活习惯和行为举止等；在中高年级，道德教育主要是培养学生的自尊、公平公正、责任感、对自我情绪和行为的调控能力等。也就是说，小学道德教育的基本点不是培养学生具备完整的道德品质，而是培育学生形成与道德相关的基础性心理特征与行为习惯。这些心理特征与行为习惯尽管不是道德本身，但却是

---

① 戚万学、唐汉卫：《现代道德教育专题研究》，5页，北京，教育科学出版社，2005。

② ［苏联］Л. И. 艾达罗娃等：《小学生家庭教育》，汪昌仁、兰伟、严平译，7页，北京，教育科学出版社，2004。

道德的种子，是学生日后形成完整道德品质的基础。

在小学阶段，学生产生的自信、自尊、乐群等这些道德的种子还没有萌芽。至于它们什么时候萌芽，并没有一个确定的时间表，因为道德种子的萌芽是一个漫长的过程。正如苏霍姆林斯基所说："今天在孩子身上所培养起来的，要在几年甚至几十年之后才会成为一个成熟人的公民性、道德和精神面貌的因素。"[①]不过，尽管我们在小学阶段看不到这颗种子或者那颗种子生长成为道德，但是如果没有这些道德的种子，个体的道德就无法萌芽。而一旦有了这些种子，在某个时间节点和情境中，这些种子就会犹如小树一样节节生长，相关的道德品质也会犹如枝丫一样不断地生长出来。因此，小学道德教育的要点就是发现这些道德的种子，并且用合适的方法将其播种到小学生的心中。

二、情感：一掬精致的道德种子

在诸多的道德种子中，各类情感是一掬精致的种子。如果缺乏情感，那么人类的德行将无法有效生成。休谟在《道德原理探究》中提出，道德判断与事实判断依据的力量不同。事实判断是凭理性进行的；而仅仅用理性不能推导出道德上的善恶，道德判断必须诉诸人们的情感，只有情感才能体验人们的需要是否得到了满足，因而情感是道德形成的关键。刘小枫说得更为明确，他认为，人的价值不在于他有知识、有智慧，而在于他有道德本性，这种本性本质上就是感情。使人完善的是情操而不是理性。的确，要是一个人知识渊博，却又冷酷无情、

---

① 肖甦：《苏霍姆林斯基教育智慧格言》，30 页，北京，人民教育出版社，2014。

毫无内在灵性，他于一个幸福的社会到底又会有多少好处呢？①

休谟与刘小枫所论的情感是宏观性的，他们并没有对情感的不同种类做出区分，这容易导致我们对情感在道德形成中的意义理解得乏力，因为这样的意义不够生动与具体。如果从一种微观的视角分别考察不同种类的情感对个体德行生长的意义，那么则能解决这一问题，进而提高教师培育学生"情感"这一掬道德种子的意识。

情感的种类如此多样，我们总要有所选择。涂尔干认为："若要为我们的教育事业提供必要的驱动力，我们就应该努力遴选出作为我们道德性情之基础的基本情感。""如果我们有能力发现这些性情，就会马上战胜那些横亘在学校工作面前的主要障碍。"②因此，我们需要找寻出这些"道德性情之基础的基本情感"，并阐释它们对个体道德生长的价值性。

我们依据小学课程标准中的情感目标及道德教育的研究成果，从内容维度把小学阶段与个体日后道德发展密切相关的基本情感分为我向情感与他向情感两类。其中，我向情感是利己性的，指向个体的生存，主要包括依恋感、安全感、自尊感、自信心等；他向情感是利他性的，指向个体的社会性发展，主要包括同情心、责任感、公正感等。

（一）几种主要的我向情感对个体德行形成的意义

依恋感是个体生命发展中与照料者之间持久的亲密情感联结。麦考比研究发现，儿童与母亲的依恋对儿童的合作性、社会性行为以及正性情绪的发展最有帮助。当它发展为更平衡的伙伴关系后，将有助

---

① 刘小枫：《诗化哲学——德国浪漫美学传统》，7 页，济南，山东文艺出版社，1986。

② ［法］爱弥尔·涂尔干：《道德教育》，陈光金、沈杰、朱谐汉译，19～20 页，上海，上海人民出版社，2006。

于儿童的自我导向及领会别人的感情和关切。①

安全感与依恋感紧密相连。被依恋者是儿童交往和探究的"安全基地"，进而使儿童在一定的环境中没有或较少有紧张情绪和防备心理。教育过程中依恋感、安全感的效应，不仅在于它们带来的信任感可以使学生在感情上易于接受、认同德育内容，而且在于它们营造的自然、轻松的氛围可以使学生在无意识中接受道德文化。更重要的是，人在获得依恋感、安全感的状态下，可以将本性中的攻击性内驱力合理抑制，进而使人趋向选择道德行为。

自尊感是一种通过自我评价产生的自我尊重与自我爱护，并期望受到他人、集体和社会尊重与爱护的情感体验。自尊感可以促使人履行道德，因为个体只有自觉按照道德原则行事，才不会做出有损自己人格尊严的事情，才能保有自尊。因此，一个有高度自尊的人，在实际生活中往往会随时选择善行而避免恶行。

小学阶段是埃里克森人格发展理论中"勤奋进取"与"自贬自卑"两极间产生冲突的阶段。如果学生的自信心在小学阶段没有发展起来，那么其必然偏向于负极的一端，即发展为自卑心理，而且这种自卑心理会贯穿整个生命周期，进而阻碍他以后的人格发展。美国心理学家卡普兰曾对9300名7年级学生进行了长达10年的纵向调查，其结果表明：自卑心理与行为偏离（不诚实、加入罪犯团伙、有违法行为、酗酒、挑衅以及各种心理变态等）成正相关。在具有低、中、高程度自卑心理的学生中，一年或更长时间以后，承认有过小偷小摸行为的学生分别占8%，11%，14%；被学校开除的学生分别占5%，7%，9%。反之，自信程度越高的人，越不容易违背道德和践踏法律。

---

① 朱小蔓：《情感德育论》，151 页，北京，人民教育出版社，2005。

(二)几种主要的他向情感对个体德行形成的意义

孟子认为，人皆有"怵惕恻隐之心"。"恻隐之心"即同情心。有人观察到，一个1岁半的幼儿听到另一个婴儿哇哇大哭时，会马上往他手里塞一片饼干。当这样做无济于事时，这个幼儿也会跟着哭起来，并且用自己的手轻轻地抚摸婴儿的头部，最后把自己的妈妈找来，拉起妈妈的手并放在这个婴儿的额头上。[①] 儿童对他人的这种同情，是早期利他行为产生的直接动机。尽管此时儿童还不知道什么是道德，也不知道要遵循道德规范，但这种初步的对他人的关怀、移情却是将来形成道德行为的基础。正因为如此，卢梭、爱尔维修等人都认为，人类具有的一切社会美德都是从怜悯心或同情心中产生的。

责任感是建立在认识基础上的对责任和义务的认同感，它具有对道德的促发和维持作用。首先，在道德决策的过程中，一些非道德的价值观念往往会引起个体内部的斗争，责任感会驱使人远离非道德行为而趋向选择道德行为。其次，尽管道德对个体自身而言具有享用功能，会给个体带来幸福的体验，但是道德也意味着对自我欲望的克制，甚至会带来肉体上的折磨。因此，选择道德需要坚定的意志，而责任感无疑支持了个体对道德的坚持。

公正感是公正观念在社会成员身上的现实体现，是社会成员渴望公正、认同公正并实现公正的情感。公正感对个体道德产生与发展的影响主要表现在两个方面。一方面，公正感是公正产生的内在心理基础，而公正则常被视为道德本身。另一方面，公正感通过对个体其他种类情绪的影响，进而影响个体的道德。有研究发现，人的愉悦和失望这两种情绪主要受结果有利性的影响，而人的愤怒、内疚和骄傲则

[①] 鲁洁：《人对人的理解：道德教育的基础——道德教育当代转型的思考》，载《教育研究》，2000(7)。

受结果有利性和程序公平性这两个变量的影响。① 也就是说，人的公正感水平影响着人的愤怒、内疚和骄傲情绪的产生，而这些情绪则与其他情绪一样能够左右人想什么和怎样评价，即让人具有推理能力，进而对其道德形成、道德维持和道德调节产生影响。

三、以教师情感促进小学生的情感生成

在情感心理学看来，情感培养主要有两条路径，即"以情动情"和"以境动情"。其实，所谓的"境"仍然是有情之"境"、蕴情之"境"，只不过"情"隐含在"境"之中，因此，"以境动情"也可以归入"以情动情"之内。学校领域的"动情"之"情"有教材之情、同伴之情、艺术之情等，而作为学生重要他人的教师之"情"，则是学生情感发生、发展最直接、最密切的影响源。学生通过对教师情感的感知、直觉、理解与体验，产生或发展自我的情感。

(一)教师情感保障小学生几种我向情感的获得与提升

儿童对依恋感和安全感的体验，首先是在家庭环境中获得的。当儿童进入学校时，他们暂时失去了家人这一依恋对象及其庇护。面对着陌生的环境，他们既充满期待也抱有恐惧。于是，他们期望重新寻找自己的依恋对象，建立安全基地。此时，教师一束关怀的目光、一个喜爱的抚摸、一簇满意的笑容、一句期望的话语……诸如此类的积极情感的给予，会为学生营造家一般的温馨氛围，满足学生的安全需要，给学生带来安定、快乐、惬意、舒心、优雅和清新的感受。进而，学生也开始与教师形成依恋关系，不少学生将自己喜欢的教师视同父母，师生之间亲密无间、无话不谈。

---

① 方学梅：《基于情绪的公正感研究》，博士毕业论文，华东师范大学，2009。

教师情感与学生自尊感形成之间的关系也是密切的。有学者研究发现，高自尊感的儿童，其父母采用的教育和培养方式有表达情感、关心儿童的问题、营造家庭成员间和谐的关系等。① 表达情感之所以被列为提高儿童自尊感的第一影响因素，显然与自尊感形成的心理机制有关。自尊，其实就是"镜中自我"，这里的"镜"就是社会环境，而自尊是社会环境对自我的一种反映。如果一个儿童经常感受到父母的担忧、失望与愤怒，他就会形成较低的自尊感；而如果他经常感受到父母的喜爱、认同与赞赏，他就会形成较高的自尊感。父母的情感正是儿童观察的主要对象，是儿童自尊感发展的一面"镜子"。学生进入学校之后，教师成为他们的替代父母，教师的情感就成为学生自尊感发展的"镜子"。

学生的自信心也离不开教师各种情感的支持。有研究者在小学生自信心培养的实验研究中设计了一项师生之间"悄悄话信箱——我的倾诉"活动。其结果表明，通过师生之间的心灵沟通、情感互动，让学生在教育过程中产生积极愉快的体验以及被尊重、被赏识的幸福感和安全感，学生能正确、客观地认识自我、评价自我、悦纳自我，积极地表现自我、展示自我，进而提高自信心。②

(二)教师情感促进小学生几种他向情感的形成与发展

教师情感对学生同情心形成的效应体现在两个方面。即时效应是指教师对于弱势群体的怜悯、仁慈、关爱，这些情感能当场感染学生，进而促发学生同情心的产生。延时效应具体包括两类：一类是学生在教师的激发下产生的同情会不断地延续下去，并时时发挥作用；另一

---

① 沈德立：《小学儿童发展与教育心理学》，85 页，上海，华东师范大学出版社，2003。

② 郭黎岩、杨丽珠、刘正伟等：《小学生自信心养成的实验研究》，载《心理科学》，2005(5)。

类是教师情感的表达并没有当场激起学生的情感共鸣，只是作为学生的一种认识与记忆对象，甚至学生只是在无意识的层面将其作为对象，不过这种记忆常常会在日后的某个时刻突然发力，使个体在瞬间感受到教师此种情感的巨大震撼力，进而激发他们的同情心。

责任感的形成主要有两个条件：一是外部发出命令（如"不要说谎"）；二是接受命令，其必须以儿童对发出命令者的爱和怕共同构成的情绪体验为前提。[①] 因对他人的爱而承担责任，或者在承担责任的过程中体验爱的感受，这在私人生活空间中比较常见。对他人的怕之所以会产生责任感，是因为学生与命令者之间在相互作用的过程中，如果学生惧怕这一命令者，或者唯恐失去命令者的爱，那么这种情绪或情感状态就会使学生的责任感结构失去平衡，学生会试图把这一命令者的责任规则纳入自己的规则体系里，以使责任感结构重新获得平衡。因此，学生的责任感发展水平与外部命令者的责任要求之间的矛盾（主要表现为学生与命令者之间的情感张力），是学生责任感发展的动力。

学生何以形成对教师的爱？这当然离不开教师爱之类情感的表达。教师对学生的关心、希望、赞赏等体现的爱，促使学生形成对教师的爱与依赖。而学生对教师的怕，则可能因教师的负性情感而起，如教师的沮丧、失望、愤怒等都会造成学生的紧张与畏惧。

亚当·斯密比较了公正、谨慎和仁慈之间的区别。他认为，公正"与谨慎和仁慈不同，它是靠权威来贯彻的；是人为法的规则和法规领域"[②]。也就是说，公正的形成是一种外在强力影响的结果。这样，教

---

① ［瑞士］J. 皮亚杰、B. 英海尔德：《儿童心理学》，吴福元译，92～93 页，北京，商务印书馆，1981。

② 汤玉奇、陈继新、曾辉尧：《社会公正论》，76 页，北京，中共中央党校出版社，1990。

师情感对学生公正感产生的效能与对学生责任感产生的效能是类似的，即教师的情感表达使学生对教师这一权威产生爱与怕，进而学生会按照教师的要求，在认知、情感和行为上遵从或认同公正的规则与法规。在这一过程中，教师的情感对学生公正感产生的影响是间接的。除了这种间接影响之外，教师情感对学生公正感的产生还存在直接影响。所谓直接影响，是指教师情感作为学生公正感形成的参照物而存在。心理学研究揭示了这一直接影响。该研究显示，在人际交往中，他人的情绪情感会影响我们自觉的公正知觉，尤其是在模糊的情境下，他人的情绪情感可以成为人们公正判断的线索，这可能是通过潜在的归因过程对人们的公正判断产生影响的；与羞愧情绪相比，他人的愤怒情绪更易导致被试的不公正判断。①

---

① 方学梅：《基于情绪的公正感研究》，博士学位论文，华东师范大学，2009。

科学与技术教育中的情感培养[①]

　　科学与技术教育研究对中国儿童科学素养的提升有着重要贡献，它促进了儿童科学素养的萌发和自觉培养。当前，中国正处于非常重要的历史阶段，只要抓住这几十年的战略机遇期，就有望在 21 世纪中期实现中华民族伟大复兴。其中，一项重要的历史任务就是带动全体人民科学与技术素养的迅速提升，进而有力地参与世界竞争。

　　推动科学与技术教育发展，需要特别重视儿童情绪、情感的发展，以及贯穿其中的情感、态度、价值观的培养。我认为，儿童的情绪、情感发展与其科学与技术素养的形成具有内在有机联系。第一，从可持续发展角度着眼，儿童逻辑思维能力的发展需要和感受力的发展平衡相协调。哈佛大学加登纳教授的研究发现，在儿童科学逻辑能力发展的同时，如果忽视感受—情意层面的培养，那么可能会直接导致其感受能力下降。9~11 岁时，大脑额叶皮层迅速发展，这将促进儿童逻辑思维和认知能力的发展。这个年龄段的儿童数学学习可能会出现分化，而实际上，这种分化是暂时性的。但如果因为这种分化而过度关注逻辑思维的发展，忽视儿童感受层面的培养，那么将导致其感受力的永久性发育滞后。达尔文在其自传中说，他因日夜从事进化论研

――――――――――

① 　本文是作者发表在《中国德育》2007 年第 4 期上的文章。

究而无暇听音乐、看文学作品、会朋友，一段时间后，他明显感到美学、道德和人际关系方面的敏感性下降。所以，教师和家长应让这个年龄段的儿童多接受音乐、美术等情感方面的教育，以促使其保持感受性和逻辑认知方面的平衡和协调，从而顺利度过分化期。由此可知，逻辑思维和感受性两者间具有张力，它们相互制约、相互促进，科学与技术教育需要关注儿童情绪、情感发展，以促进儿童可持续成长。第二，从科学与技术教育的特点来看，它具有进行情感、态度、价值观教育的重要潜能。科学最早是从哲学中脱胎出来的。早期的科学完全被裹在哲学的母体里，以沉思的方式琢磨世界，试图解释自然现象，探究其最根本的道理。到了近现代，实证方法的出现使科学从猜测、沉思、想象转向用观察、仪器等获取数据、知识，科学开始知识化。这个时期的科学和知识是等同的，科学教育就是知识教育。20世纪中叶以后，科学与技术教育从以知识、技能教育为主的模式，转变为以培养科学素养为根本的模式。这种转变与时代的发展有关。今天，科技已完全成为文化的一种形式，是文化的重要组成部分。当代人用科技支撑文化生活，科技知识中融入了人的生活教养、文化教养，它浸入人的生活、血脉和生命当中。

研究发现，人的情绪、情感是原生性的，它力量大，发生早。教育如果忽视了人的情绪、情感，那就等于放弃了最重要、最强大的生命力量，这种力量在人的动机系统中可以成为最重要的驱动力。情绪、情感还能从深层次内在地影响人的爱好、趣味、鉴赏力等，进而逐渐影响人的价值观。那么，和科学与技术教育相关的儿童情绪、情感发展的生理、心理机制有哪些呢？

第一，观察、觉知、移情性反应。儿童的认知是一个从观察、觉知、采择情境信息到产生移情性反应，进而获得感受、体验的过程。因此，如果没有一些有吸引力的教育设计推动儿童观察、觉知、采择信息，儿童就不可能产生移情性反应。移情可以先从拟情性到欣赏性，然后到文化觉知性，逐渐形成情感发展链条。链条不断延伸，层次不断提升。对情绪、情感的研究需要科学的方式，通过仪器、观察、实验获得情绪、情感发生的实证知识。日本研究者发现，人如果长时间情绪不好，身体可能会发生癌变；而好情绪则会使人的身体分泌一种高水平的荷尔蒙 TH5，使人舒服、愉悦、自信，带动左、右脑谐频，进而达到理智与情感的和谐状态。因此，要让儿童在愉悦中学习、成长，这样的话，他们就会身体好、聪明、性格好。

第二，感染、感受、分享机制。人的情绪、情感是通过表达行为、识别表情，通过沟通、交流，通过语言的情绪色调，得到感染、感受和分享的。人的情绪敏感与情绪辨认有关，应从幼儿园开始就培养儿童辨认情绪、识别面孔。通过识别面孔，儿童可以识别自己、他人的内心。有了识别，人就容易相互受到感染。有人易受情绪感染，有人则表现得比较麻木。后者除了生活经验中缺乏前理解的条件外，可能与其早期发展中情绪识别能力没有得到开发有关。情绪识别可以用表情作媒介，也可以用语言作媒介。一位老师用两种方式描述一支笔：一种是没有表情地说"这是一支笔"；另一种是充满感情地说"这是一支多么好看的笔呀！"。事实上，这两种表达通达儿童头脑的速度、方式、机制是不一样的，带有情绪色彩的语言被理解的速度要快。语言的表达方式、节奏韵律、情绪色彩，包括体态语言散发出的情绪信息都可能对听者产生感染作用。

第三，认知、概念和价值系统。人的情绪、情感的发展有助于认知的发展，认知的发展又可以促使情感向更高层次发展，它们是相互促进的关系。认知和概念对情绪、情感的形成非常重要，因为人的情绪、情感受概念影响，建立什么概念，就会用什么概念去解释某种情绪、情感。

第四，遗传、生理激活、生理年龄。人的情绪常常具有某种气质性特点，它和人的遗传有很大关联。人的遗传密码携带的气质性情绪、情感是不一样的，有些人受到暗示很容易激动，有些人的情绪则很难被调动起来。但不能据此就认为有些学生适宜教育，有些则不太容易教育。对于具有不同遗传气质的学生，要用不同的教育方式。对易受感染的学生，教师在教育中可多用表情、声音、体态；对不易受感染的学生，则可多用概念、语言、价值规范，多用探究的方法，且需要较长的激活时间。早期的科学依附在哲学里，理论多由概念、命题以逻辑推演的方式构成。这种理论体系只有框架经络而无血肉，血肉则需要从经验中来，尤其要用情感经验来支撑。在科学与技术教育中，理论框架是需要的，也应重视概念。没有概念、命题和逻辑，科学与技术教育的框架就立不起来。一旦框架立起来，就说明有了空间、有了潜力，但还需要有血肉。唯有如此，科学理论的潜力才能得到释放。

第五，纯粹的心理性情感。纯粹的心理性情感是没有一定价值取向的情感，因此，还需要一种精神性情感。精神性情感已经通过价值观累积，使价值取向慢慢融化在生命中，变成了一种人格。按年龄段划分，幼儿多有一种感官性情感，而带有价值意味的主观体验性情感在幼儿期是不可能积累很多的。进入初中阶段，学生的逻辑思维发展，独立意识增强，青春期的内心矛盾、心理冲突开始出现，有了主观反应性感受，这种情感开始向精神性情感发展。因此，初中阶段的教育很重要，这一阶段学生内心冲突多，他们可能向好的方面发展，也可能向恶的方面发展，分化加大。这时，精神性情感方面的引导力量就应加强。

关于科学与技术教育中的情感培养，我有几点建议。

第一，利用科学内在的人文性进行科学教育。科学史教育和人物叙事教育是科学与技术教育中常见的教育方法，应推崇科学史对人的情感的熏陶、感染作用。人物叙事教育、人物叙事研究已经成为当今教育文化的新特点和新的生长点。科学与技术教育可以运用这个方法，因为叙事中有人物、故事情节、场景变化、人物成长经历，这些容易把受教育者带回自己的生活经验中。在利用人物叙事进行科学与技术教育时，不要把科学家的故事当作额外添加的东西。人物叙事教育，一定要让学生自己讲，要让学生联系生活实际讲，不要简单复述。复述就是模拟重复，没有增加新的信息。如果这样的话，生命就会萎缩，人就得不到发展。这是生命的规律，是大自然的规律。一个成就很高的人会不断吸收生成新的经验。因此，利用科学史和人物叙事进行科学与技术教育时，建议要让学生真正参与进来，和自己的经验建立连接。很多人认为科学与技术教育是用概念进行教育，但是，概念、逻辑的教学如用陈述性方式进行，依然不能培养人的逻辑能力。在概念性知识的教学过程中，我们应该告诉学生概念形成的过程，使学生通过归纳、演绎真正形成概念，从而使概念性知识得到生成和跃迁。

第二，利用科学与技术教育中的美对学生进行情感教育。科学与技术教育中美的形式太多了，可以利用各种载体如音乐、舞蹈、文学等表达科学与技术的美，同时影响人的情感。教师如果不了解学科美的形式特征，就不能开展情感教育。如果语文老师的朗诵索然无味，没有节奏，语言就会失去魅力；同理，从事科学与技术教育的教师首先就要懂得各种文化形态的形式特征，随后才可能利用好其中美的形式，对学生进行有效的情感教育。

第三，让学生在合作与探究过程中欣然地接受科学与技术教育。科学是一种自由的活动，没有自由就没有科学。但今天的科学越来越表现为社会性活动。现在的科学与技术教育中需要渗透社会性培养的内容，包括伦理内容。因为随着科技进步，伴之而来的就是伦理价值的问题。不要认为在孩子小的时候这些问题就不能植入，虽然孩子不一定全懂，但可以给其一种希望、期待和积极情感，激发孩子的好奇心、兴趣点和对科学的想象力，可以让孩子进行合作探究、独立探究。当前，科学与技术教育中存在的一个突出问题就是教材简单化，教学过程拓展不够、呈现不够等。另外，合作学习、小组学习也多以竞争方式进行，在孩子心理还没有成熟到能够理解它的含义时，这会使孩子形成不健康的社会倾向和态度，甚至为了争名次而弄虚作假。科学精神最重要的就是尊重事实，遵循规律。这就要求孩子从小懂得尊重民主、尊重他人，不迷信权威，敢于批判。这些都是科学与技术教育中最需要培养的价值观、道德品质和精神内涵。

情感教育不能只关注情感，情感有其自身发展的链条，其发展要依赖觉知、观察、反应、感受、概念、语言系统，是一个完整、复杂、多因素系统整合的过程。所以，要想实现科学与技术教育中情感态度与价值观目标，首先要考虑科学与技术教育需要培养的最重要的价值观是什么，然后再用不同于逻辑认知的方法，以情绪、情感特有的机制和生成方式来达成。这样，情感教育和科学与技术教育的融合就能够做得更好一些。

情感教育与人才成长[①]

一、情感与人才

20 世纪 60 年代以来，情绪研究的一个基本共识是不再把情绪看作人的一个无组织的紊乱系统，充分肯定它在人的生存发展中的作用。同时，一批新的情绪研究学派反对把情绪完全看作认知的结果，强调情绪活动的相对独立过程。这使我们有可能以情绪、情感为衡量人的发展的一种维度（或者叫一种向度），来探究情感与人才的关系。

（一）情感唤起与学习

人的学习，是对信息的加工处理过程。人能否有效地学习，形成合理的知识结构和创造性劳动的能力？这与每一个当下的信息加工过程及其质量显然有很大关系。现代认知科学对人类信息加工过程给出的一个新的模式是：感情系统处于认知系统和行为控制系统的中间领域。认知系统从上一个层次支配人类行为，感情系统从下一个层次支配人类行为。要使行为控制系统呈现有效的活动状态，必须以有感情

[①] 本文出自作者所著的 2012 年由北京师范大学出版社出版的《关注心灵成长的教育》一书。

地唤起为前提。感情系统的唤起可以驱动、诱导人们选择或放弃一部分信息、放大或缩小一部分信息,集中使它们经过丘脑和大脑皮层,然后传递到边缘系统部分,同时引起行为反应。在这一过程中,情绪参与、影响和推动对各类信息的编码与整合、记忆、储存和提取。

不仅如此,情绪对信息的加工过程,也可以在无意识觉知的情况下和无认知加工参与的情况下发生。比如,由表情活动激活的感情体验,在感情加工中可以被传递、储存和提取。它以表象的形式起作用,不存在特定的符号过程,不必以认知加工为中介。神经生理学把情绪体验的相对独立作用解释为,脑核心部位的神经元聚合体具有多突触的性质,它们之间由多支纤维形成的神经网络进行平行传导,所产生的电位变化诱发感受状态并在脑内留下痕迹。它们可以在低唤醒水平下存在,不受自主神经系统的直接影响,而由脑干、皮下神经节和丘脑系统直接调节。研究还发现,丘脑和杏仁核之间有一条携带情绪信息的直接通道,信息完全不通过大脑皮层就做出情绪判断,比通过原来的长通道快 2~3 倍。而后,信息传至皮层,做出精确的记忆提取和思维分析。[1] 就以上这些研究资料来看,要提高学习效率,显然不能不重视感情系统的活动状态及参与信息加工的独特方式。长期以来,教育中较多强调逻辑—认知的作用。现在更需要重视情感—体验对信息加工的独立价值,需要研究如何使情绪、情感的功能在人的学习中发挥到最佳状态。

(二)情感体验与成才动机

一个人希望成才,可能出于多种动机。有了动机,便能激励人的行为,改变人的行为效率。但是,有的动机是根据外部刺激和诱因产

---

① 王甦、朱滢、杨治良等:《当代心理学研究》,248~278 页,北京,北京大学出版社,1993。

生的，并不能构成人的内在动机。而兴趣、热爱、迷恋等情绪反应和情感体验则不同，它们由一定的对象（目的物）唤起，是驱使人的行为的内在动力。这样的内部动机形成后，需要不断地加以巩固和强化，如对成才的意义有不断明晰和深化的认识；但巩固和强化的最终机制仍然是必须有来自本人的情感体验——人将自己的成功归因为能力、努力、个性等自身的内部原因，进而体验到自豪、自信、胜任、自我满意等情感。对这一体验的记忆和不断提取给人带来的享乐感总是驱使人渴望再度体验它。这使人渐渐地形成一种"情感谱"，即自动追求某种情感体验，自动地追求某种价值。这是人自觉奔向某个成才目标最强大、最稳定的内在动力。

（三）情感特质与人才

心理学上把人身上经常出现的一类情绪状态概括为人的情感特质。人才总有一些与常人不同的情感特质。它们主要包括以下方面。

第一，敏感性。无论科学型人才还是艺术型人才都有较高的敏感性，他们能对所认识之事物较常人更敏捷地出现情绪反应，有较强的紧张性、感受性。不畏惧，也不抑制自己较深的情绪冲动，任其发泄，甚至任其纵情奔放。

第二，专注性。有专家研究过 28 位天才人物的内省报告，包括爱因斯坦、詹姆斯、劳伦斯等，证明有创造力的人对自己的工作都有高度的感情投入，一旦对对象物产生某种感情，能迅速地稳定下来，投入其中，持久且专注。

第三，深刻性。有创造才能的人对自然、社会和人类以及它们之间的关系有超乎常人的洞悟能力。他们可能着眼于事物的新鲜可喜之处，可能窥察事物的深层本质；既可能产生轻松诙谐的幽默感，又可能表现出悲天悯人的深刻情思。有些情感反应及体验产生在逆境中，有的是在灵与肉、情与理、历史与伦理的矛盾中经历了剧烈的内心冲突后升华的。

　　除了上述一些特质外，有些人才的情感表现有时也伴随着一些"怪异"的形态。比如，有些人才是情感上的孤独者，他们陷入沉思时，可能会忽略同在的团体，被看作不合群；他们情绪冲动时，可能会不顾一切，被认为有躁郁症。还有实证调查指出，智商 180 以上的儿童在社会适应性上可能会有困难。实际上，这种情感上的"怪异"现象正体现出人才在情感特质上的独立性倾向。正是由于对认识事物的敏感、专注和深刻，他们才特别渴求并且必须要有独处的自由。

二、情感文化与人才成长的心理环境

　　任何一个民族、每一种文化圈的人群，都有自己设计、安顿、处理情感的方式，民族成员情感方式的一部分积淀成为民族文化的一部分。我们可以把比较集中地体现民族成员情感方式主要特征的行为称为情感文化。中华民族千百年情感文化中的优秀部分，如重视人伦之情、人际和谐，追求生命对自然、天地的感悟，强调情感表达的情理统一性等，迄今仍是我们继承、弘扬民族文化时需要特别珍视的内容。但是，我们也不能忽略情感文化中那些落后成分对当代人才成长的影响。

　　在家庭教养方式上，我国家庭通常会给予子女较多的关注和厚爱，也会给予其较多的约束。后者集中表现在两个方面：一是对子女的学业成就期望较高；二是对子女的行为要求较严，缺少接受性态度、理解和疏导，要求儿童的行动、趣味、意向以家长的意志为转移。这种教养方式容易造成以下几种情感效应。第一，较多的厚爱会导致儿童依赖感过重而缺少独立性，同时，情绪上任性、放纵，缺少移情、宽容、体谅的情绪性向和情感能力。第二，期望较高会导致部分儿童产生情绪上的焦虑感、负罪感，认识兴趣淡漠，感受能力下降。第三，不适当的情绪抑制不但可能使儿童以更不合理的方式宣泄情绪，而且使他们对独立的、主动的、探索性的活动失去勇气，自我把握、创造性和人格的全面发展均受到影响。

在学校教育中，当前，我国各级各类普通教育已经逐步从升学教育向素质教育转变。但此前，学校的教学和教育偏重学生逻辑—认知层面的发展，忽略学生情感—体验层面的发展，导致学生至少存在以下三个方面的缺陷。第一，学生在"读、写、算"和逻辑理智训练中，虽然逻辑理智能力可能得到提高，但由于大脑和神经系统得不到全面使用，生活实际经验较少，情感需求得不到满足，感受能力、直觉把握能力很可能下降。第二，由于没有把培养健康的情感作为教学、教育的目标，学生在情感方面不能得到应有的开发和训练。例如，在人际交往中培养自我感、人际感和移情能力，在学习过程中培养认识兴趣、敏感性、直觉思维和体验—理解能力等。以上两方面的缺陷必将反过来限制学生学习潜能的发挥。第三，因得不到成功的体验、认识快乐的体验和满足自尊心的体验，学生会产生各种负性情绪，而由负性情绪主导形成的消极自我概念会进一步影响和限制人的发展。

在社会人际交往上，情感交往的方式与特点如下。一是重视和强调人们之间在感情上的和谐、相容，在人情上的相互照顾与回报。二是强调对情绪的控制、抑制，强调情感表达的有节、含蓄，面部表情的掩饰、收敛，强调情从理出、情合于理。这妨碍着为人才成长创造情感上更为宽松的环境。

三、情感教育与人才成长

在论证情感与人才的关系、分析情感文化对成才心理的影响的基础上，我们提出建立情感教育的意识和实施情感教育的构想。

首先，情感教育的目标是能够自觉对受教育者施加教育影响，使其情绪分化程度好、唤起活跃而适度，其情感特质敏感性强、稳定性高，整个感情系统的活动与认知系统、行为控制系统的活动相互协调，保证和推动人的智慧才能的发挥、精神的成长。情绪心理学家普遍认为，人的感觉—情绪的开发应从早期开始，甚至要比智力开发的起点更早。因为从发生学的研究看，情绪的发生与逻辑的发生相比，更具有原始性、早发性。心理学家认定，如果错过情绪发展的关键期，那么将给人的智能发展、个性及人格发展造成难以弥补的损失。20世纪70年代以来，情绪心理学更进一步证实了，婴儿在还没有产生对外界物体在脑内进行匹配加工的能力之前，已经有了对活动着的人类面孔报以感情反应的能力。先天表情模式可被机体内外刺激激活，卷进的感情性信息可以被传递、储存和提取，它以表象的形式起作用，不存在特定的符号过程，不必以认知加工为中介。这为我们早期智力开发以及早期情感教育提供了极有说服力的根据。因此，我们强调首先要重视母婴抚养方式中情感应答的敏感、及时，强调父母应具备对婴幼儿进行情感开发的知识和能力，为婴幼儿早期奠定形成优化的情感—认知图式的基础。

　　根据脑科学和心理学的研究成果，"四脑智慧说"认为，人的左上半脑主逻辑—推理，左下半脑主细节记忆，右上半脑主直觉、创意，右下半脑主社会性感情。"七智理论说"认为，人类存在着相互自律的七种不同方向的智能，它们是逻辑—推理能力、语言能力、音乐能力、身体—动觉能力、空间能力、内省能力与人际能力。这两种智慧理论的基本思想是，只要人的脑结构在生理遗传上没有先天性的受损和异常，那么人与人在智慧方面没有高下，只有异同。应当尊重每个人的脑及神经加工的优势条件，并在早期加以鉴别、保护和开发，给予一个支持性的文化情境，使其优势充分发挥，便可促其成为某方面的人才，这是一方面。另一方面，也正因为如此，需要强调各脑区的互补并用，强调对弱势潜能多加利用、训练，使各种智能相互补充，发挥整体效能。特别是"七智理论说"中的人格智能对我们的启迪在于，体察自身的内省能力和体察他人的人际能力是人的两种最为重要的智能，其他五种智能如果不与这两种智能结合，便不可能发挥其社会效价。因此，我们主张重视对人的感情加工系统的开发和合理训练，重视培养优势的社会性情感和价值性情感，并强调遵循这一系统独特的活动机制，如熏陶、感染可以实现情绪唤起和诱发感受状态，情感经验可以积累、迁移和泛化，情绪应当合理宣泄和表达，积极主动的情感体验可以对脑神经系统的改变及对人的自我意象的改变起作用，等等。

其次，我们提倡的情感教育应首先在学校教育中实行，特别是在幼儿教育、小学教育中实行，并由此带动学前和学龄儿童的家长。因为学前期和学龄期是培育儿童健康情感的敏感期、关键期。而且，学校教育机构作为有目的的、自觉的教育组织，代表一定的、先进的教育理想，有一定的超前性。学校教育机构相比于其他教育机构，在改造社会文化中旧的东西和教化人方面最具先进性。几年来，江苏省的一批实验小学和幼儿园进行的整体教育改革实验，实际上已经从不同角度涉及了情感教育这一重要层面。例如，江苏省无锡师范附属小学（以下简称无锡师范附小）、江苏省南通师范学校第二附属小学（以下简称南通师范二附小）、江阴市实验小学的教育实验，以及我本人直接主持的南京市琅琊路小学的情感教育实验均通过改革课堂教学、课外活动，加强师生、伙伴的情感交往以及与家长的沟通，强调对学生的情绪、感情向度的重视和把握，不仅积极防止由学校教育给学生带来负面情绪，而且努力使学生在情绪—感知能力、情感表达能力、移情能力、情感思维能力、体验理解能力等方面都得到开发和提高。我们相信，随着实验的深入，通过学者们、专家们的理论开拓，情感教育的意识和教育操作必定会扩展到千千万万个家庭，扩展到全社会。

我们相信，情感与人才的关系在未来的中国会是一个有研究前景的课题，在未来的世界格局和我国社会中，人才的开拓与人性的开拓应当是一致的。一个人的身体、智力才干、情感修养和精神的健康发展与成长应当是并行的，人才学的研究与人学的研究应当是统一的，因为归根结底，人的生命本身是一个完整的系统。

素质教育与德育①

　　中央教育科学研究所在 2005 年 6 月至 10 月期间受教育部直接委托，就素质教育的有关问题在全国范围内组织了多种形式的调研活动，在此基础上完成了关于素质教育的专题调研报告。其中提到，在未来关于素质教育的理论研究中，需要进一步思考与讨论素质教育和人的德行成长以及创造力培养的关系问题。

　　素质教育从萌芽到提出，再到全面推进走过了 20 多年的历程，它的主旨思想是：面向全体，全面发展。回顾这段历史，我们发现，1999 年前后是我国素质教育深入发展，且面临新形势、新情况的重要时段。1999 年的第三次全国教育工作会议上做出决定，要深化教育改革，全面推进素质教育。随后，党和政府采取了一系列措施，如高校扩招、开启新一轮基础教育课程改革、大力发展高中教育等。按说升学竞争应该有所缓解，但实际情况是，这种竞争没有丝毫减弱，反而越来越激烈。原因是，首先，随着国内和国际形势的变化，素质教育的支持性环境变得越来越严峻了，建立和完善社会主义市场经济体制是影响素质教育全面推进最重要的外部原因。但同时，由于国际市场的剧烈动荡，特别是亚洲金融危机之后，为了化解经济全球化带来的

---

① 　本文是作者发表在《中国校外教育（理论）》2007 年第 1 期上的文章。

市场风险，中国经济政策做出重大调整，波及教育领域，如为了扩大内需，拉动国内消费市场，中国政府启动了高校扩招政策，加速推进了高等教育大众化。但是，由于经济转型过程中，城乡二元对立的矛盾越来越突出，社会贫富差距逐步拉大，国内劳动力竞争也从数量竞争走向了结构性竞争。正是这些变化在相当程度上消解了高等教育大众化、基础教育课程改革、"减负"等积极措施的正向作用，导致升学压力非减反增。其次，裹挟在快速推进的经济全球化进程中，中国为了在新的国际政治经济格局中获得主动权，强化了人才竞争的危机意识，充分认识到多元价值观对青少年一代的冲击，党和政府明确提出实现中华民族伟大复兴的战略远景，要求未来几代人能够担负起这个历史重任，反映到教育领域，就需要在素质教育的倡导中进一步凸显精神和思想道德建设的问题。可见，今天素质教育面临的问题和 20 多年前提出这一概念、命题时面临的问题相比已发生了很大变化，仅用 20 世纪八九十年代的认识去看待和指导今天的素质教育显然已经不够了。因此，今天讨论推进素质教育问题特别需要研究在新形势下、在中国社会快速转型时期、在经济全球化背景下的新策略和新办法。素质教育的思想、理论包括政策都需要进一步丰富、扩充。

在这次调研中，基层的同志们反映，素质教育在过去 20 多年中既有基本精神的连续一致性，又有不同时期强调的侧重点的不同。比如，1999 年，江泽民同志提出培养学生的创新精神和实践能力是素质教育的重点；2001 年，新一轮基础教育课程改革启动；2004 年，中共中央、国务院发布《关于进一步加强和改进未成年人思想道德建设的若干意见》《关于进一步加强和改进大学生思想政治教育的意见》，强调加强和改进未成年人和大学生的思想道德建设。那么，不同时期素质教育的侧重点和它的基本精神主旨是什么关系？素质教育和创新、德育、课程改革之间的内在关联又是什么？基层学校工作中如何处理这些关系？这些问题都需要我们在理论和实践中做出明确回答。我想谈以下一些认识。

一、素质教育是中国教育未来发展中最具战略性的主题

党的十六大以来确立的社会发展的总体理念是要致力于实现中华民族伟大复兴，保障国家的整体安全，增强综合国力，教育在国家和社会整体发展中处于优先发展的战略地位。素质教育关乎培养什么人、怎么培养人的问题，它具有根本性、全局性和长远性，是中国教育在未来发展中最具战略性的主题。从国家宏观战略考虑，素质教育的实施关系到坚持教育的社会主义办学方向，关系到教育的整体功能全面、协调地实现，关系到和谐社会建设的全局。因此，要立足社会发展的长远，要立足人的发展的长远，未雨绸缪，从这个意义上说，素质教育也是面向未来的事业。

这些年来，中国教育事业以前所未有的速度和规模快速发展，取得了令全世界瞩目的成绩。但是，这次调研的部分结果也让我们充满忧虑。比如，在对中小学生的体质调查中发现，孩子们的肺活量、骨骼柔韧度、身体爆发力、耐力等指标不很理想；近视的检出率在大学阶段已经高达百分之六七十；肥胖儿数量激增，一些儿童甚至患上了老年病。这些情况不得不让我们重新检视人民身体素质的问题。再比如，调研发现，青少年心理健康状况同样不容乐观。很多中学生口头表达能力差，语词单调，思维的丰富性不够，这些反映出当代青少年在人际交往及其方式上存在一定问题。这些情况若从国家整体利益和个体发展维度考量的话，都是很紧迫的问题。因此，我们坚持倡导素质教育。

二、对素质教育特征的几点基本认识

通过这次调研，我们越来越清楚地认识到，素质教育是针对中国的教育问题提出来的，是中国人用自己的智慧解决教育问题的有益探索。没有哪个国外的理论可以直接用来解决这个问题，中国自己也没有现成的理论可以直接套用。因此，素质教育的理论建构是一个发展的过程，需要依据经济社会发展状况不断加以丰富和补充。虽然在这个过程中，它必然回应和吸纳一些国外先进的教育思想，但仍然可以将它看作有中国特色、中国气派和中国风格的教育理论。

第一，什么是素质？什么是教育？素质是以先天禀赋为基础，通过学习的过程，把知识、能力以及情感、态度、价值观等基本要素在新的环境下不断调整、重组、更新、发展为人内在的、相对稳定的身心组织结构。当然，这是一个不断内化的过程，不是一次完成的。这个过程不是个体自然完成的，也不是完全受制于客观环境的，而是通过教育的导向性补充和调整实现的。日本脑科学项目首席专家小泉英明基于对脑的研究，从新的角度对学习、教育给出了定义。所谓学习，是人接受外部环境刺激而构筑中枢神经活动的过程；所谓教育，是人对环境刺激构筑中枢神经活动的补充和调整。教育不等于学习，它是对外在环境刺激进行的有意识、有目的、有方向性的调整。通过调整，中枢神经网络结构和活动相对更完善，从而为后续的学习和发展奠定物质基础。所以我们认为，个体具有的素质的总量、类型、呈现方式、和谐度，实际上就反映了其素质水平。它影响着个体生存状态、成长路径，决定着其发展的可持续性。

第二，素质教育中的"素质"既指向个体素质，又指向支撑综合国力、民族复兴和国家安全的全体劳动者的整体素质。但不管从哪个角度来说，它至少应该包含以下几种基本素质，如认同自己的国家、能与世界对话、热爱学习、有创新精神和实践能力、体魄健全、充满活力、心灵丰富、尊重与理解、沟通与合作、追求自己幸福和爱护他人幸福，等等。据了解，日本基础教育正在进行新一轮的调整。20世纪60年代，日本的教育改革强调走出"考试地狱"，以宽松教育为基础教育的价值追求，注重儿童的情操培养。最近的改革则更加强调要使学生拥有确实的学力基础、健全的体魄和丰富的心灵。那么，这是否意味着日本教育又重新回到了60年代以前呢？日本京都大学教育学部的田中耕治认为，只要把握得好，教育改革的这种"钟摆现象"是可以避免的，因为强调情操教育、强调人的完整教育这个方向总体上是正确的。这给我们一个启示，当我们在强调素质教育的时候，应当始终坚持一种正确的价值取向，即关注人的发展，关注人与社会的协调发展，而不能假素质教育之名，一味屈从于社会变动。倘若如此，教育就会永远像一只钟摆一样缺少根基、缺失方向。所以，全面推进素质教育的一个重要前提就是，教育要真正成为一项先导性的事业。

第三，对于中小学生而言，学校教育为其一生发展奠定基础、提供条件、做好准备，其中义务教育阶段显得格外重要。素质教育不是脱离现实条件的"理想化教育"，也不只是所谓的"特长教育"，更不是针对少部分人的"精英教育"，它就是全面贯彻党的教育方针、培养合格公民的教育。

第四，实施素质教育不是不要考试，而是要把适宜的记诵、必要的训练和考试作为检查、促进和发展学生的手段；也不是不要知识学习，而是强调知识应用、整合与发现能力的培养，重视学习能力和生存能力的培养，强调学习过程本身就是学生养成道德习惯、体验道德成长的重要资源。实际上，关于知识学习的问题，我认为，系统的知识传授是中国教育的优势，优势不能丢，但同时必须正视我们的弱点恰恰在于知识学得过死，过于强调分科化的系统知识，过于强调记诵、训练和考试。这在一定程度上使我们的年轻人思维不开阔、不灵活，知识的学习和应用存在很多缺陷。对于这样一个深刻的基础理论问题，理论界讨论得还不够，还需要仔细研究，包括对不同年段、不同学段、不同学科的知识量和难度底线的研究。这是我们理论工作者的使命。

总之，素质教育是针对中国教育情境下的具体问题提出来的，旨在促进学生综合素质的提高。当然，从人才培养规格上说，这种综合素质既包括不同年龄段学生的基本素质，又包括通用素质或更高水平的专长素质。

所以，素质教育是面向全体的，旨在观照人的综合发展，目的在于使人的各种素质之间达到一种比较均衡、基本协调的状态，从而保障和促进人的可持续发展。借用苏霍姆林斯基关于"和谐的教育"的定义，就是把人的活动的两种职能配合起来，使两者得到平衡：一种职能就是认识和理解客观世界；另一种职能就是人的自我表现，自己的内在本质的表现，自己的世界观、信念、意志力、性格在积极的社会生活和创造活动中，以及在社会成员的相互关系中的显现。[①] 教育改革的重心就在于，使人的这种自我表现更为全面、完整。

三、德育与素质教育的相通性

谈素质教育和德育的相通性，不能仅停留在一般所说的相互促进、互为条件和载体上，而应当把问题还原到教育教学的过程和人的发展

----

① ［苏联］瓦·阿·苏霍姆林斯基：《给教师的建议》上册，杜殿坤编译，147 页，北京，教育科学出版社，1980。

中去思考。

首先，在人的素质结构中，起支架作用的或者说其核心是人的德行品质，它对人的整个精神面貌起统摄作用。它还有迁移和弥散作用，即可以通过弥散方式迁移到其他素质中，从而对其他素质的形成和发展产生影响。进一步追问，为什么德行是个体素质结构的核心呢？从学理上说，因为人不仅是生物的存在，而且是一种社会存在，所以人与动物的区别在于，人要过有秩序的文明生活，这就需要以个体的德行条件做保障。所谓德行，就是人在与外部自然、社会、他人以及自我发生关系时的态度表现。当各种由"我"生发的关系出现后，就需要个体反求诸己。这涉及一种自我把握、自我处理与自持。这时，人的内在德行就会自然地表达出来。可见，德行品质是会迁移和弥散在个人生活的方方面面的。

其次，对知识和技能的学习是指人和客体世界、操作对象发生关系，不一定需要个人化。当然，若要学得有意义，知识也一定要变成个人能理解的东西，否则知识就变成了孩子的负担，孩子完全体会不到学习的乐趣，无法从中获得"自我力量的确证"，就会变得很沮丧。那么这时候我们会说，知识对个人没有产生正面价值，学习缺失了道德意味，课堂是无意义的，因为学生没有在学习中获得真正意义上的作为人的自我感和自尊心。关于创造和德行的关系，这个问题在居里夫人时代就已经说得很清楚了。我个人认为，创造性是一定要有德行做保障的，德行保障人的创造力向一个恰当的方向释放，即为人类造福。缺少德行保障的创造可能就是破坏。加登纳的"多元智力理论"明确提出，如果人的其他五种智能没有两种人格智能做保障的话，那么这五种智能是难以发挥社会效应的。实际上，人的一些素质是价值中立的，是没有伦理性的，也正因为如此，我们需要通过有伦理性的素质来保障那些中立的素质朝着某一个价值方向发展。知识和能力是中立的，关键要看人学习知识和增长能力是为了什么。对学生和青年人来说，学习是为了融入社会，成为建设新的社会的推动力量。在这个过程中，个体的人会受惠于更好的、不断进步的社会的回馈、反哺和滋养，这就是个体和社会的关系。事实上，唯有德行这一最具关系性的品质，才真正反映出人类过有秩序生活的需要，体现出人在万事万物中的价值。因为只有人脑的额叶部分是最后发育的，并且是人独具的，因而人可以做伦理判断，可以驾驭物，相反，物是不能驾驭人的，这就体现了人的主体性。如果一个社会中人都不能驾驭物或科技了，那么，人就失去了作为人的价值。

关于现代教育的问题和弊病以及调整的方向，我想借用国际教育基金会的研究成果来说明(见图 2)①。

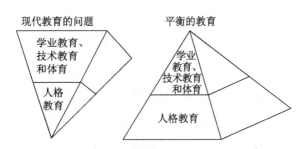

图 2　重建道德教育的首要地位

我觉得这两个三棱锥很能说明问题。实际上，真正平衡的教育要同时鼓励人在两大生活范畴里的追求。一是外在的范畴，即实际的知识、技艺、科技、劳动、产品等；二是内在的范畴，即体现在道德传统中的人类高尚和丰富的生活智慧，如文学、历史、习俗、宗教、哲学等。所以说，教育归根结底要看人是不是既在能力方面也在良知方面成为整体。只培养能力而不给予相应的方向来引导是糟糕的教育，

---

① 国际教育基金会：《培养心情与人格——人生基本目标教育》，8 页，北京，北京大学出版社，2005。

因为离开了良知，能力终将散尽。①

有一位校长，作为纳粹集中营的幸存者，他亲身经历了一个有文化、有教育、科技进步的国家是如何堕落为野蛮国家的。他总是给学校新来的教师寄上这样一封信："亲爱的老师：我曾亲眼目睹如此非人的情景……我的请求是：帮助你的学生成为有人性的人。千万不要通过你的辛勤努力，培养出有学问的怪物……教育只在能有利于培养更赋有人性的孩子时才具有重要性。"②

再次，思想道德面貌是青少年一代最基本、最重要的精神面貌的体现。道德作为人类的文化创造，是人类的重要文化遗产，它需要通过教育传承。联合国教科文组织的《学会生存——教育世界的今天和明天》中就提出，教育是通过人类的学习把人类的文化遗产继承下去的，而人类最重要的遗产包括道德文化遗产、精神遗产。其中提到培养完人的教育，认为这种"教育的一个特定目的就是要培养感情方面的品质，特别是在人和人的关系中的感情品质。系统的训练有助于人们学会彼此如何交往，如何在共同的任务中彼此合作"，在此基础上，"把一个人在体力、智力、情绪、伦理各方面的因素综合起来"，这样的人就是一个完善的人、和谐的人。③ 这跟我们今天讲的素质教育在本义上是一致的。

最后，让我们回到实际操作中来讨论创造性和德行能不能统一的问题。这是必须追问的。如果不能统一，那么我们的理论推演就可能是空洞、无用的。

---

① 国际教育基金会：《培养心情与人格——人生基本目标教育》，7 页，北京，北京大学出版社，2005。
② 黄静华：《前行在专业成长的路上》，176~177 页，上海，上海三联书店，2011。
③ 联合国教科文组织国际教育发展委员会：《学会生存——教育世界的今天和明天》，华东师范大学比较教育研究所译，194~195 页，北京，教育科学出版社，1996。

四、以课程改革和学校教育质量提升为重要载体

在推进素质教育的过程中，如何通过素质教育的深化使德育得到更好的落实，需要有很好的载体。此处我只讲两个：一是形成完整的学校教育质量概念，二是基础教育课程改革必须坚定不移地往前走。事实上，这两者之间的矛盾和张力恰恰使我们有可能在实践中把知识教育、能力教育、情感态度与价值观教育等做一个比较好的整合，从而使得教育体现为一种素质教育。

目前，追求学校教育质量已经是国际社会的主流声音。但不同国家提高学校教育质量有不同的针对性。中央教育科学研究所在江苏省南通市参与举办过一次素质教育研讨会，大家认为"南通教育现象"是一个客观存在，需要研究。在南通地区，教师敬业，学风严谨，教学环节抓得紧，教学质量比较高。学生也认为，在这个环境中努力学习、勤奋学习、遵守纪律、敬爱教师、配合学校是天经地义的事情。引用张謇的话，"凡教之道，以严为轨；凡学之道，以静为轨"。这种风气绵延至今一百多年，对南通基础教育保持较高质量实际上还是有影响的。不同地区探索素质教育可以因地制宜、因校制宜，有自己的策略选择和具体道路。但着眼于人的比较平衡的发展，重视和抓好教学与教育过程的细节，以提高教育的效能是必须提倡的。

课程是落实德育、落实素质教育的重要载体。我想重点说说三类课程：一是专设德育课程，二是学科课程，三是活动课程。

现在的专设德育课程理念已经有了很大的调整。小学德育课程的理念是过健康的生活、安全的生活、快乐的生活、动脑筋的生活、有爱心的生活、负责任的生活。这是非常有序的，回到孩子生活，从基础开始提升。初中德育课程的理念中有一个追求，就是面对青春期的

初中学生认知和情感上的激烈矛盾和生活中的烦恼，帮助他们进行心理调适，增强适应能力，能够用一个比较正确的心态看待社会、看待他人、看待自己。高中德育课程的重点是帮助学生初步形成世界观、人生观和价值观。我觉得，这样的课程安排总体上是比较有序的。

关于学科课程是不是德育的重要资源，在这个问题上有不少模糊认识，在实际操作中，这恰恰是我们理解"应试教育"和素质教育关系的一个障碍。现在仍然有很多人是通过抢时间去落实学科教学任务的。学科教学如何能够既保证教学效率和教学质量，又实现教学和教育的统一？这是一个很重要的话题。事实上，教师可以通过学科教学发挥其道德影响力，学科课程本身就是学生道德成长最重要的场所。因为道德教育是弥漫在学校生活的全部时空中的，它可以在专设德育课上进行，但在我国目前很重要的途径还是在学科课堂中进行。比如，语文学科可以通过阅读、写作和口语表达，写心抒真，渗透一种情感的教育。现在的语文教材大都是文选性的，这就要求教材编写者、教师选文时应当同时考虑其美学价值和伦理价值，指导阅读时要选择适切的方式，既便于教师向学生传达文章作者和自己的思想、情感和信念，又便于学生通过阅读找到自己理解和表达的平台。所以说，制定课程标准是第一次创造，编写教材是第二次创造，教师教学是第三次创造，学生学习是第四次创造。这是一个完整、开放的过程。再比如数学学科，我们认为，数学课可以通过严谨的数学推导证明数学是美的，是严谨的，是很客观公正的，它可以培养出人的一种伦理品格。不仅如此，对数学家、数学史的介绍，同样可以通过教师本人的学识、信念转化，对学生进行关于道德品质的潜在教育，如对事业的热爱、对未知世界的好奇、对克服困难的坚持等。它不需要占用很多时间，也不仅仅是一种情绪调剂，而是通过教师对这种精神的内化、通过人文素养的提高，在教学的特定情境中很自然地传递给学生的一种人格品质，这里就涉及所谓"教育智慧"。所以我觉得，真正意义上的教师专业化，应该是教师的知识、学问和教师道德人格的统一。再进一步说，所有的学科教学活动的组织过程中也都包含着学生的道德学习，如课堂中的纪律、考试中的诚信，这些其实都隐含着一个人如何处理情境中的社会关系、养成习惯、发展道德品质的问题。课堂是训练这些品质的重要场所，如果错过了这个机会，那么是很可惜的，因为这种教育是情境性的，学生容易感知并获得体验。

关于活动课程，需要强调的是，只有让学生在活动中留下情感记忆，获得深刻体验，活动课程才能发挥出德育作用。关于德行品质，不管是孔子、孟子还是亚里士多德，他们都认为，一个人德行品质的获得需要两个条件，一是生活实践，二是教化培育，这两个条件缺一不可。从这个意义上说，必须要有德育活动，也要有综合实践课，因为道德的学习不能完全依赖课堂，还必须强调主体的社会实践活动。德行培养需要经过教化的过程，但外在的教化最终要变成主体内在的自我教化，也就是说，通过教育引向自我精神的建构，从而形成人的品德。所以，品德的形成不是知识、能力等外在因素的叠加，仅仅通过外在因素的叠加是不可能变成内在品质的。那么，这种品质形成的由外而内的现实途径是什么？生活经验告诉我们，在学知识的过程中，孩子需要经常表达和交流，需要有机会和他人分享知识经验，这既是一个应用知识的过程，也是和他人发生人际关系的过程。前面说过，德行是一个关系概念，孩子在向他人表达时，需要进行复杂的内部思维活动，同时，要尽力争取他人的理解，所以，这里就不仅是复述知识的问题了，它还包括从新的角度对知识的阐释，这是创造。为什么会有这样的变化？因为表达是为了获得理解，争取他人的理解，这是一种道德考虑，它已经超出了知识范畴。与同伴的交流是孩子发展社会性品质的方式，新颖的表达体现了孩子对知识的创造，显然，它们是一致的。由此可见，培养德行、发展智力和培养创新精神其实是一个统一的过程。

创新教育的哲学思考[①]

　　创新教育的范畴和事实，是否有提出的必要？它会不会在教育界引起新的混乱？这是目前学术界争论和担心的焦点。其实，从哲学的意义上看，这种反应也体现了一种传统习惯心理。我认为，创新教育范畴的提出和应用本身，就体现了我国学术界在对教育的认识方面创新意识的提高，打开了一个关于教育的新视界。

　　为什么这样说呢？可以做以下几个方面的哲学思考。

　　首先涉及教育的价值定位问题。从根本上看，对教育的理性认识要到位，必须将这次讨论定位在创新是教育的本质要义这样一个层面上，而不仅仅是只看到素质教育的一部分，或把它当成今天一个时髦的热点话题、一个口号。教育由 20 世纪向 21 世纪真正的飞跃，首先应该是教育的核心范畴和理念的飞跃，然后是教育的理论架构和实践体系的全面突破。只有这样，才能根本上从理论和实践两方面抑制教育的负性功能，使教育从传统意义上那种外铄的、束缚的、压抑的、僵死的存在（如应试教育那样），真正变成培养有文化生命的、充满生机和活力的人类的社会创造性源泉。

　　时至今日，如果仍然不提或没有意识到教育的创造性层面，那么，

[①]　本文是作者发表在《教育理论与实践》2000 年第 3 期上的文章。

我们就丢失了教育的本质，至少丢失了一次认识教育本质的重要机会。如果离开了创新而谈教育，那么，在任何意义上都不可能体现教育的本质。可以说，创新就是教育的终极存在价值所在，就是教育的真诚所在、要义所在。

但是，过去比较大的问题是，我们的视界一直固着在教育的本质就是传承文化的工具这样一种理念上，即教育是把人类已经创造出来的文化传递给下一代，而没有认识到教育创新文化的要义，误以为人就是获得和传承文化的载体，而不是创新文化的主体。事实上，教育的最根本方面是激发、培育有创造力的文化生命的社会性主体。教育一旦使人的文化生命生长出来之后，人就可以创造新的文化和社会生活，创造新的制度，创造新的物质技术、新的风俗、新的社会生活方式。

其次是创新教育的具体形态。任何教育形态，都负有激发、培养人的创造性或培养有创造力的人这样一种最重大的责任。当然，创造性人才是有多种类型、多种层次的，既有非常优秀卓越的大创造性人才，也有专门型创造性人才、日常生活型创造性人才等。从教育的目标形态来看，学校和教育者应承认每一种创造性的价值，对其予以接纳、保护、扶持，并且善于发现和培养每一种创造性人才。目前，我国教育的突出问题是实际培养目标单一、偏高，而常常忽略专门领域内和日常生活中的创造性品质及其人才的培养。这样一来，一大批具有不同创造性的人才大军就在教育实际活动中被压抑和丢掉了。知识有不同的范型。经济合作与发展组织关于知识经济的报告中将知识划分为事实性知识、原理性知识、应用性知识、人力性知识（智慧性知识）四种。创造的基础是知识，不同的知识形态都可能实现创造。其实，所谓创新，就是在一定的知识基础之上的创新，不可能有毫无知识含量的凭空的创新。一般说来，知识越丰富，越有利于创造。但不可以说主要拥有哪一类知识才可以创造，而拥有另一类知识就不可能创造。

最后，学校教育必须给予人结构化的知识，优化人的知识关联能力和思维品质。因为创新不仅要有知识量的储备，而且需要有一种能发现和找到知识的关联的能力。有了一定的知识结构以后，就容易把知识迁移到其他方面或事物上去应用。而整理、归类、抽象、分析、综合、关联、重新编码的思维能力的获得是需要专门的教育和培训的。学校应该承担也有能力承担起这一重大的社会责任。同时，学校也承担着个性培养的责任，健康个性与创造性之间存在着很高的正相关关系。大量事实证明，心胸开阔、积极与人合作、勤于和善于吸纳及加工改进知识经验等个性品质，为创造力的显现提供了必要的主体性条件。创新性怎样变为具有实际意义的创造力呢？学校教育必须和生活实际相联系、相联结。如果学校教和学的知识与实际生活一点关系都没有，学生就会丧失创造性。为什么要批判现有的教育呢？因为现有的教育过于学科化。它总是严格地按照分门别类的学科教学生，至于这个学科为什么是这样、为什么要这样教，则很少去考虑。于是，为教而教的现象出现，至于学生学了以后到底能干什么、怎样干，则不去过问。学科本身由结构化的知识组成，取消学科不行，取消学科后，实际生活呈现给学生的东西将呈现出散乱纷杂的无序状态；但如果学科离生活太远，学科知识变成抽象空洞的东西，学校也难以培养人创造性地解决问题的能力。那么怎么联结呢？可以通过问题来联结。学校要不断地给学生注入问题意识，教会学生对现实生活中的东西有敏感性，并锻炼出解决问题的能力。为此，从幼儿园和中小学开始，就要引导学生介入生活；针对大学生，则应直接带领他们参与到研究实际的课题中去。美国的中小学引导学生从小就带着问题去做力所能及的、具体的、小型化的生活课题或科学认知课题，如观察地球仪、制作小国旗等。国内外大量实例证明，会玩的孩子往往也会创造。当代的大学教育还有一个积极驱动市场的问题。通过驱动市场而提高学生和教育自身的问题意识：密切关注社会生活，不断创新社会的生产和生活方式。因此，教育必须打破传统的封闭性体系，走向开放。内部，必须打破学科界限；外部，则应自觉寻找教育、学科、学生与现实生活的联结点，使新的学校教育达到"问渠那得清如许？为有源头活水来"的境界。

总的来说，要将创新教育的范畴、形态和操作过程放到人类社会发展、时代总趋势的高度去把握，取得完整的理解。学人谈创新教育，视界要大，理念要新，境界要高，至少必须认识到创新教育不是一般的热点问题，而是教育本质的高层回归。

素质教育评价：理念与思路^①

近 20 年来，国际教育评价研究的发展走向可以概括为：从注重量化表征到更加注重质性描述；从认为评价与情境无关到更加重视与情境的关联；从把评价限定在孤立的过程到评价的主体、客体走向支持合作的过程；从静态判断到动态生成。这些年来，我国教育评价的理论和实践也在进步，但总体上看，对素质教育如何进行评价及如何建立指标体系尚在探索之中，更未被实践者掌握。对于素质教育评价，我有一些不成熟的思考。

一、素质教育评价不是单一的，它是个评价群，是对不同主体、不同对象、不同内容、不同方式的评价

首先，素质教育评价应该评价政府。如何对政府进行素质教育的评价呢？这是我们讨论教育公平、推进素质教育时很多学校提出的问题。我们建议，要健全政府的教育督导制度，评价政府通过公共财政投入、人事制度和管理体制的改革，为学校素质教育提供了怎样的物质、人力和管理保障。同时，政府要通过对学校的评价促进学校均衡

---

① 本文是作者发表在《人民教育》2007 年第 9 期上的文章。

发展。政府用什么观念评价学校，用怎样的评价导向来引导学校，这些应当包含在对政府的评价中。

其次，还应有对教师和学校的评价。对教师专业发展的评价应指向有助于学生素质发展的价值方向；政府要用增值评价（发展性评价的一种方式）来评价学校，促进学校均衡发展。今后学校之间的竞争，不完全在绝对水平上，应更多地鼓励它们增值和提高发展的幅度。现在，我们对教师的评价趋向专业评价，但专业评价与学生的发展之间究竟是什么关系呢？对教师的专业评价是不是一定对促进学生发展有帮助呢？这也是需要思考的。比如，我们如何测得教师与学生打交道的能力？如何测得教师为促进学生道德发展所做的努力？如何测得教师在教学中融入情感、态度、价值观及品德的教育？这些都应该设法进入对教师的专业评价，从而保障学生的素质发展。

最后，学生的发展是素质教育评价的核心和落脚点。也就是说，对政府的评价，政府对学校的评价，学校对教师的评价，最终都是为了保障学生的发展。所以，素质教育评价实质上是以素质发展（或者说是学生素质发展）为导向的教育评价。如果说政府为素质教育提供保障性的条件，那么学校则是实施素质教育的主体，而对学校素质教育的评价主要是对学校教育活动本身的评价。

二、应再次明晰素质教育评价的目的

素质教育评价并非为了建构抽象的理论模式，也不能满足于设计统一的评价标准，而是重在发展具体的运作模式。因为评价是为了改进，而并非为了证明。评价的主要目的不在于考核各实施单位的绩效，更重要的是通过评价，为素质教育的实施与改革提供某种回馈与检视的系统，以改进素质教育推动的机制与实施品质。因此，所有的素质教育评价都应当更多地考虑以自我评价为主，以自我评价为出发点，以自我评价为基础，逐渐转移至外部评价。各级评价规则与运作机制都要关切各层级单位对于实施素质教育的自我理解，为各层次改革提供一个评价系统。

三、教育评价本身必须回到人，回到教育活动特性

素质教育活动以人为中心，所以，素质教育评价其实是在评价人，评价以人为中心的教育活动。素质教育评价要考虑：教育是基于儿童生命发展的活动，它一定是有机的，因为生命是有机的、是复杂的、是独特的，没有一个生命与别的生命是一样的；教育是生态性明显的整体工作，生态关系强调相互依赖、动态平衡、多样统一、能量流动；教育是人文性与道德性强烈的神圣事业，虽然在现有的制度和文化中，我们很难或很少光顾"神圣"这个字眼，但是我们不得不从内心里说，教育实在是太神圣了。因为教育会决定一个儿童被抛到社会中后，社会格局中有没有他的位置。如果社会格局中没有他的位置，那么，我们又何谈他的尊严、他生命的可贵、他生命的前途？所以，评价是有价值性的，是关系到人的尊严的，必须考虑评价的伦理性后果。

四、应认识素质和素质教育的内涵

人的素质是以先天禀赋为基础的，它通过知识、能力、情感、态度和价值观等基本要素在新的环境下不断更新、重组、调整，发展为内在的、相对稳定的身心组织结构。这个过程不是个体自发的，也不是完全受制于客观环境的，而是通过教育的导向性补充和调整加以实现的。个体具有的素质的总量、类型、呈现方式及和谐度，反映其素

质水平的高低和形态，影响其生存状态、成长路径，决定其发展的可持续性。

素质教育所说的素质既指个体素质，更指支撑我国综合国力、民族复兴和国家安全的全体劳动者的整体素质。不管从哪个角度分析，它至少包含以下基本素质：认同自己的国家、能够与世界对话、热爱学习、会学习、有创新精神与实践能力、体魄健全、充满活力、心灵丰富、尊重与理解他人、善于沟通与合作、能够追求自己的幸福和爱护他人的幸福等。

素质教育不是不要考试，而是把适宜的记诵、必要的训练和考试作为检查、促进和发展学生的手段，即更强调知识的应用、综合与发现，更重视学习能力、生存能力和热爱学习的情感、态度的培养，强调这一学习过程本身就是学生养成道德习惯、体验道德成长的主要资源。也正是从这个意义出发，我们不把素质教育和应试教育置于对立的两端。也就是说，我们还需要考试，但再也不能用应试的模式来进行教育，要努力把道德的学习与学科的学习、知识的学习融合起来。

五、考虑素质教育评价的特质

人的素质是多维度、多元素、镶嵌式发展变化、难于分割离析的。人的知识、能力、情感、价值观是没有办法相互分离发展的。离开了过程，不可能有真正的知识内化；离开了知识本身，也无法说清方法和过程；离开了知识和过程，情感、态度便没有了载体；离开了情感、态度、价值观，知识只能是信息，无法成为能力，更谈不上智慧。素质这种镶嵌式的、难于分割离析的关系体特征恰恰反映了素质教育评价的难点。人的素质中情感、态度的变化缓慢而内隐，没有办法让其立刻外显出来。如果我们用外显的办法来评价，立刻就会失败。因此，评价的难度大，进行评价设计时，必须谨慎考虑。

六、评价是经常性的、是结果与过程兼具的，范围是综合的、全面的

要想实现素质评价过程与结果的兼顾，就要防止停留于浅显层次的评价、单纯追求结果的认定，必须考虑过程是素质发展更为重要的指标，过程中的评价给学生带来的影响是更为深刻的；要理解素质教育效果的长期性，不能期望过多、过快地出现奇迹。当然，结果的评价也需要兼顾。没有结果，就没有办法评量工作的绩效，没有办法进行区分。因此，应当设法保持评价过程与评价结果有适当的张力。

七、评价结果的呈现，应"质""量"并陈

应保持素质评价中质与量的适度张力。素质教育评价方法是质与量的并重，并且以质的方法为主，以量的方法为辅。只要条件允许，我们应该越来越多地增加质的评价。当然也应该有"量"，而且必须要有"量"。对于那些可能有"量"的标识的，如体质生理和体育锻炼的指标、学科知识最低限量要求等，都应尽量合理地量化。

八、一些内隐素质，如情感、态度、品德等具有更大的评价难度

情感发展评价最常用的方法是问卷法和访谈法。但是，由于情感变量的个性化特征，每个学生情感的敏感点不同，情感表达方式不同，有的偏外显性，有的偏内隐性，有的人喜欢表达这一类情感，有的人

喜欢表达那一类情感,有的用语言,有的用体态,有的用面部表情,因此带来了明显的不确定性。人的情感与认知水平有关系。一般来说,认知的改变总是在情感的改变之前,情感的变化是渐进的,晚于认知的变化。所以,进行评价时应不急于收集学生的情感变化结果,有的情感变化在认知改变后几个月甚至更长时间可能都还看不出来。

对思想品德的评价,虽然在理论和实践上已经多有创造,但总体上看,目前能够评价的,大部分还只限于知识性的和具有外在行为显示的部分。这给德育及教育工作造成了困难。要反对过于技术化的评价方式,更要反对形式主义的评价;回到工作现场,回到素朴的经验直觉、自然主义的范式,可能对我们更有益。对情感、态度、价值观的评价,对思想品德的评价,仍然是评价研究者需要攻克的难题。

九、关于基准性评价和区分性评价

区分性评价,指的是必须根据不同年龄、不同学龄学生发展的不同水平,制定素质发展的基本目标;适应素质教育实施的地区差异、社会经济文化差异和民族差异,建立区分性评价体系。其核心观念是,只有用不同的评价标准和方法去评价不同发展水平的学校和不同发展水平的学生,才有助于素质教育的发展。这体现着素质教育评价的深层次机制。现行的某些素质教育评价,在我们看来,本质上还不是评价,它只是对素质教育活动的描述和记录,并没有解决与价值、有效性和结果相关的问题。

关于基准性评价。纵观世界,有一个现象,不少发达国家都在建立全国性的统一标准。为了提高教育质量,美国自 20 世纪 80 年代以来逐步兴起了教育标准运动。美国前总统克林顿签署了《美国 2000 年教育目标法》,并通过立法程序建立了"国家教育标准与改进委员会",

美国国会还成立了"国家教育目标小组"和"全国教育标准与考试委员会"。在建立和实施标准的过程中，一系列的问题和挑战出现了。例如，标准本身的质量问题；清晰与目标量、严格与合理性的矛盾问题；如何帮助教师理解标准的问题（70%的教师反映得不到有关标准的培训和使用上的帮助）；如何满足不同学习者的不同需要的问题；同一标准与个体差异之间如何达成平衡也至关重要，这不仅是一个理论问题，也是一个实践问题，然而至今未找到解决的方案；考试如何与标准相适应的问题，考试如何与标准要求相称，如标准可以包含高水平技能与灵活性知识，但考试做不到；如何恰当评分的问题，如向家长报告评价结果时，很难找到一种简洁的方法来阐明标准，既可以给家长提供有用而规范的信息，又可实现家长与教师之间的有效沟通。①

俄罗斯对教学质量的评定与监测也值得关注。《2010 年前俄罗斯教育现代化构想》指出，为了提高教育质量，必须完善学生成绩评定制度，甚至在某些方面实行重大改革。过去，俄罗斯对某些教学法手段做过科学论证，也制定过提高检查和评定学生成绩客观性的组织措施，但收效不显著，而某些措施（平均分数制、学习成绩百分比制）曾导致了相反的结果。俄罗斯学者认为，对俄罗斯教育来说，提高检查和评定学生学习成绩的客观性，至少由三个新因素决定：对教育目标的新理解，实施国家教育标准，实施国家统一考试。所以，在俄罗斯学校里，仅靠主观评定、仅仅根据消极掌握知识的水平来评定成绩的现象还十分普遍。20 世纪 70 年代，苏联曾尝试采用对学生对教学内容的不同掌握程度（牢固程度、深度、系统性等）的鉴定来表达对学生成绩的评定要求，但是所制定的各项要求最终没有整合成为一个统一体系，没有能在相应的规范文件中做出恰当的表述，使之具有可操作性。因

---

① 张东娇：《美国教育标准实施中的几个问题》，载《比较教育研究》，2003(10)。

此这个问题至今仍有待解决。①

十、真实性学力模式与传统学力模式比较

2005 年，日本文部省将"确实的学力基础""健全的体魄""丰富的心灵"作为教育质量的总框架，并且在全国逐步开展"学力调查"。京都大学田中耕治认为，"学力调查"应采取非常谨慎的态度，因为如果做得不好，就会引起学校之间的恶性竞争，导致不好的结果，使 20 世纪 70 年代以来倡导的发展个性、营造宽松的环境等比较积极的东西走向反面。他认为应采用多角度、多层面的分析方法，其中至少应包括学力水平、学力差异、学力结构、学力兴趣等几个方面。学力水平狭义上以可测的学力为对象，通过学力调查计算某一群体的学力平均值；学力差异是指学生个体之间的学力差异性；学力结构是指学力的功能和特性；学力兴趣是指构成学习自觉性和能动性的动因。

针对有人将"国际数学与科学趋势研究（Trends in International Mathematics and Science Study，TIMSS）2003"学力模式与"国际学生评估项目（Program for International Student Assessment，PISA）2003"学力模式对立起来，并过度强调后者的优越性，田中耕治指出，二者之间除了相互区别和对立的关系外，还具有交叉性和独特性。其独特性在于前者侧重学力的基础部分，而后者更偏重学力的发展部分。由此看来，评价基础部分和评价发展部分都是需要兼顾的，问题无非是如何兼顾而已。同时，有人提出需要编制出能够测量真实性的学力评价模式。田中耕治认为，真实性学力模式并非完全否定传统学力模

---

① 朱小蔓、［俄］H. E. 鲍列夫斯卡娅、［俄］B. П. 鲍利辛柯夫：《20—21 世纪之交中俄教育改革比较》，207～208 页，北京，教育科学出版社，2006。

式，而是倡导在真实性学力模式中吸纳传统学力模式的优点。传统学力模式的评价采用以记忆和理解为主的简短式问卷答题的方法，它的授课方式是传统的教学模式，教师讲、学生听，学生遵从教师的指示，教师不太关注学生的元认知能力，不太组织讨论式学习，比较多地注意知识的记忆和积累；而真实性学力模式的授课方式更加注重高层次的思维训练，提供高层次思维展现的平台，鼓励人的元认知力的发展，组织更多有效的小组讨论，更加注重学力的理解力，评价注重知识的实际表现能力，通过真实性的表现进行评价。①

最后，还应该注意传统与创新、群体与个人的关系，考虑和把握处在不同的教育发展阶段时我们如何适应的问题。我的结论是，教育是极具情境化的，很难说哪种最好，更重要的是适切。只要适应、适切，就是相对比较好的。

总之，素质教育评价是一个复杂的理论和实践问题。过去一些成功的探索给了我们信心，相信我国的素质教育评价中将会涌现出越来越多的办法。

---

① ［日］田中耕治：《学力调查若干问题探析》，载《教育研究》，2006(7)。

关于建构素质教育模式的哲学思考^①

随着素质教育思想在教育的改革实践活动中不断地扩展与深入，人们逐步创立了多种多样的操作样式，如愉快教育、乐学教育、成功教育、生活教育、自主性教育等丰富的教育实践形式。如何看待当代素质教育实践中这种多样化的特征，并找出面向未来教育的共同主题？如何认识和解释这些操作样式的教育机制，形成具有典型意义的素质教育模式？我们认为，要解答诸如此类的问题，有必要进行有关素质教育模式建构的理论研究。这种研究主要不是关于素质教育概念、结构、功能与意义等"元理论"层面的研究，而是以实践中业已涌现的各种教育形式为对象，进行类型化和模式化的研究。本文首先就素质教育模式的理论定位、共同主题和建构方法等问题加以探讨，以期初步建立素质教育模式理论的框架。

一、素质教育模式的理论定位：一种中介性的理论

模式是现代科学的概念，建构某种理论模式、运用模式是现代科学研究的常用手段。当人们研究的是一个多种因素交错的复杂现象时

① 本文是作者与朱曦合作发表在《上海教育科研》1996 年第 9 期上的文章。

（如教育现象），如果建立一个既简化又能反映客体本质关系的模式，就能通过对模式的研究获得诸多关于原型客体的认识。简化不是简单化而是简明化的概括，那就是撇开那些对于我们的研究目的来说是相对次要的因素、次要的关系和过程，使主要的因素、主要的关系和过程突出地表现出来。素质教育模式理论是对丰富多样的素质教育实践的总结和提炼，建立这一独特样式的理论不仅能将游离于教育理论之外的实践经验经过加工吸纳到理论的范畴之内，丰富理论的形态与层次，而且由于这一理论对于实践的贴近，对素质教育的实际操作有具体的指导意义。总之，模式理论属于一种中间层次的理论，它起着一种中介性的作用。

(一)认识主客体之间的中介

从认识论的角度看，模式是认识主体与客体之间一种特殊的中介。我们认为这种模式既是研究者主动创建的，用来研究客体的一种手段，又是对客体原型机制的模拟。在研究过程中，它作为客体的替代物，也是主体进行研究的对象。由于建立这样的模式必须具备对客体的深刻认识才能抽象出客体的某些本质属性，因此，模式一旦建立，也就意味着它既是对客体科学认识的阶段性成果，又是促使人们进一步研究该现象的新起点。根据素质教育在实践中的固有特征和对经验的系统分析，可以建构两种不同形态的模型：理论模式（概念结构）和操作模式（功能解释模型）。

(二)教育理想与教育现实之间的中介

素质教育模式体现为理论与实践的沟通，从某种意义上说是现实与未来（指教育理想）的沟通。任何教育从来都是具有某种超越性的，当今的教育实践总是包含着前人的教育理想。同时，当今教育实践典范的形成又加速着教育理想化的进程。因此，素质教育模式的建立既应反映现实需求，又不能囿于经验；既要遵从理论的论证和演绎法则，又要体现为一种对教育理想的描绘。无论从教育的人本属性、社会属性还是从教育的文化属性来看，教育的理想总是表现为一种完美主义。然而，各种典型的素质教育实践总是有局限性的，它们只能从某个主要方面或局部着手，以达成或部分达成素质教育的目标。这种理想和现实之间的落差只能通过建构理论模式来缩小。

(三)观念理性与经验理性之间的中介

我们试图建构的模式是一种介乎纯粹的观念理性与经验理性之间的中介性理论模式。观念理性是一种哲学信念，经验理性则是对教育经验的认识。在人类千百年来的教育实践过程中，关于个体如何发展、教育如何引导的思想可谓浩瀚丰富。素质教育模式的建构过程正是对各种有关价值观、教育观等进行审视、选择、认同、整合并不断体系化的过程。

就其"中介"意义而言，它是一种中层理论，它连接的是人的观念理性和经验理性。人们对教育现象的思考可以跨越时空，可以深入内部发掘本质的细微特征，可以高屋建瓴地把握教育的全部意义。这就是教育的观念理性，但它并不是教育过程本身。人的经验理性主要表现为对实践经验的感知、理解和反思，它是特定教育实践的产物。尽管它来自教育过程本身，但经验理性无法成为一种更具普遍性的教育法则和教育操作理论。建立素质教育模式旨在找到观念理性和经验理性"互补"的结合带。

二、素质教育模式的共同主题：完满人格的培养

国际上曾提出过"学会生存""学会关心""学会合作"等反映时代特征的教育主题，体现了教育的人文性本质。然而，现代人正处在社会的多变和转型期，人的独立性和主体意识受到了前所未有的重

视。这在教育上表现为对完满人格的培养，这也是当代素质教育的共同主题。

(一)历史上人格教育思想的嬗变

有关把人培养成为"人"(指具有社会意义和个性意义)的呼吁在教育发展史上一直持续不断。这些研究者不仅关注教育的社会意义，而且关注人性的回归与超越。历史上有过和谐教育、人文主义教育、泛智主义教育、自然主义教育等提倡不同教育价值的主张。实际上，这些研究者要探寻的是真、善、美如何在人格中得以统一的问题。中国古代最早提出了"六艺"教育的主张，这是培养道德型人格的最初构想。古希腊不仅有亚里士多德关于"自由人"(其目的在于心灵的安顿与陶冶)的人文教育思想，而且产生了雅典的缪司教育模式，这种以人格和谐与美为特征的教育模式造就了许多天才(雕塑家菲狄亚斯，哲学家巴门尼德、苏格拉底、柏拉图，政治家伯里克利，悲剧诗人埃斯库罗斯等)。从中国传统的儒家人文主义教育思想和西方的古典人文主义教育思想开始，到文艺复兴时期的人文主义教育思潮、新人文主义教育(以19世纪德国的洪堡为代表)，再到现代人文主义教育(以以实用主义、人本主义为特征的美国教育为代表)，就其共同的主题特征而言，主要精神就是强调从人出发，实现完整的人格，用人类文明的一切成果来陶冶人的一切方面。

20世纪70年代以来，联邦德国兴起的批判教育学流派，以批判为武器提出了争取人性解放的口号。由于社会制度的原因，文明和科技的进步使人性受到压抑与摧残。他们对此进行了抨击。这种被异化的"单向度的人"是没有思想感情的社会工具，只有理性的适应功能而缺乏创造生活的热情。因此，他们把教育的"主体"内容规定为发展人的天性，满足人的需要，提高人的能力，引导人走上成熟的道路。从上述内容也可以看出，素质教育的主题性思想并不完全是现代化教育的产物,中国古代的"六艺"教育和古希腊的教育思想堪称源头。在中国传统的教育思想中,人格培养这个主题被视为"做人"的教育,而西方人文主义学者将其视为"人"的教育。虽有观点上的差别,但是人格的完满被推到了教育的最理想地位。

(二)素质教育主题的现代诠释

现代素质教育模式理论揭示的是一种追求完满人格的教育过程,它从理论上把握了教育理想价值的取向与儿童身心发展的内在逻辑的统一,从实践上把握了教育现实与未来发展趋势的统一。强调教育的人文精神,凸显教育主体性的人格特征表明素质教育模式试图从根本上实现教育目标。完整的人格或"人"包含着人的多层次的生命意义,只有当人的全部生命意义得以协同发展的时候,人的象征——完满的人格才能获得。也就是说,素质教育一方面要开发人的智慧潜能,体现人的功能性价值,确立人在社会实践中的主体地位;另一方面要关注人性的发育,提升人的精神境界,培养健全的人格,并促进人的自我完善。

当前,有许多人都将应试教育视为素质教育的对立面而加以指责。其实,从理论上看,应试教育与素质教育并不是对立关系。问题在于,实践中的应试教育最根本的弊端是忽视人的完整性,忽视人的基本潜能的开发。这种潜能既包括智能的,又包括个性品质的、情意的等方面的潜能。由于我国的教育实践及其理论研究经历了一个非常时期,在举国上下全力以赴奔向现代化的社会背景中,应试教育在一段时间内发挥了它最快捷地培养社会生产所需人才的功能。社会选拔和人才评价的程序在客观上造成了这种急功近利的教育模式。

(三)当代素质教育主题的共同体现

一种综合性、整体性的教育改革,其各种教育措施在内容上可以各有侧重,操作形式可以各具特色,研究的切入点可以各据标准。例如，"乐学教育"①以"爱、美、趣、优"为学生学习过程中的基本要素，借以调动学生自我发展的内部动力，达到全面培养学生的目的。"生活教育"则强调学生对全面的、全域的生活经验的学习和内化。它不仅包括对生活现象的知觉，也包括对生活技能和生活适应能力的培养，对热爱生活的情感的培养。"审美建构教育"旨在创造全方位的审美环境，从美育着手，以审美育人、立美臻人来塑造学生的个性。"成功教育"则着眼于探索培养学生的创造性思维品质和优胜的个性品质的新途径。它通过学生在不同阶段和不同层次的达标性成功、进步性成功、优胜性成功的自我体验，逐步培养学生全面发展的个性。就其培养目标而言，培养和追求完满人格是各种实践模式的共有主题。并且，这一主题不仅是理论和实践中一致具有的，也是现实和未来同存的。

任何形式的教育活动从来都不是立竿见影的。教育的工具性目的和教育理想价值一般表现为在人的发展上注重人对现实的适应能力的培养，表现为对未来社会理想的追求以及对未来社会的预测性的适应能力的培养。因此，从这种意义上说，完满人格的培养是基础与发展的统一。素质教育模式的主题一旦确立，必须具有这种超前性和导向性，这是由教育活动的超越性本质决定的。社会转型期不可避免地会给当代教育带来冲击，这种影响是广泛的、深远的。当代教育没有别的选择，它只能用自己特有的模式运行机制主动地适应当代社会的发展需求和当代人的发展需求。

---

① "乐学教育"是国家教育委员会开展的"愉快教育"活动的组成部分之一，该课题由无锡师范附小完成。其他几种素质教育的实践模式也在江苏省各地逐渐形成。

三、素质教育模式的建构方法：对应的类型学框架

不同地区、不同发展状况、不同办学条件的学校怎样建构适合自己学校的素质教育操作样式，并逐步形成某种类型的素质教育模式？初步总结、概括业已形成的各种素质教育典型，我们认为可以采用具有对应关系的类型学框架作为建构不同类型素质教育模式的方法依据。当然，这种类型学的划分首先是在理论范畴内进行的，实际中并不可能这样截然划分，否则就谈不上素质教育的共同主题。其次，对这种模式的研究体现了主观化的理解（或个体的主观意识），因此，同一种主题必因主体不同的教育观而体现出多维度的特征。我们主要从四对常用范畴（维度）来阐释素质教育模式建构的方法论思想。

（一）整体性建构与单项性建构

整体性建构是把素质教育实施过程当作一个系统，它把整个教育过程视为一种系列化的控制和适应性的控制。这种整体的教育系统的运行不是自发的和自我节律的，它强调教育的操作策略和全部教育因素的有效组合。这种整体可以是一定单位内的整体，也可以是社会背景中的教育整体。整体建构不等于宏观建构，在素质教育模式的建构中，任何整体性建构都有其具体的切入点。

单项性建构首先需要找出教育过程中最基本的要素，包括教育活动环境的要素、教育影响过程的要素、学生发展的要素等。然后，建立起这些要素之间的特定关系，形成该模式固有的结构和功能。单要素结构的形成往往是整体性建构的切入点，可见，单项性建构与整体性建构都是相对的，互为形式和内容。单向性建构侧重对其因果关系的揭示与印证，强调教育过程和发展过程之间的规定性因素。整体性建构则在把握操作样式和经验范型的基础上，关注教育的价值取向和

目标评价。

(二)结构性建构与功能性建构

结构性建构以达成一整套或一系列的教育目标为主旨,它主要以课程设置与教育评价为主要部件,寻找最佳的教育结构。例如,布卢姆的"情感目标分类教学"就属于典型的结构性建构。"乐学教育"倡导的"五性一心"(主动性、独特性、独立性、创造性、合作性、责任心)教育目标体系也属于此类建构。

功能性建构旨在揭示教育的全方位功能的作用机制,它包含教育的一般性功能和特殊性功能、显在性功能和潜在性功能。以现实的教育事实构成为基本框架,阐明教育功能对人的发展产生影响的机制。在模式建构中,突出其正向功能而削弱其负向功能,利用其显性功能而开发其潜在功能,其中,对功能的作用机制的揭示是模式建构的核心部分。例如,"审美建构教育"就是一种以功能机制为核心基础的模式建构,它重视儿童的内在心理结构和动力作用,突出情感状态在儿童完满人格塑造过程中的独特机制,可以说这是一种"原理式"的建构。

(三)事实性建构与价值性建构

素质教育思想与实践的兴起与对现实中教育问题的思考分不开,因而也可以说事实性建构就是问题性与规范性建构。事实性建构始于对教育问题的发现和诊断,它以针对性实验的结果为主要材料,找出问题的成因与解决方法。需要指出的是,事实或问题是现实中的事实与问题,如学生中产生的厌学情绪与考试焦虑等问题。

价值性建构以社会的要求为基本规范,以人的成长价值为核心,以教育理想为最终目标,以儿童未来的发展为线索,以优化的影响关系为模式建构的内容。这种模式最能体现教育理想与教育现实之间的中介性,它主要从整体上和本质上昭示素质教育的发展方向。价值性建构要突出的并不完全是某种教育理念,相反,某种经验化的教育价值在这种模式中才是中心内容。因此，合理的价值体现是建立该种模式的难点所在。从目前的素质教育实践来看，这种合理的价值体现仍是需要进一步探索的方面。

(四)科学性建构与人文性建构

科学性是指在建构素质教育模式时体现科学性法则和科学精神，人文性侧重于人文科学方法对这种社会现象的解释功能。科学性建构强调教育过程中诸因素之间的客观作用关系，它以揭露和描述某种教育事实及其相关内容为目的。例如，在对班级人际交往的研究中，人们往往采用较为客观的、量化的交往结构来反映学生社会交往的状况。

然而，素质教育是一种活生生的人的活动，它的环境因素与活动过程中带有诸多的人文化的特征。对于这种较为复杂的教育现象(如个人的品质性发展指标)，我们需要大量采用人文的方法加以解释。另外，人文化的特征是多元化的，因而教育活动中不仅存在一因一果的关系。对于一因多果、多因一果、多因多果的变量关系，必然要借助人文性的解释学方法，并以此建立恰当反映教育活动的理论模型。

素质教育模式的理论研究更多的是体现科学实证精神和人文科学的解释功能的统一和互用。素质教育模式的实验研究不是单纯的科学型实验，但是为了揭露某些客观现象的内部联系，它也绝非单纯的人文型的探讨。从教育研究过程暴露的一些弊端来看，它必须突破以自然科学模式为唯一参照的唯科学主义价值取向，必须吸取和综合某些人文科学的有效的研究方法和价值的指导。素质教育模式的建立强调量化的指标(包括量化的分析)，但绝不完全依赖于实证的方法去刻意追求量化的指标。从实证的角度看，它追求科学性，体现科学精神，逼近客观事实；从人文的角度看，它要通过对现象的感受、体验和理解达到对现象的解释。在这种模式里，应当允许两种范式并存且相互渗透，在这种整体化的教育实践和理论研究中使科学范式和人文范式达到一致互用。在模式理论研究中，必须反对两种倾向：一种是用纯粹的哲学概念来理解和界定活生生的教育现象；另一种是事事处处都采取唯自然科学主义的态度。

本文站在教育哲学的立场，对素质教育模式建构的理论做了关于其本质、主题和方法的初步思考与探索。形成一个真正的教育理论意义上的模式理论不是仅靠哲学，更不是仅靠经验水平的思考就能完成的。由于"素质教育"本身还是一个不太成熟的概念，它易为人所误解，因此，其模式理论研究要防止陷入形式主义的误区。把握好素质教育发展的根本方向是研究素质教育模式的前提条件，同样也是实践素质教育的前提条件。

情境教育与人的情感性素质①

一

　　素质教育是人类教育中一个古老而又不断被赋予新意的话题。人类不同社会发展阶段、不同文化地域对教育旨在培养人的什么样的素质，在内容及结构上总会不断有所变化。但是，素质结构的心理形式则是恒定的。研究者一般持认知、意志、情感三分的说法，我们则赞同认知、情感两分的说法，认为所谓意志不过是认知与情感相互作用的体现。因此，我们把人的素质结构在心理形式上分为认知层面和情感层面，并依此把反映一定思想内容的人的认知发展水平和情感发展水平分别称为认知性素质和情感性素质，认定人的素质一定要由认知性素质和情感性素质共同体现。人类教育活动在相当长的历史时期，都有教化情感的传统，无论东方儒家、道家文化传统，还是西方基督教文化传统都是如此。随着西方近代工业与科学的发展，教育的情感层面日渐衰弱，撇开情感片面地讲认知发展，教育走上了唯认知理论、唯理智主义的绝路。现代教育一方面拥有传递知识、选择人才的高效率，体现出与现代化进程相一致的工具理性功能；另一方面，又日渐显露出与生命意义相悖的内在矛盾，使教育内含的价值理性功能得不

---

① 本文是作者发表在《课程·教材·教法》1999 年第 1 期上的文章。

到应有的发挥。情感，以其与个性生命活生生的联系，以其比逻辑—理智先在的地位，以其作为人的动力系统的优势，打开了通往价值理性的道路。也就是说，知识和认知学习，如果不伴随积极的情感活动，那么它对人的生命价值、对社会的功效都是不能实现的。

20世纪六七十年代以来，世界性的教育反思已经先后认识到，现代人的教育不能是忘掉了另一半、牺牲了另一半的教育，即不能偏重认知、忽略情感，强调科学、忽略道德，必须从工具理性、唯理性的片面取向回到完整理性上来。不少国家纷纷开始实施情感教育。不同国家对情感教育的界定不尽相同，但它们共同认为，学校教育不仅要关心儿童学到了什么知识，而且要关心儿童学习时有什么感受，希望儿童产生与学校、教师、同伴积极合作的态度，使儿童不因对书本知识的学习而割断与自然、与社会、与生活的联系，并由此培养起社会性情感、审美情感等。

究竟什么样的教学模式真正具有教育的含义，使儿童在接受知识教育的同时，心智、个性也能够得到发展；使教师在教书的同时，实现育人的目的？这并不是每一位教师，甚至也不是每一位校长都清楚的。

南通师范二附小的李吉林老师从语文教学改革入手，探索出了把认知活动和情感活动结合起来的教学模式。20世纪90年代，这一教学模式合乎逻辑地发展为情境教育。她的教学探索、教育探索获得了极大的成功。她探索出的教学过程、教育过程中的种种生动经验及体现出的思想恰恰是对当代人类教育中困惑和危机的回应，具有鲜明的时代性。情境教学—情境教育模式的灵魂是追求儿童认知活动和情感活动的协调。它们构成的物（境）—人（情）—辞（思）关系有助于保证人的素质的全面发展，有助于人在儿童期奠定人格的基础。其实践操作对小学教育有极大的普遍适用性，其观念思想对高等教育、成人教育中如何实现素质教育也极富启发意义。

二

情境教学—情境教育追求儿童认知活动与情感活动的协调发展，为人的情感发展提供了优化的教育时空。这一教学—教育模式为什么能够促进儿童的情感发展呢？

第一，人的情感发展不是生理现象自发的过程。虽然情绪发动的"重镇"在人脑边缘系统的杏仁核，但情感的质量水平与大脑皮层的额叶前部及其认知加工是分不开的。通过思维操作，使用语词概念可以使情绪能量的释放找到适合的表达方式，即有控制的表达，从而调控情绪活动，使之体现为社会、文化、心理水平良好的情感。而且，只有语词丰富、概念清晰、区分程度高，人的感受、情感表达才会分化性强、细腻度高、节制性好。李吉林已经总结出其间的关系是"物"激"情"，"情"发"辞"，"辞"促"思"，"思"又加深对"物"的认识。我们理解，此处的"思"已是具有情感动力，有热情、专注之情感相伴随的"情思"。到了思维活动的这一阶段，情感发展与认知发展浑然不分，水乳交融。

第二，人的情感发展有与认知发展不同的标志，其中核心标志是感受—体验的范围、内容以及水平。现代认知心理学研究认为，在精神情感不发达、直接印象积累贫乏的情况下，形式主义般地掌握大量知识必然造成人的感受萎缩。美国哈佛大学"零点项目"研究早已提出这样的问题，即在一定的年龄以前，逻辑思维的发展与非逻辑思维的发展存在相互抑制的关系。因此，我们主张应珍视、保留人生命早期敏锐的感受能力、强烈的感受欲望及其细致性和独特性，不要急于将这一丰富的感知纳入冰冷的逻辑运演和概念之中，从而牺牲了孩子天真、热情的社会感受和审美感受。为什么情境教学—情境教育在小学生语词概念学习中不但没有损害儿童的感受性，相反，以认知学习过程促进了情绪感受的分化和丰富呢？其重要原因是李吉林运用生动的手段创设了富有美感的情境，情境具有强烈的感染性。儿童诉诸感觉的东西，由直觉渐次形成"审美意象"和审美体验。这一学习过程的思维活动，包括记忆、联想和想象，都带有强烈的情绪色彩，成为儿童情感发展的重要学习经验。

第三，我们还可以再进一步追究为什么设置情境有助于人发展情感性素质，尤其对于少年儿童来说更是如此。学科教材，是人类优秀的文化创造，它经过了漫长的从物理世界到意象世界、符号世界的思维加工、浓缩的过程。从一定意义上说，语词概念都是压缩思维的产物。它在推衍、形成的过程中使文化的价值负载镌刻在字里行间。虽然语文学科中字词句章的情感色彩明显，但隐匿在符号后面的思想内涵和价值意义仍然不容易为少年儿童所理解和接受。情境，正是语言符号和情感（价值）之间重要的中介，它是课文价值内涵具体形象的呈现。使用情境教学时，情境画面中的直观情节及其情感色彩、学习者的情绪表现与课文中的语词以及教学中的语言解释之间形成沟通联系。特别是教师在此时一般使用诗化的语言，使用扩展性描述，把压缩性思维及其符号背后的丰富价值信息还原并呈现出来，具有直觉性、形象性、整体性、感染性，弥补了儿童思维抽象程度不足的局限，帮助儿童把握抽象概念，把握知识背后的价值负载，使儿童在这一特定学习中产生的情感经验巩固下来、储备起来。

第四，在情境教学—情境教育中，儿童是情绪感受、认知学习的主体，他们积极参与，自然放松地、真实流畅地表达情感，每一次教学过程都构成了一个浓郁的情感场，教师在情感场中是情感力的主导力量。教师在认知场中是知识的权威，在情感场中又是价值—人格的权威。情境教学—情境教育并不是任何教师都可以驾驭的。李吉林是一位极富教育资质的教师，其综合性的素质，包括知识层面、能力层面、人格层面、观念层面都非一般人可企及。她之所以成为情境教学—情境教育的倡导者和带头人，赖于她独特的教育素质。这一教育素质的灵魂是教育的人文精神，即崇高的教育爱，是对未成熟一代的尊重、信任、欣赏和期待。她的知识积累宽广而目标明确，就是为了学生。学生喜欢什么，她就先学习和学会什么。她的能力结构中，最重要的是与学生情感、心灵沟通的能力。她的艺术表现能力，她的诗化语言能力，她的幻化、想象和联想能力，她的感动自己又感染别人的能力都充满着情感色彩和人格魅力。她的成功证明，只有具备情感—人格素质的教师才可能驾驭情境教学—情境教育。只有具备上述教育素质的教师才可能影响学生的情感发展。

情境教育与儿童学习①

南通师范二附小李吉林老师的情境教育思想已经在我国产生了相当广泛的影响。它对于各个层级的教和学、对于不同教育类型的教和学具有普遍意义。但我想着再次谈一谈"情境教学、情境教育为什么特别适合小学儿童和小学教育"。

"情境",现在已是当代文化思潮和前沿科学讨论的热门话语。涉及这一概念的论题之广泛和研究之前景难以限定。李吉林老师于20世纪80年代中期,以所从事的小学语文教学实践为依托,凭借其中华优秀传统文化的涵养,并受改革开放后传入中国的文化及教育思想如杜威、苏霍姆林斯基的教育思想的影响,当然最重要和最根本的是她想尽自己的最大努力改变小学语文教学,把孩子教好,于是踏入了情境研究,创造了情境教学、情境教育的中国模式,展示出情境理论在小学教育实践中的无穷魅力。

多年来,李吉林老师一直没有离开过她的这个研究"母地",不断地扩展、细化、衍生其研究主题,并由此一发不可收,成为当代中国小学语文教育家、儿童教育家,在我看来,也完全称得上小学教育学家。我一直希望我国的教育学原理可以进一步分化著述,如

---

① 本文是作者发表在《课程·教材·教法》2009年第6期上的文章。

初等教育学、中等教育学等。李吉林老师完全有能力参与小学教育学的建设。"李吉林情境教育国际论坛"的召开，不仅表达了对这位情境教育创造者的敬意，而且借此进一步挖掘了情境教育丰富的内涵和价值。

下面，我就围绕"情境教学、情境教育为什么特别适合小学儿童和小学教育"谈几点不成熟的认识。

第一，情境教学、情境教育与儿童的认知学习。

李吉林老师创设了六种情境帮助小学儿童学习语文，取得了明显的成效。对取得这一成效的机理可以有多种理解。我以为其中重要的机理之一是各种不同的情境能够为儿童从生活经验到概念学习的过程找到一个过渡性的中介道路。

小学儿童，尤其是小学低中年级儿童的学习方式更多地依赖于形象思维，他们的抽象思维和概念思维能力尚在发育之中。从幼儿园进入小学初期，他们不仅对语词的学习可能产生一定困难，也容易因枯燥而身心疲劳。借助"情境"这一过渡地带，儿童进行语词和概念学习变得轻松、变得容易。

关于知识的类型，现在已经有各种分类说。例如，费尼克斯将知识分为生存的知识、感受的知识、描述的知识、命题的知识。可是，现行学校制度往往忽略前面两种类型的知识。关于儿童的表达方式，也有人比喻地批评说：儿童本来有100种表达方式，可是现在学校把99种表达方式都偷走了，只有在圣诞节的时候才会把更多的表达方式还给儿童。现在学校窄化了的、片面的认知学习使儿童血肉饱满的生命枯萎，隔绝了他们更为丰富的知识来源，其实也阻断了他们创造性思维的生长可能。李吉林老师的情境教学、情境教育指向儿童完整的知识学习与认知发展。她以中国化的教学智慧，突破了现代学校中儿童学习的一个难题。

第二，情境教学、情境教育与儿童审美化道德学习。

李老师设置的情境充满着"童真""童趣"，具有审美化特征。儿童在其间享受审美的愉悦。同时，由于情境与儿童带入的生活经验相关联，儿童的原初经验就很容易在情境的背景下被激活，再传递到他们的丘脑，进一步地"涌现"为被他们意识到的经验，如此就可以促进儿童的自我意识，也就是我们说的主体的觉醒。这种情境中的活动很有审美化特征：审美是自由自在的，审美是舒展的，审美是无功利的、可以忘我的；同时，在这种特定的情境中，师生集体活动的方式可以帮助儿童在一个特定的场合形成某些共同的经验，获得一种所谓"共通感"的体验。因此，这时候，儿童就不仅在进行认知学习，不仅在产生和享受审美经验，也在产生儿童时期审美化的道德经验，因为它包含着同情、友善、分享，也包含着"为这种共同性生活的规章制度和目的所限定的感觉"。因为道德教育不可能没有一定的社会性约束，也不可能没有一定的纪律和规章，它需要在一种共同生活中找寻到某种共同归依的东西和一种感觉。学校的道德教育不仅诉诸专门的教育活动，更依助于各门课程的教学活动。"情境教学、情境教育"这一审美化的方式特别适合小学儿童学习道德。因为小学儿童学习道德最初主要靠他们的生活经验和情感，如同情、怜悯、分享、移情、共同感受、安全感、依恋感等这样的情感，帮助他们找到人和人相互联结的那种感觉。因此，人道主义的情感是儿童培养道德品性最重要的生活源泉和土壤。

第三，情境教学、情境教育与儿童的脑培育。

李吉林老师设计的各种"情境"对儿童来说，是种种新鲜的刺激信号，它们激活着儿童大脑皮质的"语言"和"形象"等功能脑区。由于情境学习、情境教育不是单纯的语义学习、符号学习，而是在丰富生动的场景中的学习，伴随着儿童的自由审美和道德学习，儿童在其中从事的社会性认知活动和道德判断活动很多。这些社会性认知活动和道德判断活动主要依靠脑的什么部位进行呢？脑神经生理研究学者认为：活动基于脑的深层结构，也就是颞叶、顶叶、枕叶联合区的协同进行。它们在今天被我们称为社会脑，也就是说，当我们进行这些活动的时候，人的社会脑在工作。

儿童在"情境"中活动，也就是脑区在活跃地活动。由于这些情境是教育设计者，是李吉林老师倾心倾情设计出来的，有她自己的教育理念和主张支撑，有着明确的引导意图和一定的方向性，它们通过有意识的刺激和强化，牵引着儿童的脑神经元朝着一定的方向运动。我们知道孩子在三岁的时候，神经元上的神经突触生长茂密，但是它们是杂乱的，没有形成良好的结构，也不一定有良好的方向性，而这些都需要经过教育设计和教育引导。经过教育的引导，这些神经元上的神经突触有些会强化，有些会消亡，不断地勾连成教育者期待的、结构良好的脑神经网络。

现行学校教育往往把德育、美育与智育相分离，把儿童的道德学习、审美学习与认知学习相分离。其实，脑科学研究的成果已经证明：人的自我意识、场景记忆、他心想象（就是能够想到他人，推己及人）的能力，这三种东西是共生演化的，而且人的创造性思维激活的也恰恰是自我意识、场景记忆、他心想象这三种功能所在的脑区。

小学阶段正是脑朝着教育期待的方向生长发育的黄金时期。情境教学、情境教育中突显的"真""美""情""思"四大关键因素对儿童时期脑的整体发育、协调发育非常重要。这种整体发育具有高度的科学实践性，李老师用她的科学实验证明着这些科学机制，也体现了深切的人文关怀价值。有人说，21世纪的教育在一定意义上说是脑的培育。在我国，脑的培育尚没有被突出地视为小学教育的目标。其实，这种为人的后续性学习提供脑神经生理基础的教育行为，在我看来对于儿童来说倒是更为根本的。

第四，情境教学、情境教育与儿童的情感发展。

以上所述，情境的三个功能都伴随着儿童的正向情感的激发与活跃。它们包含着快乐、兴趣这两种最早出现、最基本，也是维持儿童的精神生命和个性发展最重要的支撑性的情感。它们在李吉林老师的情境教育中也是出现得最多的。除此之外，还包括情绪专注、沉浸，包括在李吉林老师情感教学场中儿童的安全感、生命的舒展自如、自信自尊，也就是所谓的惬意，他们在惬意地享受着童年生活。当然，我们并不是说儿童不可以有挫折，但是在童年时期，尤其是在低中年级，享受惬意的感觉应当是他们生活的主流、主基调，应当是他们情感色彩的主色调。其他还包括自我意识被唤起的意义感、成功感、价值感、幸福感等。这些正向情感的激发与活跃，帮助儿童有效地认知学习，促进儿童在审美状态下自然并自由地学习道德。其情感的活跃、持存、积累、孕育本身，可以促进和完成人的情感品质的发育。当然，有些负性情感，如焦虑、羞怯、挫折感，它们并不只有负性的价值。每个孩子都会出现负性的情绪，但是要适度，尤其是在童年，一定要适度，不能够使它们过度地压迫了孩子正向的、积极的情感。只要适度，并不失时机地通过教育的机制将它们转化为正向的情感，它们同样也是情感教育的一笔财富。

当年，李吉林老师以情境教学超越唯分数、唯知识、唯认知，成为小学素质教育的呐喊者、先行者，也成为情感教育实践在我国的一个具有本土特点的典范。以"境"、以"场"、以"象"的方式进行教与学，以"感性""感悟""顿悟"来学习，本来就是中国具有优势的教育文化传统，但在我们现行学校制度中却被丢失和遗忘了。李吉林老师勇敢而睿智地接续了这一文化教育传统，创造性地帮助儿童通过"境"而想象，通过"象"而思虑，通过"场"而记忆，其学习活动始终伴随着"直感"，也就是"以情激趣，以情启智，以情育人"。① 因此，它不仅是有效、有魅力的教学，而且恰是实在的情感教育。可以说，对情境教学、情境教育的整个探索都以情感运行为纽带，也以情感发展为目标。用李吉林老师的话说，"情"是教育的命脉，"情境教育的根本灵魂就在于一个'情'字"。② 她的实验最充分地展现了情感的神奇功能，也最有力地证明了情感于儿童发展的重要价值。我一向认为在儿童早期，理智感、审美感和道德情感是混沌不分的，而且是可以相互迁移和转化的。情境教学、情境教育引发和生成的情感教育正是从儿童身心的内部实现着智、德、美的统一。

　　总之，小学儿童身心发育的时序、小学儿童学习的特征说明了情境教学、情境教育特别适合小学教育。今天我们需要细致地研究每个年龄段的教育机制，每个年龄段的教育是不一样的，我们不能用教育学来阐释所有年龄段特有的教育问题。我在这里也进一步呼吁小学教育必须格外地重视情感教育，因为如果在情感发育的黄金时期误了时节，让过度的逻辑理智占据了孩子的身心，那么将来可能会事倍而功半。在今天，中国已经全面普及了义务教育，我们应该回到儿童生命和生活的本身，我们应当真正地走向尊重儿童、遵循儿童发展之道的小学教育。

---

①② 李吉林：《中国情境教育建构及其独特优势》，载《江苏教育研究》，2009(13)。

和谐教育：历史、理念与实践①

一、和谐教育思想的历史渊源

自从人类有教育活动以来，许多教育者都主张教育应该是和谐的。因为，自然是有秩序的，人的生命也是有秩序的，应使生命的各部分得到和谐发展。因此，诉诸人的身体、感官及思维的教育活动必须是和谐的。早期关于和谐的论述散见于东西方古代哲学思想及教育论著中。中国的和谐教育思想深受传统的"天人合一论""和合论"观念的影响。孔子提出"礼之用，和为贵"的和谐教育主张，集中体现在他的"六艺"教育实践中，他提倡通过礼、乐、射、御、书、数的教学来完成和谐人格的培养。荀子主张用知识、才智、品质来全面、完美地培养"成人"。王守仁认为和谐教育是"先王立教之微意"，是我国自古以来兴教育之根本目的。王国维强调教育之根本目的就是要培养身心两方面均获得和谐发展的"完全人"。康有为则第一次明确提出了学生要在德、智、体几方面协调发展的教育思想。

① 本文出自作者所著的 2012 年由北京师范大学出版社出版的《关注心灵成长的教育》一书。

在西方，柏拉图认为，如果"一个儿童从小受到好的教育，节奏与和谐浸入了他的心灵深处，在那里牢牢地生了根，他就会变得温文有礼；如果受了坏的教育，结果就会相反"①。亚里士多德主张人的理性应该完美发展，认为人的发展分为三个阶段：先是身体发展阶段，继之是情感或欲望显著发展阶段，最后为理性发展占支配地位阶段。与之相应的三重教育是先进行体育，然后进行德育与智育。这一思想为后来的人文主义开了和谐教育流派的先河。文艺复兴时期，充满人文主义精神的教育思想家洛克、卢梭均力倡和谐教育，希望培养多方面和谐发展、人格完美的人。"近代教育之父"夸美纽斯断言，"人不过是身心两方面的一种和谐而已""我们可以毫不迟疑地说，人人都应该祈求自己具有存在于一个健康的身体里面的一个健康的心灵"。②裴斯泰洛齐主张，教育的目的在于全面和谐发展人的一切天赋力量和能力。西方的和谐教育思想深源于"自然适应论"。一方面，它将人的身心发展视为自然的发展的一部分；另一方面，主张遵照、服从儿童的天性，因势利导，顺理成章地施以自然教育。

但是，自古以来的教育都没能获得真正的和谐。这是因为影响个体发展的外部关系极其复杂，它们之间要想全方位地达成相互协调、相互促进的良性状态几乎是不可能的。教育受制于社会发展和人的认识方面的各种局限，也很难满足个体生命和谐发展之需要。尽管如此，无数教育志士仁人仍然不懈地追求一定范围内的、具体的教育和谐性，期望个体最近的、最直接的教育是和谐的，期望个体在教育影响下的发展是和谐的。从教育史中，我们可以吸取许多有益的思想及经验，

---

① 单中慧：《西方教育思想史》，22 页，太原，山西人民出版社，1996。
② ［捷］夸美纽斯：《大教学论》，傅任敢译，19、71 页，北京，教育科学出版社，1999。

发现规律，探寻一条通往当代和谐教育的途径。

二、和谐教育的价值理念

(一)和谐教育是个体生命和谐发展的理想乐园

"和谐教育"作为一种教育价值观和教育理想，相信一种好的学校教育应当整合学校系统中诸要素和各层次的关系，优化儿童发展的各种条件，发展出学校独特的精神生活和整体教育环境。儿童在学校学习时面对两个直接环境：一是学校的物化环境；二是学校的人文环境，包括师生关系、同学关系对人的发展的影响，学校教育工作者的能动性。教育主体性首先应表现为构建校内具有教育性的物化环境和人文环境的积极性和能力，营造和谐教育理想空间的能力。苏联美学家斯托洛维奇说过，不是所有的孩子都有机会接触最美好的事物，审美教育的意义正在于把美的事物呈现给孩子。和谐教育实验就是使学校教育中所有要素及其构成关系都和谐，都有美感。

有人对"和谐教育"提出疑问，理由是社会大环境不可能那么和谐和美好，学校教育环境和谐是否会影响儿童真实的社会性成长，培养出难以适应社会的"温室里的花朵"？我们则认为，和谐关系给予儿童安全、温暖、宽松、支持的精神文化情境，对鼓励和促进儿童发展是重要、有利的。问题在于我们不是把"和谐关系"现成地呈现给儿童，而是带领儿童一起创造"和谐关系"，学会识别和改造"不和谐"，坚持追求"和谐"，培养创造"和谐"的态度和能力。

(二)在和谐教育中，最重要的是师生关系的和谐

和谐教育以追求师生关系的和谐为核心，这是学校教育结构运行的关键。师生之间实际上存在三重关系，即社会关系、教与学的工作关系以及师生间自然的人际关系，最基本的是教与学的工作关系。

构建和谐的师生关系在社会关系方面，应突出体现师生关系的民主与平等。当前迫切的是解决传统教育中以教师为中心的问题。面向21世纪的学校中，教师与学生之间是互动的、互为主体的关系，师生之间要通过相互靠拢而形成深层次的新关系，这种深层次的新型师生关系应当是民主平等的、情感交融的、协力合作的、思想共生的关系。

和谐教育要求在人际关系方面，教师要把微笑与鼓励带进课堂，让每一个儿童都享受同一片蓝天下的欢乐。每一个儿童都有爱的需要，儿童在家里获得的爱抚和健康依恋感体验是儿童早期社会化的基础，学生在学校集体生活中能否获得更大范围内的社会性发展与能否与教师形成亲密和谐的情感依恋有很大关系。因此，教师应该仔细地、有分寸地对待每一个儿童，不让任何一个儿童的自尊心受到伤害，以免使和谐教育罩上阴影。师生之间教与学的关系是一种最基本、持续而复杂的关系。传统教学中以教师、教材为中心的弊端，使师生间往往缺乏双向的情感交流和平等的合作沟通，造成了师生教学关系的不和谐。构建和谐教育的教学关系，要求彻底转变传统的教学观念，树立"共生"的思想，就是允许教学过程中不同的因素相得益彰，通过互动来转化为统一。在教学中，教材只是一种工具，教师要从传授教材中解放出来，教师不断地利用教材走近学生，学生也不断地利用教材走近教师，师生相互走近、共同成长。让学生作为主体自愿、主动地参与到教学过程中来。实现"主体参与"的前提是形成和谐的、宽松的师生关系，如果师生关系紧张甚至对立，那么学生的主体参与是不可能实现的。

由师生关系构成的儿童现实的生存关系是儿童发展的重要基础，构建和追求师生关系的和谐是和谐教育理念最为基本和核心的内容。

(三)造就学生和谐的个性，是和谐教育的最终价值取向

什么是发展儿童和谐的个性呢？和谐的个性由表及里包含三个含

义。首先，承认每个儿童都有独立的精神世界，有独特的天性和潜能，能成为他自己能够成为的人。这里，和谐教育的精髓在于承认差异、允许差异、尊重差异。差异不等于落后，它恰恰是合理的存在。和谐教育表现为既热爱每一个儿童，又承认儿童身心潜能方面的差异性。这种差异性指智能方向的差异，个体性向的差异，发展速度与样式的差异，发展过程中一定时段上的差异。和谐教育的课程配置要有弹性，教学形式和要求应灵活多样，评估体系应逐渐开放而多元。我们认为，只有承认儿童的差异、适应儿童的差异，才能为儿童赢得快乐、能够胜任的学习感受，赢得心灵的平静和谐。

其次，和谐教育模式认为，尽管儿童潜能方向和水平有差异，但小学教育阶段是为人的发展打基础的时期，应使其发展在内容覆盖和智能开发训练方向上较为均衡，使学生成为发展较为均衡的人。比如，知识、能力与态度品格三者大体上均衡；又如，允许在不同的学科上有所特长，但又不过于偏科等。发展均衡即和谐。

最后，经过和谐教育的学生在深层心理结构的建构上有明显的审美性特征及定式倾向。学校积极为学生创造和谐的精神氛围、和谐的物化环境、和谐的人际关系、和谐的教学节律，这一切具有的秩序美、形式美、节奏美、亲和美对学生有潜移默化之效，推动儿童渐渐建构起审美型心理素质。

三、和谐教育的实践探索

江苏省无锡五爱小学在 10 年两轮和谐教育实验中，进行了许多有创意的改革，其中构建与实施的和谐教育的课堂教学模式、班级管理模式和课外活动模式三大模式是最为关键、最有成效的举措。

(一)构建和谐教育的课堂教学模式

和谐教育的课堂教学模式致力于形成和谐的课堂社会关系,优化教学活动内部各要素之间的关系,以促进学生人格和谐发展。这是一个以认知结构和谐、教学情境和谐和教学交往和谐为一体,以定向和谐、探究和谐、巩固和谐、整理和谐、评价和谐为分步操作程序的多维整体。一方面,以教学结构、要素关系的和谐为主线。比如,在认知结构和谐中,强调促使学生的认知结构、教材的逻辑结构及教师的教学思路达到和谐交融的状态,帮助学生获得"转识成智"的能力,将教学直接指向学生的"最近发展区"。在教学情境和谐中,注重丰富生动的直观形象与教师的情感人格感染相伴,使教学情境成为一个多面发散情感能量的心理场,从而使学生的知情意行同步发展。在教学交往和谐中,重视以人为本,着力发挥师生的互主体作用,以亲和力为增进教学效能的动力源,促使师生间、学生间亲密、融洽的合作关系的形成。另一方面,以教学的分步操作程序为副线,将操作要点具体化,即目标明确、步骤清晰、方法得当、组织合理。

和谐的课堂教学模式,包含了丰富的"互主体"及"对立统一"等哲学思想,它强调将人、时空、教学信息、情境、手段以及认知与情感等异质因素按对立统一的规律组织起来,使学生在和谐的课堂组织关系中学会思考、学会学习、共同成长,从而使其认知、情感、技能得到全面、和谐的发展。

(二)构建和谐教育的班级管理模式

和谐教育的班级管理模式本质上是一种民主型管理方式,它重视组织师生共同创建和谐的班集体,使班集体的结构诸要素组合成和谐的关系状态,从而促进儿童人格的和谐发展。此模式以集体教育和自我教育相结合为指导思想,以开放而有序的组织机构、协调一致的人际关系、宽松而严明的组织纪律、健康而正确的集体舆论为特征,建设由统一、规范的集体目的与多样、独特的个性目标相结合的整合体，由学生、教师、家长、社会形成合力，由责任明确与情谊融洽相统一的集体主义关系推动，组成操作系统。

和谐的班级管理模式渗透了以人为本、师生互为主体、民主平等的人文主义管理思想。其目标在于教育学生学会关心与分享。

(三)构建和谐教育的课外活动模式

和谐教育的课外活动模式指在以学科为中心的课堂教学以外的有目的、有计划、有组织的教育活动中，将教师指导下的学生自主活动和合作活动有机结合起来，遵从参与性、丰富性、实践性、创造性等原则，建设由晨会、班会和其他课外活动组成的操作系统，从而促进学生人格和谐发展。

和谐的课外活动模式的目标在于让学生学会关心、学会做事，其活动的领域宽广、内容丰富，大大弥补了课堂教学的不足。此模式自始至终贯穿了尊重学生个别差异、因材施教及"主体参与"等教育思想。

上述三大模式在实验中取得了良好的教育效果。总之，和谐教育是一种动态的、开放的、发展的素质教育模式，将在不断探索中日益完善。

体验教育：共青团、少先队
最适宜的教育模式^①

一、共青团、少先队教育选择体验教育模式最适宜

第一，体验性学习是对唯认知主义的学习教育观的反思与调整。

现行的学校教育制度大多是西方化的班级授课制。这种模式最主要的特征是非常强调人的逻辑认知的发展。班级授课制强调的是把人类的知识变成学科，而学科化的教学都有非常强的学科化结构。一个孩子如果不能接受这种结构化的教育，就意味着不能接受现代教育，被现代教育拒绝。由于当时能读书的只是少数，问题并未突出地暴露出来。当教育发展到了今天，实行"全民教育"、普及教育的今天，制度化的学校的"唯认知是举"的学习教育模式必然会受到挑战，不是所有的学生都能在同样的时间过这个逻辑认知的"关"的。如果我们的德育乃至整个教育只是以逻辑认知为取向的话，那么很多人是不能成为成功者的。今天，我们提出体验性学习，强调的是以情感化的方式也可以学习，甚至这种方式可能是更好的学习方式之一，特别是在青年、

---

① 本文是作者发表在《江苏教育》2001 年第 9 期上的文章。

少年儿童和婴幼儿时代可能是更重要、更好的学习方式。所以，我们提出"体验学习"，是对唯认知主义学习模式的打破，是对被现代奉为经典的学习教育模式的打破。

第二，体验学习是对长期以来教育中存在的"缺失主体性教育"弊端的反思和调整。

当今教育的一大弊端是主体、客体两分。主体是教师、是成人，客体是学生，主体设计什么、要求什么，就向客体灌输和要求什么，学生在一种被动、受动的状态下学习。这种学习中的很多弊端已经被人们认识到了。我们现在对知识、能力与态度的关系有了新的调整。过去人们认为，最重要的是知识，有了知识就有了能力，就能参与改变生活。到了20世纪90年代，人们把它们比作三角形，最长的底边是态度，其次是能力，再次是知识，最重要的是积极的态度。体验学习是对被动式学习、"主动性丧失的教育"的反思和调整。

第三，体验学习是对中国教育中的弊端——封闭学习的反思与调整。

与西方制度化教育相比，中国的封建式的教育、文化跟应试的教育更容易结合，形成一种强制的、封闭的教育。"万般皆下品，唯有读书高"，中国人比较重视理论的、书本的教育，比较轻视技能技巧、手脑并用的学习方式，"劳心者治人，劳力者治于人"。体验学习是对这种封闭教育的反思与调整。第一个调整，从以认知为唯一取向调整到以认知与情感双重协调发展为取向上来；第二个调整，从主体的缺失教育调整到主体性教育、参与式教育上来；第三个调整，从重书本、重理论的教育调整到理论实践并重、互动式教育上来。

体验是学习者本人自己的体验，是本人亲历的，是他人无法替代的，体验是真实的、主动的，别人不能强迫你体验。

体验为什么最适应共青团、少先队教育？共青团、少先队的最大特点是，它们是教育组织，但不是学校制度化的教育机构，不是用学科教学的方式来进行学习的。共青团、少先队教育是广义的，学习是生活化的，学习天地是无限广阔的，没有时空的限制。共青团、少先队的学习也没有一个明确的阶段性的学习标准，不像学科学习那样，学完这个单元要考查学生是否达到了要求，再往下学习，循序渐进。共青团、少先队的学习是循环式的，小学可能去参观梅园新村，到了初中又去参观梅园新村，上了大学入学教育还是去梅园新村参观，它是循环式的，学生不断加深理解，周而复始，重复理解。它的记忆、理解、把握知识内容的方式和学科学习是不一样的。近百年来，从杜威到今天的教育家都在苦苦思索，怎么把经验的东西和结构的东西、生活的东西和学科的东西调和起来。所以我们今天的教育，仍然必须既要有学科化的教育、正规化的教师队伍，也要有共青团、少先队这支队伍。它们相互调和，相互补充，不可取代。共青团、少先队工作非常重要。这是由其工作性质及不可取代的功能决定的。

二、体验学习的主要特征

体验是一种情绪、情感想象。情绪，往往伴随着生理的一些表现；情感，更强调内在的感受性；广义的情感概念把情绪、感受、体验都包容在内。我们讲体验，强调的是人的内心感受。对于年幼儿童，首先要让他感动。

感受和体验至少有这样几个特征：第一是个人性非常强；第二是真实性很强；第三是情境性很强，它一定是在特定的环境中、特定的情境中、特定的气氛中产生的；第四是整体性很强；第五是经验性很强，与人的经验靠得最近，这种经验几乎成了一个人的行为方式、行为倾向，甚至变成了人格特征——个人的基本倾向。我们可以毫不夸张地说，一个人的情感反应模式几乎就是一个人的人格模式。所以从这个意义上来说，体验学习、情感学习可以成为人类学习方式的一次革命，完全带动人类整个教育方式的变革。情绪、情感比认知更加根本。一个婴儿虽不会读书、认字、说话，但他有情绪、情感，他最早就是通过情绪和情感来生存、学习的。所以，最早、最初的学习方式是情绪、情感，而不是认知。如果在儿童早期不训练人的情感反应的模式，那么他的个性、人格会有许多缺陷。当今许多人早早教孩子识字、背诗、数数，但如果不早早教孩子情感，那么实际上可能会对孩子一生的幸福产生影响。如果情感反应模式不恰当，他一辈子的生活就会受到阻力，因为情感方式直接影响交往方式，人是不能一个人生存的，不会交往，就不会生存。这要回溯到小时候，看看父母、家庭、教师、少先队有没有教给他爱心、同情心，有没有教给他人与人之间的亲和、依恋，有没有教给他善解人意。

三、体验学习的构成环节及机制

体验学习至少有这样几个构成环节。第一，文化性的刺激。第二，演化而来的认知，即社会性觉知。觉知是一个刺激，它可能是环境，也可能是人或某件事。第三，情感反应。觉知导致情感反应，情感反应有的可能成为行为，有的表现为性向（趋向、倾向性）。第四，价值观的组织。形成有一定方向性的价值观，再发展为人的人格倾向。情感体验是按这一条线索构成的，有这几个环节，接着，新一轮的体验便开始了。情感体验重要不重要？人的知识可以多学少学，但人还得快快乐乐地生活。一个人的人生悲剧造成的原因不仅仅在这个人本人，其实很大原因应该追究他的早期教育。

四、体验活动的类型

从心理学方式的大类型上来分，体验活动有肯定性感受体验与否定性感受体验两类。

肯定性感受体验有快乐、舒适、幸福等，否定性感受体验有恐慌、焦虑、痛苦、慌张、惊吓等。肯定性感受体验、否定性感受体验可以转化为积极性体验、消极性体验，并且可以相互转化，"酸甜苦辣都是营养"。我们要善于把否定性感受体验转化为积极性体验，而肯定性感受体验并不都是积极的，如吃好、玩好、快乐不一定是积极性体验。心理学中的肯定与否定不一定与精神教育中的积极与不积极一一对应。

从内容上分，可分为接受性体验与创造性体验。

接受性体验是把历史传承下来的精神财富、文化遗产和知识教给学生，通过知识的陶冶，使他们得以接受。比如，各学科的教育、少先队的教育都可以采用这种方法，只要提供并组织好接受性的资源，是可以实现目的的。

创造性体验，它提供的不是现成的资源，而是需要重新组织、调整或创造的。

从空间上分，可分为紧张性体验和庇护性体验。

紧张性体验，就是人在进行创造性生产活动、战胜困难的过程中产生的体验，也就是说，当人受某些外部条件限制时，就可能产生紧张性体验。如果没有紧张性体验，人的情绪就不能被适度唤醒，人就不能紧张起来，能量就不可能在一定程度上聚集起来，人就无法进行生产劳动、不能创造。这是很必要的。在愉快学习、快乐教育中，我们不能将快乐理解为松懈，不能将减负理解为让孩子没有丝毫压力，尤其是青少年时期，孩子当然要有一定的紧张感。一定要让孩子体验到紧张感，如果从小没有紧张的体验，他日后就无法集中注意力工作。如果情绪专注的品质不从小培养，他就不可能有一个好的学习习惯，也就不可能取得学习成就，其学习目的就无法实现。

庇护性体验，是与空间完全融合，感觉非常宽松，被他人庇护，得到喜爱的一种体验。比如，孩子在母亲的庇护下非常放松，学生在喜欢的教师面前非常放松、坦诚、自然、活泼，无拘无束地创造。这就是庇护性体验，没有对立，完全融合。这种体验也非常重要，没有这种体验，孩子被压抑、被扭曲，不自尊、不自信，悲悲苦苦，唯唯诺诺，还怎么谈创造？

从时间维度上分，有期待性体验与追忆性体验。

期待性体验，是期待未来的体验。一个人不能没有理想，不能没有对未来的憧憬，不能没有希冀感。理想、憧憬、希冀对少年儿童来讲是十分重要的情感。每个孩子都会写关于"我的理想"的文章。这是一种非常重要的体验。出生礼、入学典礼、入队仪式、入团仪式、成年仪式、毕业典礼、婚礼等往往是一个人身份改变的界碑，都会让人产生期待性体验。

追忆性体验，是回溯过去的体验，帮助人们重新发现，诠释人生的意义。通过想象、联想、记忆，人可以把最好的、最值得珍视的情感经验重新提取出来。体验学习不是只有一次，需要反复体验，情感经验才能慢慢积淀、内化。追忆性体验帮助人们对以往有过的感受体验进行进一步的巩固、强化、整理，进一步挖掘其意义。比如，看电影时，人们感动了，流眼泪了，如果不进行追忆性体验的活动设计，人们就不会把这种感受提取出来再加工，挖掘意义，让其重新升华，进而稳固它。追忆性体验很重要。教育不仅仅是设计，而且要挖掘，要及时地挖掘看似偶然事件背后的价值和意义，这就可能使人们进入生命的唤醒期。教育不是简单地、一个劲儿地做加法，而是要反复挖掘。要注重对经验进行整理，使之结构化。情感也是这样，也要不断整理。

五、体验教育的设计和创造

(一)注重利用

不要忘记对自然情景、自然资源、学校学科教学资源的利用。现在的一个很大问题是学科教学与共青团、少先队活动的不结合。共青团、少先队应自觉地把工作做到课堂中去，要即情即景地利用。体验学习，许多时候是随机的，"有心栽花花不开，无心插柳柳成荫"。要善于抓住和借助时机。体验学习要有一定的时间，要有耐性，不能心急，渴望通过一次活动、经过一个晚上就成功，这样只能走过场，成为形式主义。不能强迫孩子写日记，即时即刻地谈体会、写日记，这样只能作假。怎样才能利用好自然环境、日常生活中的情景？这需要运用教育机智。

(二)精心设计

一是角色承担，让孩子承担不同的社会角色。孩子在学校是学生，在家是父母的宝贝。怎样让孩子充当哥哥、姐姐、爸爸、妈妈，充当老师，充当护士、医生，充当病人、残疾人？角色扮演、角色承担是个好办法，只有承担多种角色，孩子才会有责任感。二是设计要体现关联性，要注意时间性、场合性、循环性。注重关联性，而不是东一榔头西一棒槌，要让学生产生想象、产生联系，使其把旧的经验和新的刺激重新整理，产生新的认知、新的知识、新的经验、新的感情。

(三)积极创造

体验教育本身确实是共青团、少先队的新命题、新概念、新探索、新境界，新就新在它体现了教育改革的许多时代特征，它是少先队教育最适应的模式；体验教育更加具有主体性、个体性、真实性、情景性，它是共青团、少先队一种非常重要的教育方式。团队工作者需要把握当今教育改革的基本特征，需要学习心理学知识。

从一定意义上说，教师是孩子命运的引领者，甚至是主宰者。许多人都有这样的体会：很多事情、很多书本知识，人们离开学校后会忘记，但有些东西是忘不掉的。忘不掉的是那些最值得你纪念的东西。苏霍姆林斯基说过，教育是什么？毕业以后很多年，学校里教的知识渐渐淡忘了，还有一些东西是忘不掉的，这些忘不掉的东西才是教育。这是很有哲理的。这些忘不掉的东西其实是最刺激、最冲击你的人物、事件、情感和知识，它们一起积淀下来，构成、内化为人的素质。素质教育是一个过程，它把过程的东西渐渐积淀、渐渐内化、渐渐变成稳定的品质，朝着一定的方向强化、积淀、内化，然后稳固为品质。共青团、少先队是开展素质教育的广阔天地，在这里完全可以大有作为。

学校课程的情绪、情感、美感维度：
一种科学与人文教育整合的机制①

　　20 世纪中期以来，一直有对科学文化与人文文化的分裂怀抱忧虑并不断地呼唤整合或融合的思潮。英国著名科学家、作家 C. P. 斯诺的深刻洞察和警告是其中很突出的一股力量。他在《两种文化》的后记里提到，瑞典首相奥耳姆·帕耳姆先生告诉过他（指 20 世纪 70 年代初），他的推动工作对瑞典的教育制度已产生个人影响。② 我在 2005 年访问过瑞典，考察了几所中小学，与校长、教师探讨了两国中小学课程、教学及管理之异同。回想起来，当时确有一种感觉，即学校注意以两种文化统整，育人的氛围浓厚。比如，不那么计较分数，十分看重孩子们对学习过程的实际感受，围绕一些主题用文、理科综合学习的方式开课等。此次，西南大学美育研究中心举办"科学与人文整合国际学术研讨会"，邀请瑞典学者参加，我感到很亲切，相信这场讨论会有共同话语和意趣，彼此都会从中受益。

---

① 本文是作者发表在《美育学刊》2011 年第 5 期上的文章。
② ［英］C. P. 斯诺：《两种文化》，纪树立译，255 页，北京，生活·读书·新知三联书店，1994。

一、特殊逻辑与功能

依德国著名哲学家恩斯特·卡西尔的想法，自然科学只是人类创造的符号形式系统中的一个部分或一个要素，同样，人文科学的对象也不是整个宇宙，而只是一个特殊领域，它们都具有自己特殊的逻辑和功能。若按这样一种全新的理解，哲学的任务就不再是于经验知识之外建立一种"普遍存在论"，即超越的知识，也无须谋求限制或约束特殊科学的任何法则；相反，哲学只是试图于符号形式系统的统一中兼容这些法则的整体，并由此去理解这些法则。①

科学文化与人文文化一般是可以区分的，它们使用不同的认识工具和思维方式，在符号及呈现上有不同。前者一般是积累的、组合的、集合性的、共意的，它注定了必然穿越时间而进步；后者是非积累的、非组合的，它往往不表现为集合性的知识，不体现历时性的进步，而要通过个人在否定中表达，它往往更接近人性的自我。因此，从教育目的的角度看，两种文化对人的影响作用与教育价值是不尽相同的，所以，两者从功能上来看无法相互替代。

二、思维与美感共性：以教学为例

那么，科学与人文有融合的必要和可能吗？答案当然是肯定的。科学文化与人文文化都可以以自然、社会和人为研究对象，它们都可以使用抽象思维和形象思维，它们都需要不同程度地在感性直觉、知

---

① ［德］恩斯特·卡西尔：《人文科学的逻辑》，沉晖、海平、叶舟译，中译序 4 页，北京，中国人民大学出版社，2004。

性概念、理性综合的运思道路上进行工作，其工作的作品都是人的本质力量的体现，是人的才华和智慧的创造。比如，科幻小说、科学史著作等就是两种文化交融的典型形态。又如，中国唐代有很多绝妙的诗句，如"大漠孤烟直，长河落日圆"，它既是如画般的诗句，又可以是两个有趣的几何图形。然而，为什么在很多人身上，由于两种文化的分离，思维与情感方式存在缺陷，乃至人格与道德存在缺陷呢？为什么在另一些人群里，特别是在优秀的人们身上，我们又分明看到了两种文化方式并用而融合的景象呢？比如，数学家丘成桐说，数学家研究的对象是很广泛的对象，它是从我们心灵里得出来的一个感激。他认为，数学与其他学科不同的地方是容许很抽象的观念存在。只要它是美丽的，我们就将它引进来，推导它不同的结果。丘成桐还引用另一位数学家西尔凡斯特的话：数学能够揭露和阐明的概念世界，所导致的对至美和秩序的沉思，它在各部分的和谐关联，都是人类眼中最坚实的根基。丘成桐认为，数学家以美为主要的评选标准，从心灵里面感受大自然的美和真实，用数学的言语描述出来。他说：不求真，我们没有办法立德；不求美，我们没有办法做到温柔敦厚。① 再如，我国航天事业的奠基人钱学森晚年致力于思维科学的研究。他说，科学工作源于形象思维，终于逻辑思维。形象思维源于艺术，所以科学工作是先艺术、后科学。相反，艺术工作必须对事物有个科学的认识，然后才是艺术创作。他认为，一个杰出人才必须具有两种思维方式。他说到自己的研究经历，常常是先有大跨度的联想，获得灵感，而后再进入细致的逻辑论证。

---

① 北京大学自然科学处：《聆听大师——北京大学百年校庆著名华人科学家演讲集》，101~112 页，北京，北京大学出版社，1998。

三、整合：个人事件与教育机制

不仅从杰出人物那里，即便在寻常生活中，在平凡的教育中，我们也时常会从自身以及学习者那里获得类似的、程度不同的经验感受。我相信，由于事实和价值的镶嵌关系，其实世界与人的真实关系，是以个人"事件"的出现，以个人的价值偏好、喜恶情感为表征的。于是，所谓整合或融合，其实探讨的是在实有的人、具体的人身上的文化融合，是由特定的人创造的作品展现出的文化融合。唯有人才能感受科学文化与人文文化融合之妙趣和美好，享用并不断创造完整文化的价值。

教育哲学者赞成康德哲学的一个基本立场，即哲学的任务不在于研究存在或客体，而在于研究我们认识客体的方式。

因此，作为教育学者，我们更愿意从主体的角度追问为什么要融合，再考虑能够为这样的融合提供怎样的教育机制。也就是说，融合的受体是谁，以及用什么质料、什么方式、什么机制得以融合；应该为这样的融合发展提供怎样的课程与教学途径，评价与管理模式、方法等。

四、整合与机制：以数学情感与美感教育为例

人类知识生产、学科分化的趋势推动我们进入两种文化统合的 21世纪，可是在现行教育制度及学校管理方式下，应试模式的教学和育人方式依然存在，学生的创造活力不强，学习和自我教化的内在动力不足，外部人为强加的东西反倒泯灭和消解了人性深处的一种潜能。它是一种怎样的潜能？是人与生俱来的探索冲动，是人性深处最能打

动人心的真善美的情感，它在儿童身上很容易产生，而且原本是统整的形态。如果我们注意呵护它，它在不断学习新知的过程中分化、整合，循环往复，就会积淀为饱满的、具有生产性的精神情感。但这种情感需要教育，它不能自行成长。

学校中的情感教育倡导关注学生在学习过程中的情绪、情感状况，要求教师在传递知识以及与学生的交往中重视培育学生积极的情感，而不是只关注分数，只关注外显的行为。现在，中国基础教育课程改革要求所有学科分年级制定出在情感态度与价值观方面的教学目标。以数学课为例，数学教学中的情感态度与价值观目标共有三类。一是培养兴趣，如 1～3 年级"对身边与数学有关的某些事物有好奇心"，7～9 年级"乐于接触社会环境中的数学信息"；二是培养尊重客观事实，能抽象、严谨地表述和处理问题的习惯、态度，如 4～6 年级"感受数学思考过程的条理性和数学结论的确定性"，7～9 年级"体验数、符号和图形是有效地描述现实世界的重要手段，认识到数学是解决实际问题和进行交流的重要工具"；三是培养学习数学的自信和信念，如 4～6 年级"在他人的鼓励与引导下，能积极地克服数学活动中遇到的困难"，7～9 年级"敢于面对数学活动中的困难，并有独立克服困难和运用知识解决问题的成功体验，有学好数学的自信心"等。[①] 若能在此基础上进一步增添引发儿童数学美感的要求，情感这一纬度的目标则更加完善。好在小学教师中不乏优秀的人才，他们自身对数学的热爱和痴迷、对数学美的惊异、对数学理性的惊叹对孩子有巨大的吸引力。在数学及其他自然科学的学科教学中，教师不仅能引导学生感知"物的

————————

① 中华人民共和国教育部课程教材研究所：《全日制义务教育数学课程标准（实验稿）》，http：//www.ncct.edu.cn/download_center/quanrizhi/p/2.html，2021-10-10。

世界"，而且能引导他们同时感知"人的世界"，如抓住时机讲述科学家的故事，引发学习者产生各类积极的情绪感受。只有关注到了人的情绪、情感，对数学的学习才不是仅仅学习共相概念和抽象的共相逻辑，而是有了指向人和人性的具体性和直接性。情绪情感的表现关涉学生的价值偏好，价值偏好虽然指向客体，但却是主体的反应，是主体表达客体与自身的关系，表示的是一种主体与客体相互作用的状态。就数学课而言，由积极情绪情感昭示的价值观是什么呢？有发现"真"的奇妙感、惊诧感，有欣赏对称、工整、和谐等形式美的审美感受，有追求客观、公正的善意和自我本质力量被确证的道德情感。这些由情感表征的人的价值趣味、倾向和劳动态度、生活态度凝聚着科学文化与人文文化的共同特征与本质精神。总之，我们期望的教学过程应该有指向客体又返回自身的、可以享用的精神价值。客体化的、外在性的知识教学难以引起人在情绪上的积极反应，难以抵达人的心灵，达不到滋养完满人性的作用。

现代脑科学研究也已揭示，神经的可塑性分为"发育期可塑性"和"发育期后可塑性"两种情况。经脑解剖已经知道，海马回、基底核、小脑等区域与情感反应有关。青少年儿童的神经可塑性显然比成人强。① 当我们自觉使用情绪情感作用机制时，知识学习过程不仅是信息传递的过程，而且伴随情感动力机制，情绪展开的过程中有一个"动量"存在，构成一个"场所"，在这种时刻，不同学科的知识与方法容易引起交融。可以设想，如果学生的情感、心灵没有因对学业的厌恶、拒绝而闭锁、僵硬，那么，开放的、自由活泼的心灵便是一块可以播种并生长真、善、美人格品质的丰茂绿地。

---

① ［日］小泉英明：《脑科学与教育入门》，陈琳译，211～212页，北京，高等教育出版社，2009。

中国基础教育课程改革在教学目标的设定上，既特别新增了情绪情感目标，又强调一定要在教与学的过程中，在学习、掌握方法的过程中将学习知识、提高能力与情感态度价值观的成长统整起来。这一课程功能观的重要调整会给学校情感教育带来新的机遇。期待学科教学中情感纬度的凸显，能积极影响中小学教师的教学行为，改变学校的管理文化。

学校教育模式探索、建构及其综合理论的研究

——一种适合于中小学校长培训的科研方式之形成和概括[①]

培训中小学校长有多种途径，其中，进行教育科研是培训的重要方式。但是，以什么样的具体方式进行科研对中小学校长素质的提高更为有效呢？根据南京师范大学与江苏省一批中小学合作的经历，我们认为，进行教育模式探索、建构及综合理论研究是比较切实有效的方式。

"模式"是现代科学中的概念，建构并运用某种理论模式是现代科学研究的常用手段。教育研究采用"模式"研究法是 20 世纪 50 年代以来的事。英国从事师范教育的专家乔伊斯、韦尔等人合作编著的《教学模式》，英国学者理查德·哈什等人著的《道德教育模式》，迄今仍是国内外思考和实施教学、德育工作的主要工具。随着 20 世纪七八十年代以来全球性的关注人的素质发展与教育的热潮兴起，中国学校，尤其是江苏省一批中小学率先实施素质教育，逐步形成了多种多样的教育思想观点和教育操作样式。南京师范大学教育科学研究人员积极参与

---

① 本文是作者发表在《江苏教育学院学校（社会科学版）》1998 年第 2 期上的文章。

了相当一批学校的素质教育实践与实验研究。现在，我们思考和初步概括了这一研究历程及所形成的独特范式，或许对探讨中小学校长参与教育科研的有效方式会有些启发意义。

一、该研究方式完整的过程包括五个主要步骤或环节

第一，对素质教育探讨的教育革新或教育研究的内容做教育思想的讨论和初步的哲学论证，确立革新主题及各学校具体的切入点。围绕教育革新主题(科研主题)，厘清不同层次的具体研究课题，有针对性地提出教育革新措施(实验操作变量)，形成完整的革新方案或实验方案。

第二，组织教师认真实施教育革新措施，确定实验操作变量，积累和总结教育经验，初步整理教育措施与教育效果(自变量与因变量)之间的关系。在这一环节上，广大教师最能发挥聪明才智。必须最大程度地调动教师的创造经验，广为收集资料，将学习教育思想、学习教育科学和研究的知识与改变教育教学面貌结合起来。

第三，带领教师，求助专业教育科研人员，及时和反复调整、修正教育操作(实验操作)的思想、原则、方法，归纳和提炼教育认识，使对象性教育活动(教育实验)不断转化为思维性实验。它训练研究者将实验主动变为受教育内在逻辑制约的活动，并在研究者的思维中得到反映。显然，这对教育操作者来说，是具有转折意义的环节。

第四，初步形成某种类型的素质教育模式。包括提炼核心概念，过滤出起内在支撑作用的基本要素(主要变量)，筛选有范型意义的操作样式，组成若干反映因果关系的命题系统，出示数学模型或人文解释模型，提供有意义的案例以及由上述所有表达呈现的该模式的基本精神。

第五，组织各模式实验单位与专业科研人员构成更大范围的科学共同体，对各种不同模式的探索及理论建构进行反思性研究。包括对各种模式的类型认定，对建模方式、模式运行机理以及各自蕴含的教育价值观和教育规范的揭示，对模式的理论性质、定位及功能的认识。最终，把各模式研究从教育哲学思想、教育科学机理和教育操作工艺的不同层次统一为一个理论有机体。同时，它又是一个既有明晰教育思路可供参照，又在操作上可供选择，可在相应条件下推广运用的教育革新典型。

当然，并非所有学校的探索研究都一定要归结为一种模式。但我们认为，对于大量的教育科研课题来说，借鉴上述步骤及思维过程，取其方法学上的意义是可行的。

二、该研究方式可以归纳出三条基本经验或三个主要特征

第一，把握住具有时代精神和普遍意义的教育主题及学校优势、特色与问题，以确定教育革新的突破口和学校科研的主选题，使两者在内容上相契合，使其发挥的认识功能与实践功能相统一。例如，江苏省的一批学校都把改革和科研实验的主题定在了儿童素质发展与教育的价值取向上，并且形成了各具特色的素质教育模式。已经初步建立的模式有：南通师范二附小的"情境教育"模式，无锡师范附小的"乐学教育"模式，南京市琅琊路小学的"小主人教育"模式，淮阴师范学院第一附属小学的"生活基础教育"模式，江阴市实验小学与镇江市等地学校的"美育渗透"模式，宜兴市实验小学的"自我教育"模式，南通市实验小学的"主体性教育"模式，海安县实验小学的"教育性交往"模式等。它们都是教育革新与教育实验相互转换与促进的典型，但在具体实施中，教育操作与实验操作并不是完全同一的，在时间上也不完全

同步。有的以先求得教育实践效果为出发点，即先求"善"后求"真"；有的则以理论假设在前，以因果关系的探明为出发点来带动教育教学的改革。

第二，中小学校长与大学或地方专业的教育研究人员以不同联系方式的合作，对课题进行"行动式"研究。南京师范大学自20世纪80年代中期就参与了部分中小学和幼儿园的教育改革与科研指导；20世纪90年代，实验学校研究中心正式建立，将全省实验学校组成网络，或按课题类型，或按地域分区进行定期指导。就上述模式建构理论研究课题而言，我们较多采用的是全程关注、主要环节参与其中、关键工作集中指导、双方对话共同建模以及在更大群体内进行反思性研究等方式。这一过程是教育专业人员与实际工作者在知识、能力、价值观等方面交互渗透，各自产生结构性改变的过程，它充分体现着马克思所说的"光是思想竭力体现为现实是不够的，现实本身应当力求趋向思想"。

第三，课题研究以明显的教育革新效果为结局，同时逐步形成一种实践—解释型的教育理论。这一独特的理论范式有如下几个特征。

一是所建构的各个教育模式以及关于模式的综合理论来源于教育信念、教育经验，主要目的为在改变教育的过程中说明、解释教育。因此，它把校长的办学思想，教师的教育经验，学校中最富有传统特色、最精致、最有生命力的看见或看不见的教育文化精髓凝聚为一种教育思想，其理论框架和形态不再是哲学概念和科学概念的迁移与演绎，而是一种实实在在的、为"学院派"教育研究无法替代的教育学理论。

二是通过特定理论建构而得出的任何一个教育模式，都是一个完整的、独特的教育的"连续体"。这个"连续体"的一端是抽象表达的、有特定价值取向的"教育理念"，另一端是极为具体的"教育经验事实"

（这些事实与教育理念相呼应），介于二者之间的是相应的体现该模式独特运行机制的"教育规律"。该模式如图3所示。

　　"连续体"的三个组成部分虽有其相对独立性，但它们彼此制约，其中每一部分只有在这个特定的"连续体"中才能获得完整意义。

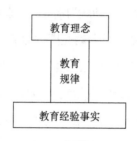

图3　"连续体"

　　三是该研究方式主张将传统的形上思辨理性方法与人文解释的方法并行使用，认可和鼓励研究主体信念、情感、意志的参与和投入，强调"回到事实本身"，不忽略教育现象中的偶然与个别，要求研究主体以极大的教育热情和细腻的心灵去发现、揭示以及建构过去尚未被洞悉、尚未被发掘、尚未明晰的教育意义。总之，这一理论范式表明和体现出我们在教育科研价值观上的多样化，同时也表明了我们的教育科研出发点和立场的改变，以及研究方法在范式、手段、层次上的发展。

三、该研究方式对于校长培训的意义体现为三个方面的主要成效

　　第一，升华教育信念与情操。由于该研究过程始终同学生素质发展与教育的实际革新过程相一致，校长在教育的价值取向、教育的本质观上一般都能自觉或不自觉地趋向、体认教育的人文精神，即教育本质上是以育人、培养人的完整人格为根本目的的，反对功利主义教

育观，唯认知主义教育观。同时，它不同于古典浪漫主义和传统人文主义的教育观，它需要在正视社会发展阶段的前提下，将社会对个体发展的需求与个体发展的可能性统一起来，以体现现实主义的教育人文精神。因此，形成和建构素质教育模式的过程，必然是加深对教育本质理解的过程，是不断厘清教育思路，并不断寻求符合其思路的教育机制的过程。例如，在教育目标上，对学生知识增长、技能提高与人格完整的关系如何处理；在教育过程中，对认知发展与情感发展的关系如何处理；在教育评价上，对统一的衡量标准与人的个体差异之间的关系如何处理等。在这一研究过程中，校长、教师不是进入"纯理性""纯科学"的概念中去，而是实际感受完整教育思想对学生身心协调、健康发展的影响，不断体验由学校教育面貌的改变带来的本人公众形象的改变，以及自我角色期望和职业期望的改变。无疑，这对校长坚定教育信念、升华教育理想境界和教育情操是大有裨益的。

第二，培养科学精神与态度。受僵化的教条主义思想的束缚，学校教育往往因受到行政管理的过多限制而显得缺少活力。鼓励校长进行教育科研，特别是强调从学校的教育实际出发选定科研方向，必然有助于校长养成不唯上、不唯书、实事求是按教育规律办教育的态度。据我们所知，不少学校在培养科研意识和科研能力方面有许多严格的要求。例如，有的学校实施科研"五个一工程"，即每位教师必须参与一项科研课题，每学期写出一篇教育教学研究论文，每学期读一本教育科学著作，每月组织一次科研心得交流会，每人写出一份科研设计或课题结题报告。多年来，南京师范大学实验学校研究中心经常举办教育科研培训班，常常深入中小学介绍科研方法，始终强调提倡和追求科学固有的公正、客观、求实、严谨的精神是十分重要的。校长们自身的科学素质，包括规范的、一丝不苟的治学与处事态度，执着而顽强的意志作风都不是凭空而来的，这些只有在切实的科研过程中才可能被培养起来。而且，素质教育探索和研究是一项人文性质鲜明的课题，课题的性质与研究方法决定着它在培养人的科学精神与人文精神方面是内在统一的，它要求研究者不仅要深入教育事实内部，执着于事理，而且要走进内心，敏感于情理。另外，不仅要着力于探明普遍的规律性，而且要注意个别的、偶然的人和事，从中发现和领悟科学不能昭示的意义世界（教育的真谛）。因此，我们认为这类研究与其他类型的科研相比，拥有个体创造的天地，特别利于培养和体现研究者的自由主体精神。

第三，训练独特的理论思维与方法视野。校长作为中小学教育家，需要有自身独特的思维方式与方法视野。首先，校长应当摒弃经验型思维，培养理性思维。因此，我们在与这些校长同做课题的过程中一般都要对其进行哲学方法的训练，包括形上理性的训练，如学习用感性直观、知性概念和理性辩证综合的方式把握教育概念（理念）的历史变迁与时代内涵。同样，也要初步进行分析理性的训练，如怎样用逻辑推论、语言分析的方法澄清教育概念和术语的含义，而不至于产生歧义。例如，对"愉快教育""和谐教育""主体性教育"这类重要概念，我们都用分析理性的方法做过澄清工作。现象—解释学的哲学方法在我们这类研究工作中显得格外有价值。它强调研究者的主体参与，能动地建立教育认识关系，以获得和体悟日常教育活动中难以得到的教育意义。由于我国教育界对这一哲学方法还不甚熟悉，我们特别开展了启蒙推广教育。在整个研究活动中，校长自觉或不自觉地从经验型思维发展出了经验—理论型思维、实验—理论型思维以及观念—理论型思维，体现了思维的丰富性和层次感。这对于校长既依靠现实又实现超越、既高屋建瓴又细致贴切地看待教育，看待教育与社会、教育与经济、教育与人的发展的关系是极为重要的。尤为重要的是，它使校长稳固了一个基本的教育研究立场，即教育研究不仅是研究、解释现实教育，更重要的是研究、改革现实教育。教育思维的真理性、教育思维的现实性和力量是在教育实践中被证明的。校长参与科研最大的效能之一在于校长本人及其带动起来的教师在教育思想、教育观点、教育行为方面的改变，而这种被我们称为"中介性""中层性""行动式"的研究与教育实际工作、与教育经验的贴近也最能有效地改变校长和教师。

大学素质教育与大学教师的教育素质^①

① 本文出自作者所著的 2012 年由北京师范大学出版社出版的《关注心灵成长的教育》
一书。

一

　　素质教育是人类一个永恒的话题。自从有了教育活动，有了对教
育活动的认识和反思后，就有了素质教育的话题。所谓素质教育，顾
名思义是探究人的素质与教育的关系以及教育应该培养人的什么样的
素质。古代东西方哲人有不少的教育思想论及它们。比如，中国的孔
子认为，教育即处理人的内在实质与外在人文环境的关系，两者皆很
重要，两者应求取和谐，即所谓"质胜文则野，文胜质则史"。庄子崇
尚自然，在教育上主张质素而摒弃文饰。荀子认为人的天性偏恶，主
张"化性起伪"。古希腊的柏拉图视人的逻辑理性能力为最高素养标志，
主张教育是使人的感觉产生的不可靠的意见服从理性产生出来的真理。
然而他的学生亚里士多德则认为，人的感觉、欲望与理性在灵魂中具
有不同的功能，教育是把它们之间的关系调整到合理的状态。西方中
世纪的教育主流倾向于人的素质结构的理性至上。文艺复兴时期的教
育主流倾向于重视感官解放，强调人的感觉与生命创造的关系。西方
后来种种的教育主张、种种教育流派的变迁无不执着于感官经验与理

性能力、内在天性与外在环境孰重孰轻的争论。以上这些还只是最形式化的争论，它们往往此起而彼伏。至于其中具体的素质教育，更是随不同的社会阶段、不同的民族、不同的文化和地域、不同的阶级而不断有所变易。可见，素质教育古已有之。18 世纪下半叶开始的工业革命后，内燃机的诞生带来了工具的自动化运动；发展至现代，人类的许多观念及行为方式，包括教育观念及教育行为方式都不知不觉地产生了很大的变化。看重物的作用、看重技术的作用、看重人的认知及技能的作用，以及看重技能甚于实体、看重结果甚于过程，成为时代的思维特征。反映在教育上则是偏重知识与认知发展，忽略价值与情感发展；强调规范性、齐一性、程序性和效率性，忽略个体性、人文性和复杂性。这一方面大大提高了教育的效率，如基础教育的普及、知识的快速传播、教师行业组织的形成等；另一方面，必然带来教育中情感层面的失落、教育中教养功能的弱化。教育过程及其评价中，知识与认知发展的目标和追求大大超出价值与情感发展的目标和追求，致使人的素质结构中基本的两大类元素之间应有的平衡倾斜。教育应当培养完整智慧，而完整智慧包括科学（理性）智慧和道德（实践）智慧。两种智慧，尤其是道德（实践）智慧并不是知识和认知层面即可以支撑的。没有对一定的真、善、美价值的偏爱之情、执着之意、实有之行，谈不上形成一个道德主体、审美主体，即使作为认知主体，也是不全面的。丧失认识愉快的认识活动、认知成就不可能提供人的内在动力，维持人的持续发展。带动近代工业革命的近代哲学鼻祖笛卡儿提出"我思故我在"，标志着人的思维之主体性革命的兴起。问题在于，他将情感统一于理性，将人的主体性本质定格于人的逻辑理性的优势、人对客体世界的优势。此后，西方哲学中虽有几度不同特征的人文主义与之抗衡，且此起彼伏，但总体说，两百年来，西方意义上的现代教育是不完全的、片面的主体性教育，即只凸显人的思维认知能力，只凸显人与外部世界的对立与征服关系。

在这一片面主体性的思维方式造成的种种问题，如道德问题、资源问题、环境问题等日益构成对人类自身的挑战后，20世纪六七十年代，罗马俱乐部创始人奥雷利奥·佩西出版《人类的素质》一书，标志着人类开始反省自己对自然的态度，标志着主体性革命在当代的演进发展为超越人与外部世界的主客关系，反躬自问主体间的关系，反躬自问主体性本质中究竟什么更为根本。20世纪下半叶，人类对教育提出了种种新的思考，逐步带动起全球性的教育改革。比如，1989年，面向21世纪教育国际研讨会提出，未来社会的人需要掌握学术的、职业的、素质的三张"教育通行证"。又如，美国"2061"教育改革计划提出培养"具有崭新素质的未来人"。日本向教育审议会提交的咨询报告中强调，让孩子拥有"生存能力""轻松宽裕"，点明未来日本教育的培养目标是人的整体素质。1993年，国际21世纪教育委员会提出学会认知、学会做事、学会共同生活、学会发展。这些都非常明确地表达出一个根本性思想，即教育最根本的使命是关注人如何能自我发展和持续发展。教育必须是提高人自身整体素质的人类特殊的实践活动。

二

20世纪80年代中期，中国一批小学率先开始了旨在培养儿童全面素质和完满个性的教育改革试验，江苏省是国内第一个提出素质教育口号的省份。当时，为素质教育思想和实施策略的出台召开的调研和论证会，恰恰是把素质教育与情感教育放在一起进行的。江苏省先后涌现出的一批小学素质教育典型，如情境教学模式、乐学教育模式、生活教育模式、审美建构模式等，几乎都重视儿童认知与情感协调发展，都非常关心儿童不能因学习书本知识而割断与自然的联系、与社会的联系、与生活的联系，以及由此联系培养起来的社会性情感、审美情感等。20世纪90年代，大学素质教育的提出有着与中小学素质教育相似的背景，即现有大学教育在培养目标上具有片面性，在教学教育过程及方法上具有被动性。目前，我们的大学本科教育存在不少缺点，具体如下。

第一，有些专业（多为理工科）课程总量过多，课时大大超载，一个本科大学生规定必修和限定选修的课程过多；有些专业（多为文科）则课程单调，课时不足，缺乏课外要求，学习负担过轻。

第二，课程结构不合理，课程设置缺少内在联系；通识文化类的课程覆盖不完整，对文、理不同大类专业的学生的特点兼顾不够。

第三，课程之间缺少联系，难以通过科际整合，使学生形成完整的世界观和方法论，难以培养学生联系、对比、想象、迁移的思维能力。

第四，教学方法死板，教学手段单一，基本上通过讲授教材传习知识，提问不多，对话更少，课堂气氛不活跃，师生之间情感、意向较少交流。

第五，学科课程之外的其他文化活动虽然可能丰富，如各种社团活动、文娱活动、体育活动等，但有深刻思想内涵的不多，有文化特色的不多，往往止于感官或浅层次的精神满足。

上述问题又集中体现为以下难度很大、需要认真探索的课题。

第一，道德教育和人文精神的教育究竟用什么样的课程表达方式和实施方法才更有效，他国和我们自己的经验教训已经证明，靠人文、道德课程的叠加并不能够解决问题。比如，通识教育平面化，内中不分层次，即哪些是共同技能通识，哪些是核心通识，哪些是知识/知性通识，哪些是各专业技术通识，哪些是生活通识，现在没有分化，缺少设计。又如，人文教育理性化，缺少人文性、情感性，即人文课程逻辑化、概念化，教学内容枯燥，教师的教学工作对学生缺少价值吸引、缺少热情激励、缺少人格魅力。再如，道德教育简单化、教条化，往往离开践履讲修身，离开情境讲行为，离开生活讲情操，难以达到应有的效果。

第二，专业教育之素质教育的效能如何发挥是更加需要大学教育悉心研究的。大学实行素质教育与中小学素质教育的不同，正在于它必须将素质教育理想很好地融入专业教育之中。专业教育是大学生素质提高的基本途径。专业教育应培养学生对本专业诸学科的热爱、执着之情，对学术前沿与发展走势之敏感和预见能力，培养该专业学生特有的思维方法论和特有的技能。国际 21 世纪教育委员会向联合国教科文组织提交的报告中陈述了如下思想："今天，一个真正受到全面培养的人需要有广泛的普通文化知识并有机会深入地学习研究少量的学科。在整个教育过程中，应该促进这两个方面同时发展。"[①]具备上述素质及能力的人才，才是适应未来社会的人才。至于大学生素质中的科学精神、治学态度、学术工作作风，如客观、公正、求实、忘我、执着、严谨等，都是在教与学的过程中逐渐培养、炼铸出来的。这不仅取决于学科的科学性质本身，更取决于教师在其中的指导和言传身教。当高等教育从过去以培养人为主要目标、主要发挥教学功能，发展为当今相当多的高等学校以教学、科研、社会服务三重功能并重为荣时，大学里一些教师便不再把主要精力放在教学上。而一旦教师不再愿意把精力放在教学上，特别是那些学术方面有成就的教师不能坚持有相当时间在教学第一线时，要保证本科教育质量，使专业教育实现素质教育之目的则几乎是不可能的。

第三，如果说中小学素质教育更强调人的素质的基础性的话，那么大学素质教育则强调人的基础知识、基本技能、基本态度已经能够

---

① 联合国教科文组织总部中文科：《教育——财富蕴藏其中：国际 21 世纪教育委员会报告》，77 页，北京，教育科学出版社，1996。

整合化、内在化并走向个性化和创造性。大学教育是所受教育的内在整合过程。经过十多年的中小学教育后，学生进入大学，考查教育在个体身上是否变成了素质应当有内在性标准。有了内在性、个人性和独特性，才可能有创造性。然而，现代大学看似越来越完善的质量监控体系和教学教育评估体系很少能检测和评估人的素质的内在层面，极难用有限的指标衡量无限复杂多样的人。这是教育臻于科学化而未能解决的难题。大学素质教育应强调培养学生的创造性素质，但目前大学的教学方法、考试评估方法的单一以及办学经费的短缺，很难为大学生的创造性品质的成长提供更丰富、更宽松的条件。

三

大学素质教育真正实行很不容易，就硬件条件来说，它需要有更充足的教育资金投入，需要以物质条件的改善和思想观念的变更影响大学的各种政策导向，如引导优秀教师对教学工作的投入等。接下来则着重探讨大学教师的教育素质与大学素质教育的关系。

首先，大学素质教育实施的根本保证在于有一支具有教育素养的教师队伍，而且学校校长，副校长，教务处、科技处、人事处的处长及各院系主任必须对此达成共识，且本人率先"入林"。我们认为，大学教师队伍的高学历化是必要的，但高学历不等于高教育素质。教育素质是综合性的、有特定内涵的概念，其核心和灵魂是影响人、促进人、改变人的一种智慧本领。一个教师的素质通常是由身体、知识、能力、品格、观念五个方面构成的。它们在教育过程中的现实化即体现为教育素质。现代意义上的大学是工业革命的产物，它以专业分化的学科教学、学术研究和发展为办学目的。几百年来，人们坚持认为大学是学习高深学问的场所，大学教师是学问高深的人。虽然我国高校多年来也倡导大学教师应教书育人，但对究竟什么样的教育素质最能影响人、改变人并无深究。20 世纪 50 年代末至 70 年代，美国师范教育的几次改革反映的师范教育观的演变给我们以启发。当人类第一颗人造卫星于 1957 年由苏联人发送上天后，美国朝野埋怨师范教育质量低下，从而兴起以知识为本位的师范教育革命；尔后意识到知识本位之局限而变迁为能力本位的改革；及至 20 世纪 60 年代末、70 年代初发展为个性本位的师范教育改革，又称情感师范教育革命。它的基本思路是，影响教学效率和教养效能的重要指标是教师的人格资质与情感交往能力。虽然 20 世纪八九十年代美国师范教育改革更强调教师的综合素质，但教师的情感—人格素质在教育素质中的重要作用仍然没有被低估。

现代教育凸显教师情感—人格素质的重要性还有以下两点根据。

第一，现代知识论及知识教学观必须更新，即相信知识的形态是多样的，知识是开放（变易）的、不确定的，知识又是双向互动、与认识主体处于相互作用之中的。因此，相比于既定知识的传授与掌握，学习者学习的内在愿望、热情，学习的主体性，积极合作的态度以及学习的能力更加重要。学习者的上述品质除来源于教师的知识水平和认知教学能力外，更在于学生对教师的敬佩、信赖以及愿意与其合作的心向。

第二，现代价值观及价值观教育亦必须更新，即相信价值的层级化、生活化、多元化、内在化。价值观教育不仅是知识的传播与接受的过程，更是学生受到感染、熏陶，而认同、模仿、服膺的过程。并且，价值观教育不能脱离人的具体生活情境，不能离开人的情感态度上的喜和厌。因此，对学生的教养工作包括道德教育、价值观教育、人格教育，特别依赖于教师本身的情感—人格素质。

关于教师的情感—人格素质，国外已有不少相关研究，如著名的"皮格马利翁效应"揭示的是友善、期待和激励的作用。美国一批心理学家 20 世纪 60 年代的研究结果是："成功教师是趋于温和、理解人、友好、负责、有条不紊、富于想象力和亲切热忱。"①苏联教育家巴班斯基总结那些较好地掌握最优化思想的教师有一些特别重要的特质，其中包括"情绪上富于同情心；交往中平易近人"②。根据国内外相关研究，我们把表现为教师人格特征的情感品质概括为三组：①同情、关怀、仁爱之心；②公正、正义、善恶之心；③移情、分享、同理之心。表现在对己、对人的能力特征上各有三组情感能力。对己方面：①识别、认识自己的情绪、脾性、旨趣；②善于表达控制；③能够激励自己、战胜挫折。对人方面：①体察他人，识别他人情绪，并做出适当反应——所谓善解人意；②善于沟通，能够移情、分享；③善于欣赏、激励、感染他人。在对教师素质的要求及其研究中，过去对教师观念系统缺少重视。20世纪80年代中期，美国一批心理学家的报告中说，教师的观念会影响他们的知觉、判断，而这些又会影响他们的课堂行为。或者说，理解教师的观念结构对改进职业准备和教师实践来说是非常有必要的。③ 1990年，宾特里奇提出，观念对师范教育来说最终是有价值的心理学构成。④ 1979年，芬斯特马赫甚至预言，观念研究将成为教师教育、教学有效性研究的焦点。⑤

现在，我们已越来越意识到，教师的情感态度影响其对存在的假设，影响其价值观，影响其对教育行为的选择，使教师不仅拥有陈述性知识、程序性知识，而且拥有第三种知识，即条件性知识（Conditional Knowledge），它包括理解什么时候、为什么、在什么条件下去应用陈述性知识和程序性知识等。显然，情感—人格素质从内在方面支撑着教师的教育观念，表现为：①对个体发展的信任、尊重，对人

---

① 林崇德：《师德通览》，1180页，济南，山东教育出版社，2000。
② 林崇德：《师德通览》，1181页，济南，山东教育出版社，2000。
③⑤ 林崇德：《师德通览》，1177页，济南，山东教育出版社，2000。
④ 林崇德：《师德通览》，1177～1178页，济南，山东教育出版社，2000。

类进步的热情、乐观；②对真、善、美永恒价值的挚爱，对不同文化和生活背景差异下之相对价值的宽容；③对教育内容与方式的可接受性、效应性的直觉判断，耐心和期待。

总之，教师素质中的情感层面而不是认知层面之价值，还需要认真地加以发掘和研究。因为教育的问题最终是解决人的问题，教育中的关系主要是人的关系，而且是生命的相互创造和提升的关系。师范教育自兴起以来只面向中小学教师和幼儿教师，大学教师的培养历来并不依赖师范教育，而是主要依赖普通高校。现在补充进高校的新教师从学历上看已主要是博士和硕士，但他们几乎均未受过教师这一专业（国际社会认为其至少也是准专业）的训练，对他们能否充任大学教师并无教育素质方面的检验。由于他们的专业和学科背景，他们中相当多的人具有发展学术、从事科学研究的条件，但并非都具有从事教学和教育的条件，这需要通过教育制度，如担任大学教师者需要有教育方面的学位或经历，需要获得一定的资格证明等，加以改善。

我们预感到，21世纪的学校教育，无论是中小学教育还是大学教育将出现两个不可抗拒的特征：一是教学教育的进一步科学技术化；二是教学教育的进一步情感人文化。这是高科技社会教育文化发展的必然。为此，大学实行素质教育以及提高大学教师的教育素质从情感层面上着力十分必要。

试论当代素质教育实践的主题及其特征[①]

    20 世纪 80 年代以来，我国逐渐形成了素质教育的思潮。随着素质教育实践改革和理论研究的不断扩展与深入，人们已经创立了多种多样的操作样式和教育规范，并且一种具有社会主义现代化建设特色的素质教育理论逐步形成，尤其是江苏、上海、辽宁等地的素质教育改革成果已经对当前的教育实践产生了广泛的影响，如愉快教育、乐学教育、创造教育、生活基础教育、小主人教育、审美建构教育等。从发展趋势看，素质教育由实践经验的总结上升为一种理论的反思与建构，这是一种新教育价值观形成的必然过程。然而，目前关于素质教育的研究多偏向于性质、意义等方面的"元研究"，而揭示其实践主题和时代特征将有助于把握素质教育的发展方向，丰富现代素质教育理论的内涵。素质教育作为面向 21 世纪的教育改革的内容，其实践主题最根本、最集中地表现为对完满人格的培养和追求。本文试图结合当代素质教育实践现状，就这种实践主题及其特征做初步的思考与探索。

---

① 本文是作者与朱曦合作发表在《教育科学》1996 年第 3 期上的文章。

一、人的素质与人格培育的历史观

素质教育思想并不完全是现代化教育的产物，中国古代的"六艺"①教育、古希腊雅典的"缪司"教育（美的和谐教育）堪称素质教育或和谐人格教育思想的渊源。中国早在西周时期就提出了"六艺"教育的内容，它包括礼、乐、射、御、书、数各方面，意在求得个人文武兼备、和谐发展。以孔孟为代表的先秦儒家将此演变为对"内圣外王"理想人格的追求。古希腊不仅有亚里士多德关于"自由人"（其目的在于心灵的安顿与陶冶）的人文教育思想，而且产生了雅典的教育模式。以和谐教育与美育为人文特色的雅典教育造就了两代人之间的许多天才，如雕塑家菲狄亚斯，政治家伯里克利，哲学家巴门尼德、苏格拉底、柏拉图，悲剧诗人埃斯库罗斯、欧里庇得斯等。比较起来看，中国传统的教育思想将其视为"做人"的教育（主要是一种社会规范教育），而西方人文主义学者将其视为"人"的教育（人的个性发展教育）。这里虽有观点上的差别，但"人"都被推到了教育的最理想的地位。

自文艺复兴时期的人文主义教育兴起以来，思想家们表现出了极大的冲破唯理性主义、封建专制和狭隘的宗教教义的强烈愿望。以拉伯雷、卢梭、裴斯泰洛齐等为代表的人文主义教育思想家完全改变了教育的视角，他们不是从教育看儿童而是从儿童看教育。这一思想导致近代国内外诸多教育思想流派的出现。19 世纪以德国洪堡为代表的新人文主义思想家提出了以"完人教育"为主题的教育目标，认为"人的

---

① 《周礼·地官司徒第二》载："以乡三物教万民而宾兴之：一曰六德，知、仁、圣、义、忠、和；二曰六行，孝、友、睦、姻、任、恤；三曰六艺，礼、乐、射、御、书、数。"

自由是人的本性"，因而要尊重人的这种"自由性"，发展人的个性的独立性，使人性得到自我实现。以美国实用主义和人本主义为主要哲学支柱的现代人文主义教育深感唯科学主义教育对人的个性的挤压，面对社会公害的日益严重和人的精神生命的式微，恢复人性的呼声又强烈起来。因此，19世纪70年代西方的口号已由唯科学主义教育转变为"从科学到人"。我国近代也深受西方这一思潮的影响，从王国维、蔡元培以美立人的教育思想到陶行知的"生活教育理论"，无不显示出对人格的尊重与追求的主题。

为什么思想家们一直在探索这个教育主题？实际上，这种主题早已不局限于教育的命题范围了。柏拉图把人的非理性的心理功能如情感、欲望等一概贬为"卑劣部分"，主张用理性压制下去。然而，亚里士多德则认为，人生的目的就是要实现人固有的特性，使人的各种天赋功能得到高度发挥。情感、欲望既然是人性中固有的特性，那就应该使其得到满足并在理性指导下使其发展，唯有如此，人才是一个有美德的人。因为理性是静观的，不能单独构成美德与个性。若不借助于热情、欲望，理性是绝不能引起任何行为的，也就谈不上形成独立的人格。孔子为人格的独立形成规定了一种具有模式意义的程序，即"兴于《诗》，立于礼，成于乐"。如果说诗能激发人的德行情感体验，那么乐就能使人完成道德情操的修养。诗和乐能改变人的性情、感化人的心灵，并以此成就人的道德型人格。

思想家们要探索的是人与自然、社会的共同存在关系及人的主体地位的确立。他们要探寻如何通过教育方式或通过什么教育方式使真、善、美的品质统一于人的个性之中，造就一种超越人性而回归社会的人。这就是思想家们关于人格教育主题最本质的历史观。

二、素质教育实践主题的现代诠释

现代素质教育实践的主题表现为对完满人格的追求与培养。它从理论上把握教育理想价值的取向与儿童身心发展的内在逻辑的统一，从实践上把握教育现实与未来发展趋势的统一。它强调教育的人文精神，凸显教育主体性的人格特征，这表明这一主题试图从根本上实现教育目标。完满的人格或"人"包含着人的多层次的生命意义，只有当人的全部生命意义得以协同发展的时候，才能获得人的象征——完满的人格。也就是说，素质教育一方面要开发人的智慧潜能，体现人的功能性价值，确立人在社会实践中的主体地位；另一方面要关注人性的发育，提升人的精神境界，培养健全的人格，并促使人的自我完善。

20 世纪 70 年代在联邦德国兴起的批判教育学派，以批判为武器提出了争取人性解放的口号。他们抨击由于社会制度的原因，文明和科技的进步使人性受到了压抑与摧残。这种被异化的"单向度的人"是没有思想情感的社会工具，只有理性的适应功能而缺乏创造生活的热情。因此，他们把教育的"主体"内容规定为发展人的天性，满足人的需要，提高人的能力，引导人走上成熟的道路。1989 年，在北京召开的面向 21 世纪教育国际研讨会上曾提出三张"通行证"的观点，这种观点认为未来的人都应当掌握三张"教育通行证"。第一张是学术性的，第二张是职业性的，第三张则是证明一个人的事业心和创造力的。如果一个人缺乏第三张"通行证"，学术性和职业性方面的潜能就不能得到发挥，甚至变得没有意义。第三张"通行证"的获得绝非一日之功，它也不是用知识量和文凭来表示的。它实际上是一种人格"特质"，可以说，人的各种智能均不能离开这种人格"特质"而单独使用。上述观点都比较明显地反映出人格教育主题的价值取向。

教育范畴内的"人格"是一个整体的概念，在人格的整体构成中，自主性是起到核心作用的意识成分，创造性则显示着"人格"的生命意义。因此，"人格"不仅是指一个人的"个性"，它还包含着人的理智、情感意向、行为倾向，它是具有主体自觉意识的人的价值标识。人们可以用多种价值尺度来评判、衡量"人格"的发展水平，但无论如何，若缺乏自主意识和创造性的"人格"，这个人仍然是"单向度的人"。

我们主张的"完满人格"教育绝不是企求只通过教育或者仅仅通过基础教育就使学生达到这种至善至美的状态。恰恰相反，它注重奠定儿童做人的基础，力求通过教育的影响，促使他们逐步自觉地追求自我人格的完满。"完满"是指人格内容得到充分的发展，而不是完美无缺。因此，这种"人格"是一种有血有肉、有个性、有精神的"人格"。

当前，应试教育常常被人们作为素质教育的对立面而受到诘难。其实从理论上看，应试教育与素质教育并不是对立关系。问题在于，实践中应试教育最大的弊端就是忽视人的素质的完整性，忽视人的社会文化特征，忽视人的发展中的情感动力机制。高度发展的工业化对人的内在构成提出了偏向理性的要求。一种以传授自然科学技术知识，开发人的智力，提高社会工作适应能力为主的教育思潮很快渗透教育实践的各个领域。

由于我国的教育实践及理论研究经历了一个非常时期，在举国上下全力以赴奔向现代化的社会背景中，应试教育在一段时间内发挥了它最快捷地培养社会生产所需人才的功能。社会选拔和人才评价的程序在客观上造成了目前这种急功近利主义教育模式：一种单纯的应试教育。可见，重视人的潜能开发，重视人的内在心理结构的塑造，重视意志、情感状态在人的发展中的作用既是素质教育的基点，又是素质教育目标需达到的状态。社会越是进步，人的完整的个性塑造就越成为教育必须完成的使命。国际上曾提出过"学会生存""学会关心""学会合作"等反映时代特征的教育主题，其体现的是教育的人文性本质。然而，现代人正处在社会的多变期和转型期，人的独立性和主体意识受到了前所未有的重视，在教育上表现为对完满人格的培养，这也是当代素质教育实践的共同主题。

三、当代素质教育实践特征的初步形成

纵观目前我国素质教育的实践状况，我们不难发现，各种教育措施在内容上可以各有侧重，操作形式可以各具特色，改革的切入点可以各具标准，但其主题的体现却是殊途同归。例如，"乐学教育"以"爱、美、趣、优"为学生学习过程中的基本要素，借以调动学生自我发展的内部动力，达到全面培养学生的目的。"生活基础教育"则强调学生对全面的、全域的生活经验的学习和内化。它不仅包括对生活现象的知觉，也包括对生活技能和生活适应能力的培养，对热爱生活的情感的培养。"审美建构教育"旨在创造全方位的审美环境，从美育着手，以审美育人、立美臻人来塑造学生个性。"成功教育"则着眼于探索培养学生的创造性思维品质和优胜的个性品质的新途径。它通过学生在不同阶段和不同层次的达标性成功、进步性成功、优胜性成功的自我体验，逐步培养学生全面发展的个性。由此可见，这种主题的形成是立足于我国素质教育改革实践这块坚实的土地的。这些丰富的教育实践经验与成果不仅为这种主题的确立注入了活生生的内容，也为解释这种主题的价值及特征提供了有力的例训。概括起来说，当代素质教育在体现其主题时表现出三方面的特征：理论与应用的沟通，科学与人文的沟通，现实与未来的沟通。

第一，理论与应用的沟通。一方面看，素质教育思想萌芽于古代的育人观，现代教育科学的发展也为当代素质教育实践的进行铺平了

理论的轨道。另一方面看，素质教育实践虽然远不像夸美纽斯对中世纪学校抨击的那样"是儿童恐怖的场所"，但是关于教育的负效应（如厌学、升学压力造成的紧张或焦虑等），在教育史上虽然一再被人提及，但在实践上并未得到改变。素质教育观的形成基于的正是对这种教育实践尤其是对问题的诊断与思考。随着社会的发展与进步，受教育的条件也越来越好，但学生的学习与发展过程中出现的问题却变多了。以现有的教育功能观是无法对优越条件带来的负向功能做出令人满意的解释的。素质教育正试图通过理论与应用沟通的途径来解决这种历史又现实的问题。因此，素质教育实践表现出的首要的特征就是一种理论化的实践，实践支撑了新理论。

第二，科学与人文的沟通。素质教育实践的第二大特征是强调科学素质，体现人文精神。自工业革命以来，人们领略了智慧在改造自然中的巨大魅力以及它显示的巨大力量，因而培养人的科学素质一直占据着教育实践的主要领域。但是，当人们对自身面临的众多社会问题和人性问题进行深刻反思的时候，这种唯科学教育的局限性和薄弱之处便不得不受到普遍的怀疑。在教育理论上重建人文精神、恢复人性的呼声又强烈起来，在教育实践中表现为科学教育与人文教育的沟通整合。人在社会化进程中要受到人文化和科学化等方面的外部因素的影响。换句话，素质教育一方面要开发人的智慧潜能，体现人的功能性价值，确立人的社会意识与实践的主体地位；另一方面要关注人性的发育成长，培养健全的人格，并促使人的自我完善。我们虽然不能断言素质教育实践已经全部实现了这种沟通，但有一点很明显，这种教育正在"冲破贬直觉、反情感的唯理性的教育模式的局限"。

第三，现实与未来的沟通。任何形式的教育活动产生的效果从来都不是立竿见影的。教育的工具性目的和教育理想价值一般表现为在人的发展上注重人对现实的适应能力的培养，表现为对未来社会理想的追求以及对未来社会的预测性的适应能力的培养。因此，从这种意义上说，完满人格的培养是基础与发展的统一。素质教育的主题性特征表现为一种超前性和导向性，这是由教育活动的超越性本质决定的。社会转型期不可避免地会给当代教育带来冲击，这种影响是广泛的、深远的。当代教育没有别的选择，它只能用自己特有的模式运行机制主动地适应当代社会的发展需求和现代人的发展需求。素质教育是面向 21 世纪的教育改革的内容，未来并不是已经设定好的某种现成的教育通道，未来的教育需要探索和创造。因此，素质教育实践是立足于现实而面向未来的一种教育探索。这个特征反映的培养完满人格的教育主题既是一种立意较高的境界，又是具有普遍意义的命题。

诚然，素质教育理论的研究与实践还有待深化，有诸多本质问题（如素质的内涵）还有待进一步探讨。并且素质教育本身还是一个不太成熟的概念，它易为人所误解。一种教育主题的确立也就意味着一种教育价值观乃至教育理想的构建，它必将经历一个较为复杂、较为长期的过程。

素质教育之我见[①]

一、素质教育是当前的一个热门话题

素质教育的思想由来已久，它是人类教育活动中永恒的话题。从古代中国儒家到古希腊苏格拉底、柏拉图、亚里士多德等的教育思想中都隐含着素质教育的思想。孔子曾明确提出教育过程中"质实"与"文饰"的统一问题，荀子讲究"化性起伪"，庄子则主张质素而摈弃文饰。虽观点不一，但都是在探讨人的先天"质实"、后天环境与教育之间的关系，即如何将一块璞玉雕琢成一个真正的玉器。西方的教育至今已经历了这样一个过程：从古希腊的自由人教育，到近代以卢梭为代表的自然人教育，再到现代社会的公民人教育，一直到当代的完满人格教育。总之，关于素质教育的具体内容、目标，不同的时代不同的思想家有不同的回答。然而其最根本的东西，如寻求先天质实，寻求后天环境与教育的统一，寻求人如何在社会生活中自我成长为真正的人，则是永恒的、一致的。我们今天研究和思考素质教育，不能脱离具体的社会政治、经济、文化和思想条件，并且要根据现代科学对人的科

---

① 本文是作者发表在《江苏高教》1997 年第 4 期上的文章。

学研究的最新成果，来确定当代素质教育的具体内涵。我认为素质教育首先是一个教育理念问题。不论基础教育还是高等教育，研究素质教育，首先要从理念上、从价值目标建构上入手，而不是急于去考虑一个具体的举措。这样才可能使素质教育更为健康地发展，从而避免在理论上陷入误区，在实践上陷入盲动。

二、高等教育和基础教育的素质教育，既有共性，又有个性

无论基础教育还是高等教育，进行素质教育都要遵循其共性的特征。它有三个方面的基本特征。

第一，素质教育的内在性。素质教育强调人的内在质实，尊重受教育者的个体差异和潜能，而不仅仅是依照教育者主观、理想化的设计方案。因为现代教育理论和心理学、脑科学及神经科学的大量研究成果证明了每个人的潜能方向是不一样的，而且由于个人生活经验及体验的不同，人对学习内容与学习方式具有强烈的选择性。在市场经济条件下，教育的功利性倾向使得教育越来越外在化，人们越来越注意它作为经济发展的、个人谋生的手段，只关注受教育者掌握了多少具体的知识和技能，而人本身内心的需求、个性的丰富和谐、人格的完整等内在的方面，往往被忽略和湮没了。其实，素质教育不仅仅有促进社会发展、帮助个人谋生的外在功能，更重要的是要解决人为何而生存的问题，即促使人从学习中、从职业中、从更广阔的生活中体验到愉悦和幸福感，从而使学习变为人的一种自觉主动的要求。如此，动力也就源源不绝了。联合国教科文组织第 35 届国际教育会议总报告员查尔斯·赫梅尔在《今日的教育为了明日的世界》中，也阐述了教育内在性的观点。

第二，素质教育的基础性。对人生来说，学校教育阶段，包括大学教育阶段仍然是打基础的阶段。素质教育的基础性指的是重视对为个体未来发展奠定基础和具有支撑作用的品质的培养。这种具有支撑作用的品质具有较强的迁移性和生产能力，具有最高的活性。有了这种品质，就可以衍生出更多的品质和能力。学校教育要研究在人的不同发展阶段哪些是基础知识、基本能力和基本态度。比如，关于道德发展的要素，经人类学研究，人的道德成长最基础的材料包括羞耻心、同情心和敬畏心。有了这三种不同指向的情感材料，道德才能真正发展成长起来。同样，其他方面的发展也都有这样的基础性材料。

第三，素质教育的整合性。人的素质是一个整体，其每个部分之间具有相通性，即个体的基础知识、基本能力、个性条件、人格特征应是整合的、协调的，不是相互背离的。我们说一个人素质高时，他不可能一方面知识高深，另一方面能力低下，或者能力很强而人格卑劣。素质教育就是要培养协调发展、整体素质和谐的人，使人在知识、能力、个性、人格等方面协调一致，和谐完整。

把握了素质教育的内在性、基础性和整合性的特征，我们就可以避免一类近视的、表浅的、片面的、应景性的教育操作。

三、高等学校素质教育的个性特征要从各类素质教育的共性特征中区分出来

高等学校的素质教育要与高等学校的专业教育相统一，处理好高校专门化教育与素质教育、通识教育的关系，这一点要特别重视，头脑要清醒。高校既要遵循素质教育质的规定性，又要有高等教育的个性，以实现高等教育素质教育的目标。这首先是由高校自身的使命决定的。因为高校的根本任务是培养具有高深专业化知识技能的高级人

才，这一点是坚定不移的；但高等教育又不能仅仅停留在外在的、功利化的教育上，高等教育的终极目的是实现社会与人的共同发展。因此，高校应将素质教育主要融入专业教育之中，并做到两者兼顾，既要使个体掌握高深学问和专门知识，又要使其有健康的个性和良好的道德，能享受精神的愉快和幸福。

当然，高校的素质教育途径是多样的，但不管怎么做，都应特别强调通识性、自主性和创造性。

第一，通识性。不仅要使大学生掌握一定的自然科学知识和自然科学思维方式，而且还要使他们掌握一定的社会人文科学知识和社会人文科学思维方式。强调通识性包括不仅关注两大类知识的习得，更重视它们的共同价值取向、共同的科学精神与人文精神。强调通识性还包括学文科的注意培养一点自然科学思维，学理科的要有社会人文科学思维，两者都应培养哲学思维和历史思维。这样不仅可以使学生的知识结构、智能结构、思维结构保持完整，而且有助于个性人格的完整。

第二，自主性。如果说中小学阶段培养学生的自主性是打基础的话，那么到了大学时代，这种自主品格应趋于成熟，因为之后大学生将要进入职业生涯和家庭生活中，过完全社会化的生活。自主品格的培养有两方面含义：一是使个体在专业上有主动学习的欲望、意识和能力；二是在道德上有自主、自律、自控的能力。有了这两方面的自主，进入社会后，他们就能进行自我教育，成为对自己的素质有自我教育欲望的人，从而自尊、自爱、自强、自律。从一定意义上说，素质教育是使人对自我成长有觉悟和有能力促进自我成长的教育。

第三，创造性。创造性是人的能力、品质、个性等发展的最高标志。高等教育特定的教育目标要求应当有更好的机制和氛围来培养人的创造能力。认知科学研究表明，人的创造能力的培养要靠左右脑协调配合,同时发挥作用。而目前大学的课程设置主要侧重于对左脑抽象思维能力的培养,而对右脑的情感能力、具体的形象思维能力的开发、培养不足。我们对学习和教学质量的评估也主要局限于前者。另外,在人才观、现行思想政治工作方面,也都有一些抑制人的创造才能发展的方面需要纠正。

四、高等师范院校的素质教育在遵循素质教育共性的同时,应注意突出师范教育的特色个性

师范教育具有特殊的培养目标,是"教教人之人,育育才之才",因此,师范生情感性人格特质的培养具有特别的价值和意义。近年来,教师职业专业化的观点在国际社会中越来越明朗,教师职业的道德伦理性质越来越明显。教育工作本身具有道德伦理本性,教师不仅要传授知识,而且要培养道德个性完善的人,促使人向善。因此,突出师范生的情感人格,突出教师的道德人格十分重要。作为教师,在进行学科知识传授中,与学生建立健康融洽的人际关系,不但可以提高教学效果,提高学生学习的兴趣和欲望,从而与教师更为配合,而且这种关系本身对学生身心健康、道德成长、个性发展等都是有益的。有调查显示,在评价教师教学效果的 52 项指标中,有 32 项都与教师的情感特征有关。因此,培养未来教师——师范生的情感特质、情感能力至关重要。

与一般的知识学习不同,人的道德学习有一个重要特点,即学生在接受某种价值观念时,往往会主动靠拢、模仿和认同教师的道德人格,教师自身的人格力量对学生有一种潜移默化的作用。如果教师道德人格低下,那么对学生教育的效果便可想而知了。因此,教师情感人格特质的高低、情感交往能力的高低直接关系到教师职业的成败。

所以我觉得，高等师范院校素质教育应特别在师范生的情感人格素质的培养教化方面下功夫，使师范院校通过由特殊的校风、学风、教风构成的学校精神，来教化人、熏陶人、塑造人。

超常教育与情感发展[①]

人的感情系统会影响人的道德系统、行为系统。不能仅关怀人的认知成长，而且要关怀人的情感发展，尤其是进入工业社会后，人能否事业有成，不仅和认知有关，更和情绪相关。

一、情绪更代表生命

情绪人人皆有，超常儿童也不例外。超常儿童是指某些能力超过同龄组儿童的儿童。其智力活动的某一方面有超常的表现，但不是说超常儿童的所有能力都超过同龄组儿童。

我们应该像关注每一个儿童的情绪一样关注超常儿童的情绪。关注儿童的情感，应从婴儿期就入手，因为情绪发展比逻辑认知发展更早、更复杂，也更有带动作用。

情绪有放大的作用，所以，如果不注意情绪的调整，就不能把人的生命发展尤其是超常儿童的生命发展引向更高的层次。每个人都应该关注自己的情绪。

---

① 本文为中国人才研究会超常人才专业委员会第二届年会资料摘要。

二、超常儿童的特征及情绪障碍的表现

超常儿童的特征如下：

①情绪的自我觉察能力强。

②克制情绪的能力强。

③善于角色交换。

④对社会关系的处理能力强。

超常儿童情绪障碍的表现如下：

①不满足感。超常儿童的兴趣是非常浓厚和强烈的，尤其在某些方面尤为突出。但当得不到满足时，就会失落，就会出现情感障碍，表现出烦躁、不安或郁闷。

②不安全感。安全感是人很重要的情绪。超常儿童特别需要安全感，其中相当一部分儿童属于神经敏感型儿童。有的儿童只要通过简单的情感传递，就能得到安全感；也有些儿童需要得到认同才会感到安全。而超常儿童中，不安全感比较强烈，由于对成人世界的不信任、需求的不被满足，超常儿童就会猜疑。

③孤独感。因为超常儿童专注力较好，加之活动领域专一，很多时间和精力都用在专注的领域上，所以他的交友圈子狭小，再加上他可能会比其他孩子成熟得晚，以及与生俱来的一些问题，可能在处理人际关系问题时会有孤独感。

④挫折感。因为在某个领域上有特殊才能，但并不是在所有领域上都有特殊的才能，所以进行全面评价时，超常儿童会有挫折感。

⑤情感脆弱。过分呵护带来了依赖心理，延长了童稚期，所以超常儿童往往情感脆弱、独立性差。

⑥优越感。吹捧过多导致超常儿童产生了一种特殊的优越感，对

表扬容易接受，而当听不到吹捧时，情感上往往得不到满足。

三、促进超常儿童发展的条件

①给予超常儿童在情境认知上的支持。了解超常儿童特别是其各方面的知识水平。要有一定的吻合度。

②善于识别超常儿童的情绪。所有教育工作者都要善于识别以下几个方面的不同：识别正负向情绪的不同，以便正确应对；识别特定情绪表现的频率，超常儿童的情绪表现具有非常强的特定性，这可能是因为其情绪的发展并不是很健全；识别情绪表现强度的不同；识别持久度的不同；识别单纯度的不同；识别引发情绪的速度的不同。

③适应超常儿童的需要。这包括两个方面。第一，对超常儿童的需要一定要满足，最重要的需要有两个方面，即获得满足感的需要和获得充实感的需要。第二，对其遇到的障碍进行解决。

④帮助其建立良好的人际关系。一个人的情绪经历、经验和情绪发展最重要的依靠是人际关系的发展。人的情绪都是在人际关系中产生的，所以要对人际环境加以关注。必须通过学校、家庭和社会与超常儿童的交互作用，通过愉快地组织活动，使其达到平衡。所以，愉快教育本身是正确的，不能使不愉快的情绪持续时间过长，否则会破坏超常儿童的发展。

总之，我们要高度珍视、保护人的情绪差异，进而培养情绪智慧智能与情绪个性。培养积极、乐观、宽容的情绪个性，是一个奇妙的过程。当一个儿童超常的生物倾向出现时，我们的教育要有备而来。只要给予恰当回应，超常现象就能发生，超常儿童就能成长，人力资源就能源源不断地出现。只有这样，才能更好地支撑全球性的知识经济时代，支持中华民族的复兴。

素质教育：基于南通教育实践的几点思考①

一、素质教育在学校的中心任务始终是全面提高教育质量

就世界范围来看，提高学校教育质量始终并日益凸显为教育改革的中心与主题。就中国而言，由于社会的深刻转型和发展的不平衡，对学校教育质量的内涵以及达成方式的理解很容易被"扭曲"，并在不同程度上显现出来，导致素质教育的推进在认识上和实践上的二元对立。

当前，推进素质教育是一项复杂的社会系统工程，不仅中国如此，国外也是如此。

一定意义上讲，可以将推进素质教育的工作与实施素质教育相对地区分开来。政府要负起在教育经费投入、教育结构调整、区域与城乡教育均衡发展、制定教育的方针政策与督导评价等方面的责任，而实施和落实素质教育则主要依靠学校。

就学校而言，我们需要研究的是学校体制、制度、文化能否支持

---

① 本文是作者与陶西平在深入推进素质教育研讨会上的发言，根据录音整理。

学校的教育教学工作，还原到学生的学习过程中，即能否寻找到适合各类不同学生的教学和教育策略。

这些年来，南通教育人继承和发扬了张謇实业教育、师范教育中的深厚传统，吸纳了现当代众多的教育成果，力求兼容并包，不搞非此即彼、绝对化的二元对立，选择了适应城区与农村不同发展状况的实施策略，把多出人才与培养高素质的劳动者结合起来；既不用高考成绩代替素质教育，也不把实施素质教育与争创高考佳绩对立起来，而是聚焦于学校教育质量的提高，为我们深入思考素质教育的推进，提供了一个值得研究的区域案例。

二、重视校风、教风、学风以及教育教学、日常管理过程中的细致环节

张謇认为，"凡教之道，以严为轨""凡学之道，以静为轨"，提倡以坚苦自立、忠实不欺为准则，树立勤劳俭朴的校风。

南通教育从不敢放松学校的常规管理，认真开足、开好国家规定课程，重视教师有效的集体备课、不同学科教师之间以及与班主任之间的沟通合作，关心教师的教学反思、个人阅读与精神生活的拓展。

我们认为，在教育活动日趋社会化的今天，学校在培养人的基础学力、习惯教养方面有着与其他任何教育机构不同的独特使命和职能作用，我们应当在新的社会条件下对其重新加以认识。我们相信，只有教师在知识、能力、情感、人格方面相互支持、融合和一致，学生才可能在知识传递和师生交往的过程中听到道德的声音，受到道德价值观的影响，从而很好地实现教学和教养的合一、知识人与道德人的统整。

三、以扎实的教学和教育科研促进教师专业发展

中国近代最早由张謇创办实验小学，开启了以研究教育活动为培养小学教师重要途径的先河。

凡高质量的教育，其奥秘均在于教师的高质量，古今中外概莫能外。

现代教育活动中的教师必须经历专业发展的道路，南通人正是把教育科研视为教师专业发展最重要的途径之一。

张謇的"立学校须从小学始""小学惟在得师"的传统，多年来在南通未曾断裂。正是从小学时期就重视研究和培养人的良好的学习和生活习惯、积极的情感态度、想象力与品德，南通经过基础教育各个学段的日积月累才有了各类人才的出类拔萃。现在，南通拥有特级教师103人，江苏省首批名校长、名教师6名；拥有江苏省最年轻的基本功大赛第一名获得者和最年轻的特级教师；拥有大家熟悉的李吉林和李庾南老师等，也拥有相当一批青年新秀。

南通教育人坚持认为，素质教育的基本场所和载体是各类课程和教学活动，因此，实施和推进素质教育，必须以有效提高教育质量为中心，而教育科研则是提升办学水平和教育质量的第一推动力。

因此，他们把教育科研作为"一把手工程"，通过设立学科教研基地，以特级教师领衔做课题为纽带，组建科研集团军，培养了上万名科研骨干。

在南通，政府对教育科研无论在财力方面还是精力方面的投入都十分突出。从城区到县以及县以下，各学校对教育科研普遍充满热情。特别值得推崇的是，各学校明确树立学校教育科研必须以课为本、以师为本，源于课堂、高于课堂，回归课堂、指导课堂，并把校本教研、

科研作为促进教师专业成长、有效提高教育教学质量的重要方式和经常性工作。

这种接近教师职业生涯的教育科研对提高教师的理性思维水平、把握教育教学的现代教育理念和操作工艺是非常有利的。而且，教育科研还带动了教师的同侪互动和群体性提高。事实证明，这种回到学生学习过程与状况的研究，对于有针对性地提高学习效率，促进学生认知发展水平和基础学力的提高是切实有效的。

四、提高对学校教育规律的认识和教育管理的专业化水平

党政领导要树立正确的教育政绩观，不是仅仅把升学率作为政绩，而是把追求真正的教育质量作为政绩；不是仅仅从外在的显性指标评价学校的办学成就，而是要尊重教育活动在效果方面的长效性、滞后性、潜隐性等特征。尤其重要的是，各级组织、人事部门、教育行政部门要切实遵循《中华人民共和国教育法》的规定，赋予校长在办学、聘用教师、提拔和使用干部、制定评价与分配政策和制度等方面尽可能多的自主权，真正让有经验的校长充分施展才华、实现教育理想。

南通历届教育局局长都是优秀教师出身。他们思路清晰，思维辩证，因地制宜，实事求是；遵循党和国家的教育方针，深谙教育和管理教育的规律，珍惜和发扬南通优秀的教育传统。只有懂得教育规律的领导，才能有力地支持那些安于教育、对培养人孜孜以求的教师，才能有效地为学校和教师创设良好、公道、支持性的社会环境。

五、在文化传承与创新中提升教育的品质

在今天为实现中华民族伟大复兴而斗争的重要时期，我们需要特

别强调，教育对中华优秀传统文化中思想精髓的珍视和传承。教育是一项与文化的关系最为密切的活动，因为它需要用人类文明进步的成果维系社会的秩序和进步。为此，教育只有通过日积月累、具体的情境和教育者的个人化创造，才可能真正使其影响抵达人的心灵。

南通的教育实践生动地体现出这种文化的力量。依此看来，我们所有地区都可以利用自身的优秀文化资源来提升教育品质，实施各具特色的素质教育，而不仅仅局限于对物质条件的依赖。

当然，南通素质教育还有进一步提升的空间。比如，区域范围内的学校之间还存在素质教育发展水平的差异。那么，在继承优良传统的基础上，如何进一步领会和理解先进的教育理念，把课程改革的教育目标逐步融入已有的实践形态，还有很多的环节需要具体落实。

就全国而言，由于地区发展的不平衡，推进素质教育、提高学校教育质量任重道远。我们必须用心做教育，切实寻找适合自己的素质教育实施策略。

但无论怎样，我们追求的学校素质教育，一定是有文化品质的教育，基于悉心研究的教育，依靠教师完整专业素养的教育，坚守教育价值观引导的教育。

南通素质教育给我留下了以下几点印象。

我觉得南通教育人在推进素质教育的过程当中，理念和措施都比较领先。应该说，他们满怀激情、持之以恒，进行了一种实实在在的素质教育，也取得了实实在在的效果。

给我留下比较突出印象的第一点，就是他们抓住了人格教育这个素质教育的核心，也就是通过重视价值观的教育，重视情感教育，重视行为习惯养成的教育，来提高人的基础素质，同时把人格教育和学问教育紧密结合起来。这在目前推进素质教育过程当中是非常难能可贵的。

第二点，我觉得南通教育人掌握了素质教育的基本途径——体验与实践，高度重视创造学生参与实践、进行深刻体验的平台。这相对于原来的教育是一个很重要的变革，使得学生能够从体验当中逐步形成自己的见解，改变了过去那种以说教为主的教育方式，特别是德育方式。

第三点，我觉得南通教育人抓住了教师专业发展这个素质教育的关键。素质教育的水平高低，关键还在于进行素质教育的教师的素质水平的高低。南通非常重视师范类专业的建设。我们参观了南通高等师范学校，印象很深，觉得像这样扎扎实实地培养师资，是南通素质教育的最根本保证。同时，南通又很重视教师的继续教育，特别是在职教师的继续教育。用教师的高素质确保素质教育的高水平，这一点带给我的印象很深。

我们参观了南通中学、南通师范二附小、南通高等师范学校，但在学校的时间很短。曾经有人问我：如果给你10分钟时间参观一个学校，你最留心什么？我说我就关注四方面。第一方面是看玻璃，玻璃的干净程度体现了学校的管理水平；第二方面是看厕所，厕所的干净程度体现了学校的文明水平；第三方面，我看学校的课间操，如果所有的学生都在用力气地做，那么就说明这个学校的体育锻炼是有基础的；第四方面，听全校师生一起唱国歌，如果学生精神抖擞，那么可以说这个学校的爱国主义教育是有基础的。我在南通中学看学生做课间操，大家确实都很用力；我在南通高等师范学校听到了1000多人的大合唱，非常振奋，因为我很少听到一个学校1000多个学生合唱能唱得这么好。这确实给我留下了很好的印象。

我觉得南通的素质教育经验对全国都有借鉴意义，特别是正在进行系统的素质教育调研的时候，我们很需要这样的亮点来为推进素质教育增加一种动力。

情感·道德·素质教育①

　　从 20 世纪 70 年代开始，我就一直在思考一个问题：个体品德的形成虽然需要社会环境、舆论、规则、法律等外部力量的支持，但究竟是什么东西在人的内心持续、内发、内控地生长，壮大着品性，从而使一个人成为善人、好人、有德之人呢？我对这个问题已经想了三十多年。这也是我一辈子要想的东西。

　　品德是人的素质的核心和基石。如果把人的素质比作一个球形结构的话，那么品德便处在球心位置，它不是素质的全部，但却可以支架性地统摄全部素质。德、才两种素质类型在现实生活中是客观存在的。教育不应当培养无才无德的人，也不应当培养有才无德的人，而应当培养适应知识社会需要的才识、人品兼备的人。党的教育方针要求培养德智体美劳全面发展的社会主义建设者和接班人，《中华人民共和国义务教育法》以法律形式明确要求各级各类学校实施素质教育。当然，不能要求所有学生在所有方面都发展到最优，因为每个人都是独特的，不仅在素质发展总体水平上存在差异，而且人的素质结构的内在元素组合、镶嵌及呈现方式也存在差异。同时，学校与学校间、区域与区域间也存在差异。为保障素质教育的实施，政府下决心增加义

---

① 本文是作者发表在《中国德育》2008 年第 3 期上的文章。

务教育的公共财政投入，决定实行免费义务教育，同时，大力扶持薄弱地区、薄弱学校，促进义务教育在区域内和学校间的均衡发展。为建设和谐社会，中央和政府致力于改善制度和舆论环境，倡导良好的社会风气，并提出了明确的、基本的价值标准。客观地说，道德教育的环境正在逐渐好转。但所有外在的纪律、要求、舆论、榜样乃至法律都是从外部对人提出的要求，并不能保证最终能够解决教育要培养自主发展的生命个体的问题。诚然，个体成长需要外部力量，社会要为个体成长建立公正的、关爱的、奖惩分明的制度，这是一条自上而下、由外而内的支持道德生长的途径。但仅依靠这一途径是不够的，人的发展还需要一种自下而上、由内而外的方式，即由人自身逐渐发育情感的方式。情感对于人的发展而言是一种基模性的质料，它与生俱来，不断发育成为支持德、智、体、美诸方面素质发展的基础性、内质性材料。

　　1998 年，我在美国夏威夷参加了一场国际研讨会。那场会议的专家讲坛，一天为美国主讲者报告的"美国日"，一天为日本主讲者报告的"日本日"，一天为中国主讲者报告的"中国日"。我作为"中国日"的主讲者事先并不知道其他两国专家的报告主题，带去了题为"中国中小学情感性素质教育的理念及实践模式"的报告。日本专家的报告介绍了如何通过营养、保健、卫生保护和大脑开发，包括教会小学生借助不断咬合牙齿促使大脑分泌荷尔蒙激素，促进儿童智力和情感发展。美国加州大学的教授则从神经生理学和脑科学角度介绍了神经元活动如何影响情绪发展、情绪又如何发育成为良好情感的机制。没想到我们三个人竟然异曲同工，不约而同地认定并强调情感发展对于人的全面和谐发展所具有的基础性作用。据那位美国专家介绍，一项跟踪研究发现，从母亲怀孕 3 个月开始，如果父亲坚持每周对胎儿说两次话，那么胎儿出生后会表现出比其他婴孩更愿意与人亲近的倾向，这为一个人的社会性发展创造了最重要的生理条件。我们还知道，孩子出生后 3 个月出现社会性微笑，8 个月产生分离焦虑，1.5～2.5 岁进入秩序感、格局感的敏感期，等等。情感对人的发展到底有哪些作用呢？第一，人早期比较原始、自然的情感与生俱来。情感发展伴随人的一生直到死亡。其发生要比语言早，而消退一般要比语言晚。伴随着比较强烈的生理活动的反应，如心跳加快、血压升高等，我们多称之为情绪。情绪、情感的力量强大，既可以发挥正向作用，也可以产生负向作用，因此，我们应该支持情感的正向性功能发展，抑制其负向性功能发展。第二，在生命早期，如果有恰当的情感应答关系，儿童的正当情感需求得以顺畅表达，这种顺畅的情感经验就会带来安全感、自我悦纳感和惬意感，这是人形成诚实、善良、宽容、敦厚的品质至关重要的心理基础。第三，人与人的交往过程其实是借助情感来确定其选择方向的，即人会本能地去接近、趋向喜爱的东西，逃离、规避不喜爱的东西。道德价值观有方向性，我们进行价值观教育，表明我们并非持价值中立的立场，而是认为有一些价值观是值得让孩子学习、理解、掌握的。我们认为，有必要让孩子遵从的东西可以在儿童早期及一生中通过情感上的好恶、适应而自然地接近和趋向。引导、控制这种趋向对孩子来说是极其自然的，并且，越是自然状态下学习、掌握的东西，越加牢固，越不需要意志的特别控制。第四，由情感引发的全身性神经系统工作以及所携带的荷尔蒙能量，是推动人定向行动的内在动力。有了以情感为基础的内在定向和动力系统，便能从个体内部监控、指挥人的行为。如果这一情感活动总能与认知活动相互支持，那便能从内部保障一个人持续、自主地发展。第五，情绪、情感具有放大和强化作用。任何一种表达，如果带有浓厚的情绪和情感色彩，其带来的结果效应就可能被放大。情绪、情感具有相互感染、分享等特点，起着自我激励与激励他人的作用，也起着促使人与人相互依存、承认的作用。其激扬生命、凝聚群体的作用，实在不能被低估。

如何使不断出现的情感状态，向着良好的方向，逐步形成支持多类身心素质的情感品质呢？最基本的条件是，个体生命要处在基本的人道主义关系中，要有好的人际情感应答关系。当孩子进行情绪表达时，如果成人做出不恰当的回应，孩子就会做出退缩反应，这将对以后的教养造成困难。在我看来，比较好的情感应答有五种。第一，关爱和呵护，可以使孩子产生安全感、依恋感、自我接纳等惬意情感。第二，肯定和鼓励，有助于培养孩子敢于冒险、大胆、坚持、不怕失败的品质。第三，期待和信任，帮助孩子形成自尊、自立、自强、自律的品质。第四，严谨和严格。积极的情感应答并不是一味地迁就，而是要给孩子锻炼延迟满足的机会、耐心细致地做事的机会、体验把事情做得卓越的机会以及忍受挫折的机会。常有人误以为愉快教育、宽松教育只是给孩子带来表层的感官快乐，其实还包括经过艰苦劳动后获得的愉快。第五，容忍和宽容。父母和教师要能宽容孩子的某些错误，做到宽严得当。

积极情感的培养需要用一些方法。第一，要通过亲身感受和体验发展情感品质。人的情感不可能通过服从命令而产生，必须经过亲自经历，自己产生感受直至深刻的体验。第二，可以通过认知的发展培养情感品质。我们提出"情感性素质教育"并不意味着素质教育只能从情感入手。素质教育的模式有多种，情感性素质教育只是强调和凸显情感与道德、与素质的关系，褒扬情感的积极作用，丝毫不贬低认知的价值。而且，有很多情感的出现是认知工作之后的结果。因此，完全不能忽略儿童的认知发展。如果一个孩子认知发展不好，词汇量过少，思维表层化，那么，他的情感分化就会不细腻，他就很难用细致的语词表达细微的情感，无法体会深刻的情感，很难实现情感的独特化和个性化。所以，应当充分发展儿童的认知，通过数学发展逻辑能力，通过物理等学科发展理论思维和操作能力，通过历史获得历史感，通过语文积聚词汇、描述细节、把握人物内心。我们重视和加强德育，但一定不能把德育与智育分割开，应当强调智德统一，充分利用各门学科，发展孩子的认知，当然也要利用不同学科培养孩子的情感与道德品质，从而提升德育质量。我们相信，只要教师爱岗敬业、观念正确、方法得当，素质教育在学校里的落实是有希望的。教师应当多考虑如何使孩子喜欢学习，从学习中获得乐趣和自我价值感，从与其他孩子的共同学习中获得合作的快乐感和分享友谊的幸福感。第三，要有行动。现在孩子承担角色的机会非常少。对孩子来说，学校教育固然是重要的，但这种教育有缺陷，有许多社会性的经验需要在课堂之外的活动中获得。因此，2001年的课程改革增加了研究性学习、综合实践活动课程等，就是要通过活动扩展学生的社会性认知，增长学生的社会性经验。因为人的道德成长就是在社会经验扩展之后，对处理生活中各种关系难题有所领悟的反映。说到底，道德成长就是在生活关系中对难题及挑战的应对，由行动获得经验，又不断地把经验内化、重组，进而形成德行。

个体的情感是对外部环境、氛围的反应，情感的培养依赖外部环境、氛围的改变。为了形成人道主义关系和积极的情感应答氛围，人们需要建立社会公正制度，需要有好的学校制度包括好的学校管理。中国地域广大，需要以学校为本建立一套适合本地和本校学生特点、教师特点、文化特点的管理制度，用好的制度激励教师，建立起学校与政府之间、学校与社区之间的良好互动与联系。这样的制度需要民主地制定程序，需要校长、教师和学生的自我承诺，从而形成学校的共同愿景。在学校，校长和教师首先应是情绪饱满、情感丰富而敏感度高的人，是人格积极、好学向上的人，是追求个人精神世界充盈的人。这样的校长和教师才能感染、鼓舞学生，才能走进学生的心灵，才能培养学生积极的情感态度。教育的途径和方式多种多样，教育的时机可能瞬息出现。做一个有心的教师，做一个积极的教师，更多地去关注那些学习上有困难、情感上需要援助的学生，让孩子在情感上得到公正对待，以体现教育之公正，这也正是给渴望发展的教师的自我成长的机会和挑战。

我读了美国作者丹尼尔·平克著的《全新思维》一书。这本书向我们展示了引领未来的 6 种基本能力——设计感、故事感、交响能力、共情能力、娱乐感、探寻意义。作者认为，这些是信息时代常常被忽略的能力。他运用了人类对脑及神经活动的认识和积极心理学的研究成果，更重要的是他能面对人类生活方式的真实变化和切近需要。我想，也许他过分夸大了上述几种归属于情感范畴的能力，而且关注点在个人功用的层面。而我们讨论情感发展，由于受中国传统文化的影响，往往更侧重其对道德和全人素质的支持作用。不过，虽然旨趣及侧重点不尽相同，但他的研究仍然鼓舞了我，提高了我对情感这一研究领域拥有广阔前景的信心。我会一如既往，继续从人的情感发展入手研究德育何以改善、素质教育如何落实。我相信，教育所做的一切都旨在支持人成长，支持人从内心获得生活的意义、生命的尊严，从而保有善待他人、建设社会的激情和信心。情感，以及生活中的情感体验给予人的特殊而微妙的作用是事件性、积淀性和过程性的，无法追求短期外显性的效果和整体性的变化，因此，致力于情感教育需要耐心。也正因为这个重要特征，我们才敢说，不触及和开发人的情感资源，就很难有真正的德育、真正的素质教育。

中国教育，呼唤情感维度的回归①

一、教育，应该关注人的情感品质

朱永新：朱小蔓教授，不知道你是否注意到学校中发生的学生跳楼事件。年轻的生命之花，在瞬间就凋谢了。你也一定为那些动辄对他人施暴的年轻人的行为惊愕不已。你认为，其背后的原因是什么呢？

朱小蔓：原因当然很复杂。可能每个人的情况不同。但是，与我们的教育较多地关心分数、考试，关注学业方面的成效和成就，较少地关注人的情感培育、价值取向与心灵成长有很大的关系。

朱永新：也就是说，情感、价值观方面的关怀在我们的教育中缺位了。在中国教育界，你是较早关注教育中情感缺失的学者。20 世纪 90 年代初，我就读过你的《情感教育论纲》等著作，你不断地从教育学的立场、视角提出和呼吁重视人的情感品质，建构了从情感切入，关怀人的身心协调、创造兴趣以及道德、审美等精神发育的一套情感教育思想理论。

朱小蔓：以 2001 年基础教育课程改革为标志，课程标准中已经体

---

① 本文是作者与朱永新合作发表在《读书》2012 年第 1 期上的文章。

现出了对学生情感态度与价值观的关注，这让我很欣慰。但直至今日，现实情况却一点也不能减缓、减轻我们的担忧。应试模式的教学和育人方式依然盛行不衰。学生的创造活力不强，许多孩子对学校里的学习不那么感兴趣，学习和自我教化的内在动力不足。

朱永新：你是说，他们并没有表现出积极的情感状态，情感品质没有受到应有的重视。的确，情感状态和品质对于人的精神成长非常重要，无论是知识的真正掌握，还是心灵的丰富，离开了情感都是不可能的。清代学者戴震就曾经说过，"理也者，情之不爽失也；未有情不得而理得者也"。

朱小蔓：人与生俱来就有探索、创造的冲动，有与人联系、交流的欲望，有对秩序、格局的敏感，这是人性的潜能。它在儿童身上很容易自然地产生，而且像一个原始、完整的胚胎，具有无限分化、发展的可能。如果我们注意呵护它，它在不断学习新知的过程中分化、整合，循环往复，就会积淀为饱满的、具有生产性的精神情感；反之，就会产生负面的、破坏性的情感，如暴力、倦怠等。你这一二十年不断倡导儿童和教师阅读，我觉得，你推崇的通过阅读促进精神发育的理念与情感教育的主张是内在一致的。

朱永新：是啊，起初我写我心中的教育理想，后来我想用行动一点一点实现教育理想。我希望学生、教师的情感状态是积极的，他们对学习、工作是内心情愿的，他们是能享受到劳动快乐的，这样他们才会感受到幸福。

朱小蔓：人的情绪发生有原始自然性、早发性，对个人来说，具有很强的动力、动机性。教育要做的主要是为个人提供条件和支持。可是我们现在强加的、一厢情愿的事太多。外部人为强加的东西反倒容易泯灭和消解人性深处的一种潜能。

朱永新：问题在于，情感似乎是一个看不见、摸不着的东西。你能够从科学的层面讲一下情感发育对人的作用吗？

朱小蔓：我不是心理学者，即使心理学术界，对情绪、情感的研究也还有大量分门别类、需要长期深入研究的东西。对于教育学者，我们更多的是要不断反思和追问教育的方向、教育目的以及追求的价值取向是否端正和健康。我们需要尽可能运用一切研究人、研究社会的各类知识来丰富、改善我们的教育观。还有就是，像你，像教育学术界其他一些学者一样，通过教育实验，从教育第一线获取真实的资料来研究教育，并且用行动去推动教育的实际改变。

朱永新：你在 1989 年给情感教育下过一个定义。情感教育，就是关注人的情感层面如何在教育的影响下不断产生新质、走向新的高度，也是关注作为人的生命机制之一的情绪机制，如何与生理机制、思维机制一道协调发挥作用，以达到最佳的功能状态。后来，你又进一步明确，情感教育是指在学校教育教学中关注学生的情绪、情感状态，对那些关涉学生身体、智力、道德、审美、精神成长的情绪与情感品质予以正向的引导和培育。

朱小蔓：在国外，有个欧洲十几个国家参加的情感教育合作共同体，其倡导人之一 P. 郎给出了下述定义。情感教育是教育过程中的一部分，它关注学生的态度、情感、信念及情绪，包括关注学生的个人发展和社会发展，以及他们的自尊。法语中表述得更为确切，关注每个学生能够"Je suis bien dans sa peau"（感到身心愉悦）。我把情感教育比喻为儿童教育之根，这可以从多角度、多学科论证。仅从脑发育的根据来看，脑的发育有一定的时序。比如，0 岁开始，安全和依恋出现，日本脑科学家小泉英明称其为"心灵教育的开端"；1～2 岁，秩序感出现；2～5 岁，"他心想象"（即别的孩子是独立于自己的另一个"我"的存在）出现。据脑科学研究报告，"他心想象"所在的区域——前额叶被激活的同时，还激活了前额叶腹侧和扣带回之间的一个区域，后者与"社会认知"密切相关。也就是说，只有在"他心想象"的基础上，关于"社会"的意识才可能出现。他心想象力，人类独有。这很有意思啊。还有，人类在长期演化中，有两种记忆被保存了下来，一种是"语义记忆"，另一种是"场景记忆"。后者给人"时间"的感受，把人们带到"过去"，带来更贴近人们的私己经验。当我们进行社会认知和道德判断时，我们脑的上列部分被激活，这意味着我们有了情感方面的卷入，也可以说，社会认知与道德判断几乎总是情感生活的一部分。它们是基于直觉的智力活动。以往的教育学、心理学对其缺乏认识和重视，而更多地看重"语义记忆"、逻辑认知形态的智力活动。现在我们知道，创造性活动和真正的"理解"离不开情感活动，甚至激情。今天，脑科学告诉我们，创造性思维激活的，恰恰是自我意识、他心想象和场景记忆这三种功能所在的脑区。这些可以证明我们的教育假设，优质的情感是孕育人性真、善、美的种子。

朱永新：也就是说，情感教育并不是只关心情感、不关心认知的教育。它反对以认知发展为名，忽略、牺牲人的情感的正面的保护和建设作用。所以，我理解你主张的情感教育是对人全生命的关怀。人的生命既是感性物质的，又是精神超验的。不管怎样的生命形态，都会以情绪、情感表征出来，关注情感质量也就是关注生命质量。因此，情感教育不但不是忽略认知的教育，相反，它是从情感呵护与建设入手，达至全生命的全人教育。

朱小蔓：是的。现在认为，人类有两种认知形式，即冷认知和热认知，情感被称为"热认知"。根据前面的解释，"热认知"对道德发展必不可少，对认知发展也极其重要。当我们自觉运用情绪情感作用机制时，知识学习过程不仅作为信息传递的过程，而且伴随情感动力机制。情绪展开的过程中有一个"动量"存在，构成一个"场所"，在这种时刻，不同学科的知识与方法容易引起交融。可以设想，如果学生的情感、心灵没有因对学业的厌恶、拒绝而闭锁、僵硬，那么开放的、自由活泼的心灵便是一块可以播种并生长真、善、美人格品质的丰茂绿地。

二、新课程改革：重视情感、价值观教育

朱永新：2001 年，教育部印发的《基础教育课程改革纲要（试行）》规定，国家课程标准应体现国家对不同阶段的学生在知识与技能、过程与方法、情感态度与价值观等方面的基本要求。这是一次重要的变革。可惜我们仍然没有真正发现这次变革的意义，没有真正理解把情感态度与价值观放进教育目标的深刻含义。作为这次课程改革的政策制定者之一，你怎么看待这一进步？如何解读这一纬度的教学目标？

朱小蔓：尽管对课程改革三类目标的设定和描述，教育学术界仍有不同认识，但培养积极、良好的情感态度与价值观是大家认同的。它有助于扭转、匡正过去比较单一的、过于重视知识传递的课程功能观。各门学科在情感态度与价值观方面的目标大体包括以下三类。

第一类是期望学生产生对该学科的兴趣、爱好，对知识的好奇、惊异，以及把学习看作对智力劳动的愉快过程的情绪情感体验。这些本身就是人的积极情感品质，产生积极情感品质是情感教育的重要目标。比如，数学学科 1～3 年级"对身边与数学有关的某些事物有好奇心"；化学学科"保持和增强对生活和自然界中化学现象的好奇心和探究欲，发展学习化学的兴趣"；地理学科"初步形成对地理的好奇心和学习地理的兴趣，初步养成求真、求实的科学态度和地理审美情趣"；生物学科"乐于探索生命的奥秘"；音乐学科"培养音乐兴趣，树立终身学习的愿望"。

第二类是将不同学科中蕴含的丰富的价值观以积极的情绪情感为

表征列作目标。比如，历史学科"逐渐了解中国国情，理解并热爱中华民族的优秀文化传统，形成对祖国历史与文化的认同感，初步树立对国家、民族的历史责任感和历史使命感，培养爱国主义情感"；生物学科"热爱大自然，珍爱生命，理解人与自然和谐发展的意义，提高环境保护意识"；音乐学科"丰富情感体验，培养对生活的积极乐观态度""通过音乐学习，使学生的情感世界受到感染和熏陶，在潜移默化中建立起对亲人、对他人、对人类、对一切美好事物的挚爱之情，进而养成对生活的积极乐观态度和对美好未来的向往与追求"。它们是学科中蕴含的生命意识、生态关系、爱国情怀，是高尚的人性美以及客观、公允、严谨、求实等价值观。

第三类要求通过特定学科的内容与方法培养独立思考、批判质疑的能力，合作分享、乐于助人的精神，以及克服困难的坚韧意志等。比如，数学学科4～6年级"在他人的鼓励与引导下，能积极地克服数学活动中遇到的困难"，7～9年级"敢于面对数学活动中的困难，并有独立克服困难和运用知识解决问题的成功体验，有学好数学的自信心"等；科学学科3～6年级"在科学学习中能注重事实，克服困难，善始善终，尊重他人意见，敢于提出不同见解，乐于合作与交流"。

朱永新：是啊，我不由得想起了英国学者沛西·能说的一句话，如此众多的教育努力的相对无效性，主要是由于忽视了作为人的能量的最近来源的情感，它是教育发展的真正动力，不论在学习方面还是情感方面。课程改革设立情感态度与价值观目标，并要求统整，这给了德育、美育很大的施展空间。你主张的情感教育、我大力提倡的阅读都在课程改革中找到了具体的载体和路径。

三、德育，应该关注心灵与精神成长

朱永新：现在的德育效果不好，原因当然很多，但我一直认为在很大程度上是因为没有按照德育的内在规律，没有把阅读和游戏、儿童的交往与自主学习作为德育的重要渠道，而是过分重视外部知识的堆积、外在纪律的束缚以及形式主义的措施。我一直认为，德育，就其本质，是影响人的价值系统、关注人的精神成长，是首先做心灵上的工作的教育。

朱小蔓：我完全同意你的观点。传统的道德教育立足于教育者及其经验中体现的社会道德价值，试图通过改变价值信息提供的数量、质量、途径和呈现方式来提高道德教育的实效性，而较少考虑道德教育的过程也是受教育者学习道德的过程，较少关注学习者特有的生活境遇、已有的道德经验和自主的学习活动，因此难以真正获得对一个真实个体有具体意义的效果。学校道德教育必须转向以学习者为中心，为学生生命成长服务。

朱永新：我们很少认真思考，每个人的精神是怎样成长起来的？个体精神成长的历程是怎样的？如果把精神成长与躯体成长做个比较的话，躯体的成长更多受遗传和基因的影响，个体的精神成长却不完全依靠基因和遗传，而与后天阅读息息相关。个体的精神发育历程是整个人类精神发育历程的缩影。每一个个体在精神成长过程中，都要重复祖先经历的过程。这一重复，是通过阅读来实现的。人类的历史中有很多的精神丰碑，要超越那些精神高峰，阅读和思考是唯一的途径。只有通过阅读，通过与孔子、孟子等先贤达人对话，我们才能达到他们那个时代的精神高度；只有通过阅读，通过和文艺复兴时期的大师们交流，才能达到他们那个时代的思想境界。更重要的是，人类那些最伟大的价值、智慧和思想，都在那些最伟大的著作里。阅读，对个体的精神成长至关重要。

朱小蔓： 是啊，人的心灵成长与精神发育永远也离不开阅读。苏霍姆林斯基说过，要让尽量多的人和物进入童年时期的精神生活，造成少年教育困难的原因之一恰恰在于童年时期的情感——道德财富丧失了，而童年时期的情感——美感领域往往比较狭小而又贫乏，形式主义给教育工作带来了极大的危害，儿童和少年做的许多事情没有触及他们的内心，而仅在意识表面上爬行（例如，有时甚至连帮助残疾人和病人也变成轮流值班的"措施"，并逐渐成为用打分数来评定好坏的"课程"，很难找到比这种做法更扭曲儿童心灵的事情了）。他这里所说的要让尽量多的人和物进入童年的精神生活，并在整个少年时期在情感领域中一直保存着这些人和物的迷人的吸引力，当然包括那些伟大的图书里出现的人与物。

朱永新： 为此，我们新教育研究院专门组织专家为中小学生精心选择了一些经典的儿童著作，作为中小学生的基础阅读书目。我希望，这些精心挑选的书籍中蕴含的一些基本价值，包含和平、尊重、爱心、宽容、乐观、责任、合作、谦虚、诚实、朴素、自由、团结、专注、想象、宁静、勇气、敬畏、热忱、虔诚、感恩、纪律等，它们保持着文化的"经典意义"，将编织出一张美丽的网，呵护着孩子在漫长的旅途中保持纯真、快乐与勇气。我希望，这种经典文化蕴含的价值观不要被时下的物质文化、商业文化消解。

朱小蔓： 你们推崇的这些价值的确很重要，不能想象我们的社会没有这样一些价值观而能够构成天、地、人之间的合理关系。此所谓义与道。但这些价值观的形成都需要以一定的情绪感受和情感品质为基础、为支撑，因为情感，可以说是一个人信守价值观的标示器。

朱永新： 你是不是说，要培养某种价值观，除需要一定的知识、认知条件外，更重要的是情感？有人说，真理主要诉诸知识，而价值观主要诉诸情感。

朱小蔓：而且，其中有些情感体验和情感品种是最基础的、不可缺少的。比如，俄国文化人类学家索洛维约夫认为，羞涩、怜悯和虔敬这些基本情感，把人与低于他、等于他、高于他的生物应有的道德关系包括无遗了。超越物质的情感、对有生之物的同情和自愿服从超越人类本原——这就是人类道德生活的永恒牢固根基。道德生活一切其他现象，一切所谓美德，都可以被视为这三个根基的变式，或者是它们与人的智力相互作用的结果。索洛维约夫称它们是道德的原始材料。当然，个体的道德成长仅依凭作为类的存在而可能有的道德材料是不够的，它还需要一种支撑性的情感系统，如依恋感、安全感、归属感和自尊感等。

朱永新：教育家苏霍姆林斯基说过，人的情感是不能被命令的。情感培养，要有一定的情感环境。人与人之间交往关系是否平等，是否相互信任、友善就是重要的情感环境。人如果缺少彼此的依恋和安全感，缺少人与人交往的美好感觉，缺少爱和被爱的感受，道德的种子就不会苏醒和萌芽。人如果没有自尊，没有起码的尊严，不能获得社会认同，就不能悦纳自我，不能获得自我的同一感和整体感，内心巨大的撕裂感和冲突感将使他丧失打开心扉、与人沟通的勇气。

朱小蔓：是的。有关研究表明，所谓道德情感，是由社会性情感和认知性情感两个基本方面构成的。社会性情感由生物性的亲社会情感(主要是依恋，它由期待和爱的需要产生)，经过不断接受社会环境的挑战，积累社会经验，向更高级的社会性情感发展而来；认知性情感的生物学基础是个体的奖惩系统，人受到物质环境的挑战，不断发展认知，产生具体化了的认知感并不断成熟。在原始的社会性情感的基础上，心理支撑性情感不断发展，并进一步发展为道德情感。这是一个不断递升的过程，其中最重要的是形成一种人道主义关系，它包括爱、互相信任、尊严，没有这些，道德是很难生长的。遗憾的是，社会转型时期的浮躁吞噬了道德成长需要的那种心平气和。我们常常没有时间去等待、去玩味、去感受、去理解，我们天天都在忙着评估、追求外显效果，天天都在急于求成，要求开花结果，这恰恰违反了道德教育的内在规律。其实，道德的成长、精神的成长需要一个长期渐进、不断积蓄的过程。

朱永新：还有，人与人的交往、孩子与孩子的交往、孩子与父母的交往，以及其他社会实践活动，与阅读具有同样的价值。我们的教育较少关注到孩子们的各种交往关系，一部分学校缺少真正的游戏、戏剧、团队活动等。什么是"真正的"？我认为，是在其中可以产生规则感、角色承担意识，还有关切心的活动。公民意识怎样培养？就是要在不断扩展的交往中积累、强化。

朱小蔓：米德的研究是，自我意识（即"主我"）是和他心想象（即"宾我"）共生演化的，也就是说，缺乏与他人的交往的人不可能有自我意识。

四、教师成长，情感素质不可或缺

朱永新：现在关于教师专业发展的理论和实践，往往比较强调教师在学科知识与技能意义上的"专业性"，强调教师职业生涯必须追求专业发展。其实，我更加喜欢用"成长"而不是"发展"的概念，因为成长更多针对的是一个生命体的发展，有经济发展、社会发展等，虽然也有人的发展，但是毕竟没有那样强烈的生命感。

朱小蔓：我赞成你从生命体角度认识教师专业化。如果教师本人没有对所教学科的挚爱、执着甚至痴迷的情感，没有经常性的对胜任该学科教学的自我肯定的积极体验，那么，不但他自己是走不远的，而且也无法影响学生的情感态度与价值观。苏霍姆林斯基曾经说，在学校里，知识是不可能冷冰冰地、毫无感情地从一个脑袋装进另外一个脑袋的。他常对教师说，你不是在教物理，而是在教人学物理。这句话看似平凡，其实是他的人道主义教学观、教育观的表达。

朱永新：是啊，教育是培养人的事业。人是物质与精神的统一体，人不同于其他动物的重要特点是人的精神性。人的精神性注定了人不仅仅为了当下而活着，支撑人活着的往往是理想，而人的生命价值也往往与理想有着密切的关系。所以，一个优秀的教师，首先要有教育理想。教师走上工作岗位以后，必须为自己设置一个一生为之奋斗的目标。一个优秀的教师，应该天生不安分、会做梦。对于一个优秀的教师来说，教育的每一天都是新的，每一天的内涵和主题都不一样。教师只有具有强烈的冲动、愿望、使命感、责任感，才能提出问题，才会自找"麻烦"，也才能拥有诗意的教育生活。诗人是要有灵感、悟性和冲动的。真正的教育家也应具备诗人的品格，永远憧憬明天。冲动停止，教育就会终结。当生活没有梦时，生命的意义也就完结了，教育就没有了意义。

朱小蔓：你还是那样充满激情，充满理想主义的情怀！你带领的新教育实验团队里的成员，还有我这些年因推动情感教育结识的不少教师都有这类情感性特征。另外，教师的情感交往、应答能力很重要，教师的情感观察能力、情感敏感性、情感理解与表达能力也很重要。这些既有技能技巧性的，更有来自人文素养本身的。

朱永新：我们都是理想主义者。我记得你在一个读书会上说，"人活着太需要支撑我们生活的东西，太需要给予我们每一天的生活鼓励和依据的东西，所以我们需要寻找自己为人做事的原则、信念乃至方式"。对教师来说，这个"支撑我们生活的东西"，这个"给予我们每一天的生活鼓励和依据的东西"，不就是我们的教育理想和信念吗？

朱小蔓：是的。我们经常把理想信念看成虚幻的、脱离实际的东西，其实它本身是人的情感态度与价值观的一部分。只有用实实在在而又丰满的情感支撑起来的价值观才是比较稳固的、具有人格魅力的。

朱永新：随着课程改革的推进，已经有越来越多的人认识到情感态度与价值观的作用，赞同三维目标及其统整的课程改革理念；但是，对于情感态度与价值观在教师成长过程中究竟如何发挥作用，以及其在具体的教学实践中如何运用，还缺乏清晰的了解。其实，情感态度与价值观的目标并不是游离于教学活动之外，生硬贴加上去的。

朱小蔓：是的。这一目标的实现就在教学活动之中。首先是教师本人要对所教学科有挚爱、执着甚至痴迷的情感，有对胜任学科教学的自我肯定的积极体验，这对学生有情绪感染与教育作用。教师不仅通过其知识传递真理的力量，而且对学科深爱的情感伴随其生命能量具有信念的力量。

朱永新：对！我们的新教育实验就明确提出，希望我们的教师成为汇聚在知识篝火边的一群探索者。没有这样的精神，是难以真正让知识复活的。更为重要的是，这些知识本身不是游离于情感之外的。数学家、教育哲学家怀特海说过，价值镶嵌在事实之中。优秀教师往往也以其知识学养背后的情感与价值观吸引着年轻人。

朱小蔓：也正因为如此，教师应该敏于发现与捕捉、善于挖掘与主动建构学科知识中广泛蕴含的具有情感教育价值的内容，结合学科史实与栩栩如生的人物进行延伸和拓展性介绍，将其自然而艺术地呈现与表达出来。那些富有价值含义的传递不仅是客观陈述的、说明性的，也是叙事性的、人文解释性的，富有个人感情色彩，特别吸引人。对于教师而言，它们已不仅是学科知识，也不仅是一般的教学法，它们可以归入斯坦福大学舒尔曼创造性地概括出的"学科教学知识",也可以归入格罗斯曼分类的教师个人化的教育知识。教师的这类能力,与个人的价值观相关,与其生活史、阅读史以及道德悟性相关,其获得需要一个积累、修炼的过程。

朱永新:是的,教师应该以多样化的教学活动过程,创造对学生有意义的、具有情感色彩的、大大小小的教学事件。如何把日常的教学活动变成生动活泼的师生共同探索过程,如何在教学过程中让带来愉悦的发现、充满智慧的挑战成为师生共同的庆典,是好的教育必须努力追寻的目标。我们新教育人一直在追寻这样的目标,努力让知识、生活和生命融为一体、深刻共鸣。

朱小蔓:我关注到了你们的实践。我认为你们正在用自己切实的、不断创造的行动撰写一本中国的"实践教育学"。的确,知识,只有与生活、与生命产生深刻的共鸣,才能够成为学习者自己的东西。此外,教师对教授学科的方法、方法论娴熟,让学生学会不同学科的学习方法,也与培养人的情感、价值观相关。因为不同学科具有某些特定的认识论和方法论,学科本身固有的规则、纪律即构成不同的、特殊的对秩序与规范的约束和训练,学生经历这个学习过程本身也是一种情感、意志的训练,是道德价值观教育。

朱永新:我注意到,你把学习活动中积极的情感分为两类。一类在与操作对象的互动中产生,比如说由学习引发的兴趣、快乐,独处的宁静,自由支配学习方式的从容,学习成功的愉悦等;另一类在交互性的学习活动中产生,包括学习者同伴之间的合作顺畅感,包括同情、移情、分享、尊重、宽容,也包括对他人的关爱、接纳、助人、利他等。你认为这些情感内容对于学生的发展具有何种作用?教师应该如何积极引导呢?

朱小蔓:学生在学习过程中产生的这些情感,是指向和谐、公正的社会秩序最为重要的仁慈与正义这两类基本情感品质的重要来源，千万不能小视啊。传统课堂中教师主讲、学生齐练的局面现已有很大改观，自主学习有助于个人自我感的增强，合作学习则有助于社会认知感的增强，这对培养现代公民素质很重要。课程改革重视学习者的主体作用，但不意味着放弃教师的引导，这一引导作用不仅指知识、技能意义上的，而且还在于调动情绪和兴奋中心，引发学生的学习"注意"，尤其是使其产生对学习对象的"重要感"体验、对自己的"有力感"体验，从而出现身心投入的情感状态。当然，学习过程中同时也会有冷漠、倦怠、无助、焦虑，甚至恐惧等负性情感出现。它们既可能随着知识传递过程产生，也可能随着教学的活动组织及人际应答过程产生。因此，教师的情感交往应答能力很重要，教师的情感观察能力、情感敏感性、情感理解与表达能力也很重要。这些既有技能技巧性的，更有来自人文素养本身的。

朱永新：新教育提倡做幸福教师，幸福感的产生固然需要客观条件，但最终只能在职场中通过自己的调整、锤炼而获得。教师重视自身情感品质提升很重要。在推进现代学校制度、实施课程改革的背景下，我们提倡新的学习方式，重视学生自学、先学，以学定教，就需要更多采用师生、生生间的讨论对话，就需要教师善于尊重和倾听学生的意见，具有民主精神与敞亮的人文情怀。

朱小蔓：由于课程不再是静态的，知识也不是既定的，教学过程是师生相互学习的过程，我觉得，教师个人充满开放性，以及持有坦诚、真实、自然谦逊的情感态度更受学生欢迎。教师自我不断学习、终身学习的积极心态也显得更加重要。

朱永新：今天，随着中国中小学教育的普及，我们需要为每一个孩子的成长提供适合的教育，加上人口流动，学校中学生人群结构的异质化加剧，教师应具有关爱、关怀、仁慈、公平、正义的情怀也成为时代新的呼唤。

朱小蔓：很高兴我们能在情感态度与价值观这个话题上有许多共识与共鸣。教育的情感与价值观问题确实非常重要。

朱永新：希望有机会我们再继续讨论。

走向共生的和谐教育[①]

　　江苏省无锡五爱小学开展和谐教育研究历时 20 多年，无论是在提升育人质量、促进教师专业发展，还是在培育学校文化等方面都取得了令人瞩目的成绩，形成了具有本土特色的比较完整的小学素质教育模式，成为无锡市乃至江苏省推进素质教育的一个品牌。

　　我和我的研究团队自 1993 年起因为和谐教育与五爱小学结缘。尽管这些年间中国基础教育的实践主题和精神气质发生了巨大变化，但五爱小学对和谐教育的探索从未中断，其对和谐教育的那份执着、坚韧、热情、勇气，不跟风、不骑墙、不保守、不气馁的精神，时时激励着我们追求教育的本然、本性、本真。

　　回首 20 世纪 80 年代中期，当时中国的基础教育一方面出现了片面追求升学率、"千军万马过独木桥"的现象；另一方面，随着改革开放后国外教育思潮大量涌入，广大教育工作者思想活跃，各种素质教育实验开始悄然兴起。在这样的背景下，上海、无锡、南京等地的一批小学大胆开展各有特色的教育教学实验，五爱小学的和谐教育研究就是其中一例。五爱小学的和谐教育实验最初是在苏联教育家苏霍姆林斯基倡导的"为着人的和谐发展"教育思想的影响下获取灵感、汲取

---

① 本文是作者发表在《江苏教育研究》2012 年第 15 期上的文章。

养料、产生精神共振的，因而实验伊始就敏锐地抓住了教育最本质的东西——以人为本，站到了时代的最潮头。与此同时，五爱小学不断与时俱进，应时代挑战，思考和谐教育与本土文化的关系、与现代语境的关系、与全球视野的关系。正因为站位高、格局大，所以五爱小学前后四轮的和谐教育实验，主线清晰，主题步步深入：从和谐师生关系发端，进而关注儿童和谐身心的培育，再而研究差异中的和谐共处，直至探索师生道德发展共同体的构建。通过这一系列理论思考、经验打磨和实践积累，五爱小学和谐教育的特色不断彰显，模式逐步完善和成熟，为我国素质教育研究做出了贡献，提供了有力示证。

第一，五爱小学对和谐教育形成了自己独特的理解。

我们通过梳理思想史发现，"和谐"在西方文化中主要是一种审美理想，在东方文化中更多是一种伦理理想；柏拉图以来的西方人将"和谐"局限于讨论身心关系，孔子以来的东方人则更多地关注人与人、人与社会、人与自己的关系和谐；西方文化语境中的"和谐"较之东方文化语境强调动态的生成过程要多一点。五爱小学的和谐教育研究从一开始就以开放姿态融汇东西方文化：坚持以人为本、以学生发展为本的价值原则，不是将教育中的和谐简单局限于"小我"的身心关系，而是从大教育观出发，强调教育中各主体间关系的和谐；不是简单地强调教育结果的和谐状态，而是将教育中的和谐理解为有差异的主体矛盾互动、共生共长的过程；教育中的和谐既是一种教育美，又是一种伦理善。五爱小学不是将和谐教育停留在纸面，束之高阁，而是让它面对当代学校教育的现实问题，在解题中得到丰富、完善和发展。概括其实验成果，我们发现，当代中国的和谐教育应当包含三个基本元素。一是"人"，这是和谐教育的基本活动主体，它应当包括教育的双方，即教师和学生。和谐教育要以人为本，服务于人的发展，促进有差异的个体在既有基础上获得最大可能的发展。二是"学习"，这是和谐教育的基本活动形态，它也可泛指教育中所有可能产生教育意义的活动。教育的一切都是为了促进人的学习，保障人的学习。没有学习的教育是死教育，只有最大程度地激发学习潜能，实现和谐才有物质基础。三是"关系"，它包括教育中可能包含和涉及的诸对关系。中国的和谐教育一定要立足关系的视角来讨论，没有关系就没有平衡、双赢、美感等可言。和谐教育必须在诸对关系中、在对关系的处理中才有可能实现。据此我们可以说，五爱小学经 20 多年的实践初步形成的有当代中国特色的和谐教育模式，是在继承、借鉴历史上关于和谐的教育思想基础上所做的尝试性超越。

第二，五爱小学的和谐教育实验为素质教育研究做出了贡献。

五爱小学的和谐教育实验自始至终都在致力于探索实施素质教育的基本方式、途径。经 20 多年一步一个脚印地不懈探索构建的融合性的文化模式、本土性的实践模式、合作性的科研模式就是五爱小学对素质教育研究所做的贡献。

首先，五爱小学的和谐教育实验从最初就触碰到了教育的根本性问题——文化冲突，包括校本的五爱文化与和谐文化的关系、中外和谐文化传统的关系、传统文化与当代新文化的关系等。五爱小学以文化包容的态度，去粗取精、去伪存真，既不教条地把不同文化分成三六九等进行机械取舍，又不一味迎合，而是从学生发展需要、从教师发展需要、从学校发展需要出发，立足现实问题，理性应对时代挑战，使对和谐教育本质的理解融合了各种文化，包括联合国教科文组织提出的现代教育的四根支柱之一——"学会共处"思想，以及学习共同体思想、"五爱精神"等。这种融合性的文化模式启示我们，实施素质教育要坚持"三个面向"，采取文化包容、文化理解的态度，在包容和理解中追求自己的价值取向，实现教育的返璞归真。

其次，五爱小学的和谐教育实验不仅有思想蓝图，而且扎根校情、区情，是实实在在做出来的。任何一种教育实验，离开了问题的土壤，离开了教师的参与，都不可能成功。中国地域广阔，教育生态和发展水平参差不齐，因此，即使在一些地方已经证明是有效的教育经验也不可能简单地从甲地移植到乙地。教育改革中必须坚持实事求是的唯物主义态度。正因为如此，素质教育研究更应当鼓励各地各校有条件地创造属于自己的改革经验。在此基础上，进一步鼓励实践工作者与理论工作者的情感、态度、知识的结合，这样方能使得素质教育的典型经验在一定程度上清晰化、理性化。五爱小学乃至江苏省几个重要的小学的素质教育模式形成的历史再次启示我们，本土性实践和理论反思的有机结合，是推动素质教育研究高质量发展的基本模式。

最后，五爱小学的和谐教育实验以苏霍姆林斯基为行动榜样，坚持教育为了人，为了人的教育，发展学生，发展教师。所以，五爱小学做研究从来不是为了发表论文或争取某个级别的课题，而是将研究当作教师专业生命的根基。五爱小学的研究从来都不是闭门造车，不是夜郎自大，而是始终与教育科研工作者紧密合作，从第一轮到第四轮都是如此。在这种科研方式中，没有谁是主角、谁是配角，而是从问题研究本身出发，各自发挥专业优势，共同贡献专业智慧。现在的教育知识观启示我们，对于教师和科研人员而言，不存在谁是知识的创造者、谁是知识的绝对享用者。只有一线教师和科研人员紧密配合，才有可能创造出新的教育知识。借助和谐教育实验，五爱小学培养出了两名特级教师和一大批骨干教师，同时，也为中国素质教育模式理论成型贡献了重要的教育经验。

第三，五爱小学的和谐教育研究在当前条件下面临新的挑战。

进入新时期，五爱小学的和谐教育研究面临新的挑战和机遇，需要不断创新思维方式、实践样态、信念系统。伴随着 20 多年的努力、两代人的心血和智慧，五爱小学将在传统与现代的"挤压"下走向新阶段。

一是随着《国家中长期教育改革和发展规划纲要（2010—2020年）》的颁布与实施，如何实现义务教育阶段的均衡发展？如何保障教育公平？如何稳步提高教育质量？这些新的问题要求和谐教育研究做出回答。江苏省作为经济发达地区，在实现"两个率先"的历史进程中对基础教育提出了新的任务和使命。让每个孩子都能上好学、好上学，实现教育的精细化、品质化发展应当是当前亟须考虑的重要问题。五爱小学在实施和谐教育研究的过程中积累了小班化教育的丰富经验，希望五爱小学能在可能的条件下深化研究，将小班化与和谐教育思想紧密结合起来，创造出新的教育经验。

二是五爱小学以"五爱"立根。如何在继承革命传统文化的基础上，既坚持社会主义核心价值观，又适应时代要求，积极应对多元文化挑战，将五爱文化发扬光大？这是当前和谐教育研究中另一个重要问题。和谐教育以人为本，这是符合社会主义核心价值体系要求的。既要坚定以国家意志统领社会主义教育的决心和信心，又要在复杂多变的国内国际形势下，兼容多元文化中的共识性价值元素，有力地影响当代青少年的价值观。希望五爱小学能在这方面探索出一条新的实践道路，创造出一种新的实践模式。

三是任何一种教育实验都是有时代性的。如何将和谐教育研究凝结的精神在新一代教师中传承，让和谐教育不停歇地走下去，常做常新？这就需要一代代教师精神的接续。相信已经融入教育文化血脉中的追求是不会被轻易磨灭的，相信"五爱人"有足够的智慧将五爱文化薪火相传。祝福五爱小学！

叩问诗性教育

——对诗性教育与情感教育关系的思考^①

近年来，江苏省苏州第十中学校（以下简称苏州十中）的办学实践被喻为"诗性教育"，这是国内第一次将一所学校的整体教育实践概括为"诗性教育"。

苏州十中的诗性教育是师生员工创造出来的一种生动活泼、富有诗意的教育形态，它满足了中学生对诗性生活的渴求，释放出青春少年创造与审美的生命力量。我感受过这所学校的建筑文化与人文文化，古典园林的传统典雅与现代少年的书生意气浑然相映。相信这种诗性文化对于应试模式的教育来说是一种积极的抗衡力量，也相信诗性教育是十中人对教育本质的一种读解方式，是对当代教育中的情感缺失做出的有力补正。

一、诗性教育的基础是情感

情绪、情感是人类精神生活中最重要的组成部分，是人类经验中最亲近的体验，也是人类行为中最复杂的感受。情感作为人的一种感

---

① 本文是作者发表在《中国教育报》2013 年 11 月 22 日上的文章。

性表达形式，在人的生命及成长中具有优先性。它的发育、使用相比于理智更早、更强大。在生命早期各种关系中形成的情感倾向或曰情感反应模式，成为日后道德审美与创造情感及人格的重要基础。

看不到情感的这一优先与基石作用，不恰当地强调理性、逻辑的重要，会导致人的畸形发展。多元智能理论提出者加登纳研究发现，当一个人的感性经验没有积累到足够强大的时候，如果过多地运用逻辑认知，那么他的感受能力会下降。达尔文也曾谈到，他写作《进化论》最大的损失是，艰苦的脑力劳动使他没有时间听音乐、看小说，完稿后，他感觉自己在道德和美学方面的敏感性下降了。

因此，保全了情感，便保住了珍贵的生命之源。具有情感素养的教师，善于调动学生的全部感觉器官进行学习，也能够觉察学生的情感反应，并把这种时刻变成教育契机。相反，如果我们过分强调逻辑、理智，忽略人的情感状态、情感表达，忽略那些有正面价值的情感的生长和积累，教育就不可能培育出功能完整的脑，更不可能培育出个性完整的人。苏霍姆林斯基在 20 世纪 60 年代就不断强调，情感的培养并不是局部的、狭隘的任务，而是儿童道德面貌形成过程的本质。情感教育在今天的中国教育中亟待加强。

如何保护和培育儿童正面、积极的情感，锻炼他们应对人生的情感能力？作为情感教育的一种实践形态，诗性教育有自己的回答。

二、诗性教育在学校教育中的自然显现

苏州十中的教育实践之所以被称为诗性教育，在我看来主要有以下几个理由。

一是诗意校园，这是诗性教育的空间表达。

这所学校位于苏州织造署的旧址处，保持了苏州园林的风貌。校

园里有灵石、清泉、古井，亭台楼榭多以校史上的人物命名，季玉厅、元培楼、时璋楼、璀廊……被誉为"最中国的学校"。庭院深深，曲径通幽，美石奇崛，景致有限而境界无穷。诗性教育，就是在这样一个空间里展开的。

二是诗意的学校文化，这是诗性教育的文化逻辑。

这所学校的学校文化，承继着学校百年的历史文化。清朝末年，王谢长达以"进德修业、面向社会、发展个性、培养能力"为理念创办该校。后来，校董蔡元培的"以美育代宗教"，校友费孝通的"文化自觉"，也深刻地影响了学校的办学理念。根植于时代土壤，学校又锤炼出新的教育理念。比如，追求"质朴大气，真水无香，倾听天籁"的文化精神，追求"本真、唯美、超然"的教育内涵，秉持"以生命为本"的教育生命观，提倡"以校园的每一天成就每一个师生的本色人生"，倡导"不圈养每一位教师""以诗心化育学生"的师生观等。

三是诗性课程和审美课堂，这是诗性教育的主要载体和绽放之地。

在学校教育中，课程意味着育人目标的具体实现方式，意味着基于育人目标的知识及方法选择。课堂是实现育人目标的主阵地。校长柳袁照提出"审美课堂"，就是要教师力求在一种回归自然、返璞归真的状态下教学，使学生不知不觉地进入学习状态，进入"化境"去探求知识、发现真理、体验愉悦。

我从20世纪80年代中期开始研究道德情感、情感教育。随着时间的推移，我越发觉得情感教育之重要，以及它在现今教育中依然严重缺失。所幸21世纪初，情感已明确成为体现课程完整功能观的"三维目标"（情感、态度、价值观）之一，中小学各门学科都要努力实现对学生情感、态度、价值观的影响。其中，语文学科尤为显著；历史、音乐、体育、美术等都富含情感及价值观教育的养料；数学、物理、化学、生物等理科课程及教学其实也并不枯燥，无论是内容，还是教学方法，都可以做到科学与人文的融合。唐代诗人王维的诗句"大漠孤烟直，长河落日圆"就是极好的例证，画面很美，且涉及线条、角度、圆和切线等数学知识。如果学科教师能够用故事、人物、诗歌、画面唤起和充盈孩子的正面情绪、情感，逻辑、理智就不会抑制他们的感觉能力、感性能力、情感能力。教师本人对学科的兴趣、热爱和执着的情感也会奇妙而深刻地影响学生的情感。

四是诗人校长，这是诗性教育的思想灵魂和领跑者。

校长是一个学校的灵魂，在很大程度上决定着一所学校的发展方向和办学品格。柳袁照是一位诗人，诗人总有一种诗化世界的冲动，诗人的思维方式是一种诗性思维、诗性智慧。这种思维把生命定格于一个个意象，凭借意象表达情感、寄托理想。校长、教师和学生一起写诗、咏诗、论诗，可以想见那是一种怎样的情感濡染。柳袁照的诗人气质和诗意风格使学校文化具有浓厚的审美意趣，产生浸润、涵养学生积极生命的教育功效。

三、诗性教育与情感教育的关系

教育本真的缺失必然导致人性和精神世界的贫乏。贫乏，可以由诗来丰富。德国哲学家谢林说，不管是在人类的开端还是在人类的目的地，诗都是人的女教师。

诗性教育希望唤起生命的灵性，希望与那种忽略感性、忽略生命真情的教育形成一种抗衡。这与情感教育是一致的。

首先，诗性教育张扬情感的价值。

诗性教育与情感教育一样，张扬情感的价值，以情为本。诗歌王国的建构法则是情感，诗歌尽情挥洒情感，引发、调动人的情致、情愫，给人留下深刻的情感性记忆，那里有着优美、高尚情操的种子。

当然，在人的成长中，理性很重要。正是情感与理性的相互支撑和交融，才使幼小的生命成长为有美善情感并富有理智的人，健全、活泼的人。诗性教育和情感教育并不贬低理性反思的作用，只是反对刻板的、冷冰冰的理性。德国哲学家诺瓦利斯说，人们通常称之为理性的东西，不过是理性的一个浅薄而且乏味的类别。他呼唤一种醇厚的、火热的理性，而这种理性会出现在诗人身上。

因此，在过分追求逻辑化、程序化、标准化的时期和场所，诗可以作为一种抗争力量，使理性和感性、理智与情感获得平衡，成为人性完整性的绿洲。

其次，诗性教育尊重生命及生命体验，以激发学生的生命活力为旨归。

诗总是具象的，充满画面感，具有诗情画意，引人同感、共鸣。诗讲究节奏，诗的节奏与生命的节律有共振和契合之处。当诗引导人去体验生活时，人的生命一定是在场的。诗活化、光鲜了人的生命之感，诗涵养生命之源。青少年时期是做梦的时期，是生命力最旺盛、最自由、最需要释放的时期。这个时期施以诗性教育，它就是生命情感教育，是青春生命的保护神。

再次，诗性教育激发、涵养人的想象力和创造力。

想象和情感一样，是诗性王国的建构法则之一。诗的表达手法多种多样，诗人大量运用隐喻、比附、拟人、倒装等，使诗充满浪漫的想象。在古希腊，诗人与创造是同根词。现代脑科学和心理学不断证明着想象与创造之间的关系。钱学森曾说，他每一次重要的发现都是先有灵感想象的画面，之后才有细密的逻辑论证。"钱学森之问"实际上是对现行学校教育压抑了学生创造性的尖锐批判。

在青少年最有想象力和创造力的时期，教育必须为激发、保护他们的想象力和创造力做出努力。诗性教育因其张扬诗的想象与创造，对目前学校教育在培养创造性方面的缺憾，是一种重要补救。而这也是情感教育的旨趣之一。

最后，诗性教育是一种超越功利的审美教育。

诗人是时代最敏感的触角。诗人郑愁予说，诗人都有群居的性格，诗人的本质是关怀别人，诗应该为柔弱的人群而写。诗人不会在意自己名声的扩大与利益的增长。

是的，诗性之心超脱日常生活的平庸，摆脱物质和眼前利益的羁绊，使自己处于一种融入了道德要素的审美境界，呈现出独立不羁的人格状态。因此，诗性教育能成为超越功利的教育、不受利益驱动的审美教育、追求"本真、唯美、超然"的教育。学校教育要还原它原初的使命，即构建好的生活、好的文化，帮助学生建立科学的人生观和价值观，培养他们面对社会、面对生活、面对人生必要的、超然脱俗的情怀和态度。

柳袁照在《岸边的小舟》一诗中说："走过梦想/走过绝望/走过朝阳与夕阳/我们每个人/都会在自己的世界里/找到丢失的形象。"陶行知当年告诫人们，"千教万教，教人求真；千学万学，学做真人"。诗性教育追求本真的教育，希望成就本色人生，是对功利教育、功利社会的抗争。这个时候，需要一点堂吉诃德的精神。即便明知是"与风车作战"，也要勇往直前。

情趣教育：一种有意义的情感教育探索[1]

　　20 世纪 80 年代初中期以来，如何面对严峻的应试倾向，促进学生的全面发展，一直是我国基础教育改革和学校实验的重点及难点。其间，相继有一批小学重视并发掘情感要素的教育价值，取得了较好效果，形成了各自的办学特色，我们曾将其统称为"富有中国文化特色的情感教育模式"[2]。2002—2014 年，四川省大邑县北街小学（以下简称北街小学）经过三任校长的接力，逐渐孕育、提出并发展起来的情趣教育，可以被认为是第八次基础教育课程改革背景下一种有意义的情感教育探索。我们认为，北街小学提出的情趣教育是有其时代针对性的。它看到并且承认情感的本体价值，是对忽视情感和感性的作用、忽视"人"的教育的审视和批判，希望彰显情感在人的学习生活以及生命成长中的价值；它肯定儿童的生性活泼、率真、多样、自由，反对呆板、僵化、单一化、标准化和过于偏向成人意志的做法，希望追求比较真实和自然的教育；在此基础上，它肯定积极、正面的情感经验对于人的生活品质、生命的意义。从关注人的情感品质、关注人内在的心灵成长的角度来认识和理解情趣教育，对于新一轮基础教育课程

---

① 本文是作者与钟晓琳合作发表在《中国教育学刊》2014 年第 4 期上的文章。

② 朱小蔓：《情感德育论》，105～109 页，北京，人民教育出版社，2005。

改革中学校进行教育反思及进一步的探索具有积极意义。

一、情趣对人的发展的价值

从教育角度看，"情趣"包含两个重要方面。一是"情"，具体指性情，它有性向和性状，是一种率性、率真之情，发自人的情绪情感秉性与智力性向；二是"趣"，不仅指兴趣、乐趣，而且指趣味、口味、兴味、兴致，可以通向鉴赏力、判断力。因此，"情趣"既与人的遗传基因、生命本能中的情感与智力有关，也离不开后天的教化、调理。具体来说，情趣对人的发展的价值体现在以下三个方面。

第一，情趣是生命的情绪现象。情绪作为个体生存与适应社会的工具，是生命最早发育的部分——婴儿从种系遗传中获得的先天情绪，通过与成人的应答反应逐渐分化、发展。例如，婴儿 3 个月出现所谓的社会性微笑；8 个月出现分离焦虑；1~1.5 岁人际联系感增强；2.5 岁左右出现所谓的秩序感，对整体格局特别敏感而有兴趣；等等。[①] 在情绪心理学中，快乐和兴趣被认为是人最基本的正面情感，它们伴随人的感知觉，发育很早。国外曾有一项科学研究，母亲怀孕 3 个月后，父亲每周对胎儿说两次话，17 年后的跟踪调查显示孩子的人际联系感比较好，因为 3 个月时胎儿的砧骨、镫骨、锤骨等基本长出，此阶段外界的声音会对胎儿有听觉刺激。现代脑科学研究发现，当脑内分泌一种叫作 5-羟色胺的化学介质时，人就会呈现出感兴趣、愉悦、快乐的兴奋状态，这是一种人皆以其为美好的感觉。可见，情趣首先是生命的一种很好的情绪感觉，这种感觉伴随快乐、兴趣、舒适、惬意等情绪情感。它是人的生命成长、精神发育的重要基础，小学阶段

———————————

① 朱小蔓：《情感教育论纲》，10~23 页，南京，南京出版社，1993。

的儿童，尤其是 10 岁以下的儿童特别需要这种具有舒适、惬意感觉的情绪情感，因为他们的神经系统发展还较弱。

第二，情趣是个体的情感反应倾向。情趣作为一种趣味、旨趣、鉴赏口味，是个人的、主观的，它是人在情感喜好上的偏向，也是人的情感反应和认同的模式，柏拉图称之为"心灵的习惯"，亚里士多德称之为"情感反应模式"，透过情趣可以窥见人的生命意趣、生命状态。人的早期情感反应模式会影响神经元活动的方向性，也关系到神经元活动结构是否良好。脑科学研究发现，3 岁幼儿的神经突触数量已与成年人基本相当，但神经突触需要在发育过程中形成具有一定方向性、结构性的神经网络。这个神经网络在学习和接受教育的过程中不断得以调理。由于情感反应模式与神经元及其网络构建之间具有相互支持、相互形塑的作用，人的身体、智力、情感、精神乃至个性发展都有赖于情绪情感活动的状况。因此，情趣的培育关系到儿童的情感与精神品质。从教育角度看，我们应当十分关心孩子在生命早期听什么声音、看什么图像、做什么事情使得他们产生兴趣，关心孩子与接触的人之间构成了怎样的情感应答关系。

第三，情趣也是一种价值性情感。情趣涉及对象与人的关系，它是带有价值判断的，它昭示人的价值选择，显现人的价值观。从这方面说，情趣既属于情感范畴，也属于美学范畴，隐含着对现实审美属性进行情感评价的能力。情趣不仅关涉引发对象的形式，也关涉其具体内容。例如，彰显真善美的人物和事件、美的画面、激动人心的场景等，容易给孩子留下深刻或温暖的记忆。由于一切文化现象及文艺作品都有美与丑、精细与粗糙、高雅和低俗之分，情趣也有价值属性和不同的价值取向。因此，从教育立场看情趣，其有自己的价值立场、态度和一定的价值追求方向。尤其在小学阶段，引发儿童的兴趣很重要，但是用哪些内容让儿童产生兴趣，需要教育者的用心选择。

总的来说，一个人在早期形成怎样的情感反应模式、认同模式对其长远的价值认同、审美意趣影响至深，这是一个人心灵成长、精神发育的过程。然而，并非每个孩子在家庭以及周边环境中都有可能受到美善教育，学校需要尽力承担起自己的责任。

二、学校教育要培养不同类型的情趣

情趣多种多样。依循其内容方面的指向性，情趣大致可以分为社会性情趣、认知性情趣和审美性情趣。这三种类型的情趣可以作为学校教育的重要着力点。

(一)社会性情趣的培养

社会性情趣主要是指向伦理、社会生活的情趣。它是儿童道德精神发育的一个重要表征，也是儿童社会化的重要方面。品德教育、理想信念教育和政治启蒙教育等皆与社会性情趣的培养相关。在北街小学，每月一主题的德育活动、关注课堂师生互动的悦纳共享、较为广泛和深入的家校互动与资源共享等活动体现出学校的良苦用心，因为当儿童的抽象思维、概念思维尚未发育成熟时，道德与政治启蒙主要通过影响其情感认同倾向及模式，使其生长出社会性情趣。在美国，这更多地被视为人际交往技能的培养；但在我国文化背景下，这不仅仅是技能、方法的问题，而且还关涉人的品性，这些品性需要早些从人的情趣中生长出来。

现有品德教育要求保护、培养人的同情、善良、谦恭、爱心等品质，但更要培养人在人际关系中的诚实、信任、责任、正义、奉献等品质。社会性情趣在早期蕴含着人的同情、善良等个人品质，但其发展需要在人与人的关系建构中来完成。因此，品德教育不是持一种"教授"的观念，不是认为教师先有道德，而后把道德教给学生，而是将教师和学生双方视为两个生命主体，他们在互动过程中相互确认对方的关心、同情等个人品质，在这种相互确认中，共同建构出道德的关系和道德的品质来。① 理想信念教育和政治启蒙教育也不是运用抽象、空洞的说教方式来进行的，我们不可能从小就去给孩子讲政治概念，而是要从让孩子憧憬、立志做一个怎样的人开始——做人性良善的人、真善美的人，这就为后来的政治教育奠定了良好的基础。因为儿童那些本源性的、基础性的情感以及生命早期的情感倾向和认同对于其价值观和信念的形成犹如良种和沃土，具有优先效应。所以，学校教育首先需要培养学生从小对真善美的人和事物有兴趣、有感情、有敬仰，关心所在组织的规则、共同承诺和荣誉，愿意担负个人责任；之后，随着更大范围的社会关切、政治关切、公益心等逐步发育，使其积累一部分社会生活经验；再之后，让学生认识并学会面对社会生活的复杂性，并随着年龄的增长逐渐理解用抽象概念表达的政治价值。

(二)认知性情趣的培养

认知性情趣主要是指向认知、智力活动的情趣。在小学阶段，培养认知性情趣很重要的方面是培养学生对探索的兴趣和解决问题的兴趣，因为它们是有浓厚动机价值的情绪，激励并维系着学生的智力学习。过去，关于创造心理的研究更多地关注智力形态、思维方式，但现在，对人格、动机与创造力之间关系的研究显得格外重要。新的研究认为，探索和问题解决这两种动机情绪高昂的人，其记忆力、理解力和选择性的专注力等水平也较高。

科学家把自己的探索动机称为一种美学上的冲动。美是科学活动愉悦的源泉，审美体验使他们精神饱满地、不气馁地、不知疲惫地不断做新的攀登。儿童的身心特性也带有一种趋美冲动，对美的样式具

---

① 通过相互确认来共同建构道德，是内尔·诺丁斯基于女性伦理学的一个重要贡献。

有敏感性和选择性。如果这种冲动在认知、智力活动中得到满足，儿童就会对这些活动产生兴趣。在这方面，人们常有一种比较偏颇的认识，以为有创造力的人只是那些高智力活动领域里值得敬仰的人。马斯洛在研究人类的潜能时指出：创造欲望和创造力是每一个人与生俱来的，并不是某些领域（如科技发明、文学艺术、理论学术）的特权，也不仅指称各种有创意的成品；它既指特殊才能的创造性，也指那种发自人格本身的、展现于日常生活中的一种倾向、态度，如不受压抑、比较放松、不怕嘲笑地表达，自然、幽默，不受陈规和前见的束缚，向经验开放，以问题为中心，等等。后一种在马斯洛的理论中被称为自现者的创造力，他认为这种创造力在许多方面与快乐、好奇且有安全感的儿童具有的创造力十分相似。[①]

（三）审美性情趣的培养

审美性情趣是指向审美活动的情趣。艺术领域以外，儿童在道德实践、智力活动乃至更广泛的生活内容中获得的审美情感体验，都可以归入审美性情趣的范畴。所以，审美性情趣的培养并不局限于艺术活动，也不应该与社会性情趣、认知性情趣的培养割裂开来。儿童时期是人一生中对美的形式最为敏感的时期。一方面，儿童置身于其中的所有的教育因素，只要符合美的形式、合乎规律地镶嵌或呈现于活动之中，儿童就易于接受，容易产生兴趣；另一方面，儿童对美的兴趣常常以本能的方式流露，它容易停留在短暂、肤浅、狭窄、零散的水平上，需要教育的引导和调理。

在审美性情趣的培养方面，北街小学也已做得比较深入、精细，而不仅仅停留在校园环境层面的教育设计和美化上。北街小学有重视

---

① ［美］马斯洛：《自我实现者的创造力》，见林方：《人的潜能和价值——人本主义心理学译文集》，243～254 页，北京，华夏出版社，1987。

科技活动的传统，学校将全员性的科创活动、内容丰富的艺体活动更加明确地作为两个重要的载体，自觉创造"兴味充沛"的校园氛围。在定期举办的科技艺术节上，在日常校园的许多角落，学生可以尽情表达、展示与分享，他们追求和看重的就是让"兴味"显现和保持。现在也有中小学热心地开展或参与一些科创、艺体活动，但有一个倾向是需要警惕和防止的：如果学生对获奖、获得头衔、获得考试加分等期望较高，那么原本致力于培养情趣的活动就被扭曲了。审美性情趣本身是非功利性的，科创、艺体活动若要维持人的长久兴趣，并使其发展为较稳定的情趣，深刻的源泉必定来自非功利性的吸引。朱光潜提出"纯正的趣味"，主张艺术趣味要广博，要多种门类、多种样式，如此才可能在广博的艺术鉴赏中减少偏见，使趣味纯正。宗白华强调审美体验中主体与客体合而为一、物我两忘的自足世界。审美性情趣追求自然与主观生命的互渗融合，也正如斯托洛维奇在《审美价值的本质》中所说的，非理性含义上的趣味概念有时说明人们对某些对象、生活方式和事业不由自主的眷念和爱好。学校的科学教育和艺术教育不仅关涉审美性情趣的培养，也关涉认知性情趣、社会性情趣的培养，都既有发现和培养科学、艺术人才的需要，更有培育科学精神、审美精神这一更为重要、深刻的目的。

总体而言，无论哪种类型情趣的培养，其表征情趣的手段、形态应是丰富的，如语言、游戏、阅读、角色扮演、制作、社会实践等。教育者要善于发现儿童情趣的种子，懂得欣赏、呵护和支持；要善于引发、激发情趣，运用新颖、变换的方式，使儿童获得熟练感、胜任感的体验是非常重要的。

三、情趣教育的挑战与可能

情趣教育不能简单地理解为在教育活动方式与手段上有情趣，更重要的在于追求情趣勃发、兴味盎然的过程。在不同类型情趣的培养中，情趣教育有明晰的价值追求，其核心在于如何使具有价值方向的积极情绪情感得以激发、积淀并逐渐稳固为一个人的基本精神状态。在北街小学，它被界定为"以提升师生的生命质量为目的，培养具有兴味充沛的精神状态的教师和学生的教育过程"，并努力"走进师生教育教学生活的全过程"，形成较为清晰的实践路径，如"情趣管理""情思课堂""情趣活动""情趣漂流"等。为此，情趣教育必须连接儿童的生活，高度重视儿童现有的、完整的生活经验，同时又要引领儿童的精神成长，不能让渡对儿童精神发育的责任。

情趣教育在当前我国学校教育中，面临着诸多挑战。第一，学校作为社会的一个单位，教育者作为社会生活中的一员，是深陷于时代的精神景况和社会生活背景之中的。从社会层面看，伴随着我国社会转型带来的现实矛盾，市场的金钱逻辑影响着人们对生活的认识，消费时代的物质生活影响着精神追求；社会文化与价值观趋向多样，价值相对主义、价值实用主义、价值虚无主义等影响着人们的精神样貌；网络时代新媒体模糊了成人与儿童的界限，冲击着儿童的精神生活；等等。这些都增大了学校教育发挥文化价值的选择、过滤功能并在一定精神高度上实现教育引领的难度。第二，从教育内部看，学校很难完全摆脱升学率的束缚，教育评价的表面化、单一化在短期内难以取得大范围的改变，由此所致的对显性的、逻辑性的、表面性的知识学习和应用训练的习惯性推崇当然也就很难完全消除。实行情趣教育，强调保护儿童生性的活泼、多样和自由，探索践行的是由内而外地牵引儿童的心灵成长、丰富儿童的精神世界的教育路径，这与上述教育弊端明显抵牾，需要勇气和来自正义力量的支持。第三，现有教师教育在情感人文素质方面存在缺失。目前，师范教育的基础课程对儿童情感教育方面的知识、技能摄入不足，对教师的情感品质、情感能力、敏感性等方面的关注和培养不力，职后师资培训也普遍缺乏相关的内容和方法支撑，培训者队伍在观念、知识基础和方式方法上参差不齐。

尽管如此，在学校开展情趣教育仍然有一定的自主空间与可能。北街小学将情趣教育的开展范围由一所小学逐渐扩展到当地几所小学结成的教育联盟学校，带给我们多方面的启示。

第一，基于尊重、关怀的人文氛围。在北街小学，情趣教育从孕育、提出到逐步发展、日益成熟，前后经历了三任校长的努力。如果没有三位校长以学生发展为重、以教育理念为重的人格品质以及在教育信念上的相互信任、相互欣赏，情趣教育是不可能如此接力棒式地渐趋成熟的。学校逐渐摸索出既有一定的规范化要求，又从根本上基于师生情感与精神成长需要的管理方式，校长、教师、学生间的无障碍沟通、交流与积极分享成为学校管理最重要的观测指标。在这种基于尊重、关怀的人文氛围下，立足于"人"的教育才成为可能：儿童情趣发育的生命时序与多样性差异才可能被承认、被尊重，学生个体的情趣秉性等才可能被发现和培育；教师个体的专业潜质、潜能才可能被激发，教师由内而发的教育热情、真诚和关爱才可能感染学生的生命状态，触动学生的心灵。

第二，自主参与的学校活动。北街小学的情趣教育最初萌芽于学校为实践素质教育而开展的科创、艺体活动，这在目前的学校教育中是有广泛基础的。活动是教育的重要载体，北街小学的可贵之处在于没有将活动开展停留于表面的、形式性的为活动而活动，而是关注学生有多大的自由度与可选择性，活动中学生的自主性能否得到锻炼。

从这方面看，北街小学在情趣教育的探索中形成的"三全一自主"的科创活动模式是值得肯定的，全员参观、全员考察、全员制作、自主选择活动课程，可以给予每个学生尽可能开阔的探索视野、尽可能多的兴趣吸引以及尽可能自由、多样的体验和尝试。

第三，课程与课堂的改造。这是情趣教育最终得以落实的重要方面。北街小学将课程与课堂的根本追求回归"人"本身，而不是停留于书本、知识、分数的表面，"教师教得轻松、学生学得快乐，师生都在课堂中获得愉悦和幸福"被明确为课堂教学目标。"情"与"思"成为课堂的两个核心要素，情趣教育的课堂更为关注"教室的空白处流淌着什么"，并探索形成了具有一定操作性的"创境自学引思入情""互动交流深思激情""拓展测评融思表情"的课堂流程，作为学校课堂教学的方向性指导。其中，"创境自学引思入情"重点关注学生自然生发的情绪情感体验、本性表达的兴趣和情感倾向；"互动交流深思激情"重点关注是否形成了具有情感交往关系的情感场；"拓展测评融思表情"则重点关注学生是否有情感经验的生成、积累等。在评价和反思方面，学校以此总结了情趣课堂的"合格""优质""魅力"三重境界，一方面承认、尊重课堂教学的不同样态以及不同教师的不同发展水平和教学风格，另一方面又为可能的课堂改造搭建了阶梯。

第四，用心、细腻的文化设计。开展情趣教育的一个重要路径就是要以情涵趣、以情载趣、移情化性，充分发挥潜在的、缄默的、具有弥散效应的文化元素的教育功能。无论是校园的陈设布置还是活动的开发设计、资源的选择与利用等，都不应是随意的，而需要非常清醒的文化自觉、教育自觉。学校的文化设计不在于吸引眼球、追赶时髦，在北街小学，它显得很沉静、很朴素却又很细致，蕴含丰富的教育韵味。这需要用心灵去触碰心灵，着力于使师生都可以在文化元素中获得个体化的意义连接。北街小学的一所联盟校的"书香漂流"活动把阅读的教育意义极大地挖掘出来，它不仅包括现在倡导的整本书阅读，而且还有全班共同阅读。此外，学生还可以有空间享受自由阅读。在如此的设计中，儿童与书的对话、儿童与自我的对话、儿童之间的对话、儿童与成人的对话等，都可能在更广泛的时空里交互，学生的情感体验、生命经验可能得以更广泛表达、分享和交流。在这些经验探索中，我们可以看到，学校教育只要立足于"人"的成长和发展，其文化设计方面的用心和细腻就是全然可为、永无止境的。

将学生核心素养的发展作为
小学教育的使命^①

　　小学教育是为了儿童的，教育者必须正确认识儿童、认识儿童的发展规律及发展需求，使学校的育人目标与小学教育的功能相契合。学校以课程为核心载体，为儿童提供引领、促进其发展的学习媒介和知识路径，从而实现儿童核心素养的发展，真正体现小学教育的价值。为此，必须厘清三个问题。

一、保护、尊重是核心素养发展的基础

　　教育的目的是帮助受教育者有能力过更健康的生活。生活是动态的、变化的，教育也不是固定僵化的，不要把过于宏大、笼统的人生目标和价值观生硬地灌输给儿童，而应引导儿童用积极的生活经验与态度认同正面的人生观和价值观。儿童有他们特有的看法、想法和感情；如果用成人的看法、想法和感情去代替他们的看法、想法和感情，那是很糟糕的事情。太看重成功、成才，很可能适得其反，因为小学儿童的生命小苗刚刚破土，生命之树开始生长，生命之花远未绽放。

---

① 本文是作者发表在《人民教育》2015 年第 13 期上的文章。

我以为，培养这个阶段的儿童，在一定意义上，保护、尊重比开发更加重要，过度开发有可能酿成日后的悲剧。教育要让儿童认识到学习活动是有意义的劳动，是体现自己生命价值最重要的活动形式，儿童需要在这种劳动过程和积极快乐地参与中发展自己的素养。

清华大学附属小学（以下简称清华附小）确立了"为学生聪慧与高尚的人生奠基"的育人使命，体现了其对小学教育的价值追求。一是聪慧，即聪明和智慧，育人目标不仅是知识传授、能力发展，而且更加关注学生的思维和智慧发展；二是高尚，是对学生人格道德素养的培养目标，体现了学校希望培养的学生有高尚的人格和道德素养；三是奠基，是对小学阶段性目标的界定，体现了对培养的阶段性和适应性的注重；四是人生，是对学生生命全过程的关注，关注了学生的持续发展。清华附小以聪慧与高尚为儿童奠定生命底色，并具象为"身心健康、成志于学、天下情怀、审美雅趣、学会改变"五大核心素养，有利于儿童形成完整的人格。

这样的理念落实在课堂上，呈现出与众不同的样态。我曾经听过清华附小窦桂梅校长的两次课。第一次是她带领学生阅读绘本《我爸爸》，从书中认识了那个虽有缺点，但也不乏可爱，最重要的是永远爱"我"的父亲的形象。在课堂的最后，在温暖的音乐声中，学生模仿着书中的句式，说出"我爸爸像长颈鹿一样高，像大猩猩一样强壮""我爸爸的肚子像西瓜一样圆""我爸爸像雨水一样温柔""我爸爸笑的时候像蛋糕一样甜"……一份感动涌上心头，我不禁湿了眼眶。此后，我又听了她阅读《大脚丫跳芭蕾》的课。让我惊讶的是，道德教育专家希望学生建立的价值观，竟然从四五年级的孩子们嘴里十分自然地、理直气壮、生动地表达了出来。应该怎样对儿童进行社会主义核心价值观教育？按理说，不到特定的年龄，儿童并不能理解抽象的概念，但是核心价值观认同又确确实实是一个人道德修养、人格形成、精神饱满的必经之路。可是很多学校和教师，为什么要做得那么生硬呢？透过窦校长的课，我能够感受到清华附小在力图寻找一些途径，如阅读、动手操作、辩论、比较、探究等，将一些抽象的内容与儿童的生活进行连接，在一步一步的教学过程中，教师调动、牵引、凝聚共识，让孩子们自己感受价值观、体认价值观、表达价值观。这个过程是教师和孩子们一起成长的过程，孩子们是感到安全的、惬意的，而这，恰恰有利于儿童道德价值观与审美情趣的形成。

二、分科教学与课程整合共促学生素养发展

课程整合中有两个问题特别值得我们关注。一是如何解决分科与综合的问题。我曾与美国研究教学模式整合的有关专家进行过对话，了解到他们主要是将原有的学科变成知识领域，此外还有主题教学、主题大单元等整合方式。我们知道，每个学科有不同的性质和核心知识，也有不同的学习方法和相应的训练。现在进行学科整合后，到底应该怎样处理分科与综合的关系？这是值得我们深入探讨的问题。二是提高教师的素质非常重要。现在我们说课程整合，通常是指在学校层面上进行整合，而一旦进入课堂，怎么做还得看教师。教学是高度情境化的，教师如果没有整合的知识基础，没有和学生之间的情感呼应，那么整合在课堂上就很难完全实现。

清华附小"1＋X课程"打破了过于以学科为中心、以分科为基础的教育教学模式，改变了以学科成绩为衡量教育质量的唯一指标，改变了碎片化、功利化的教学倾向，凸显了促进完整人健康、全面发展的教学理念，回避了离开学生谈学科，离开学生谈教育，离开生活谈学科，离开真实的综合性活动谈智育、德育、美育的弊病。"1＋X课程"既保留了传统分科教学的精华，又将德育、智育、体育、美育、劳动

教育进行了整合，把教与学进行了整合，把既有的资源与生成的资源进行了整合，将原有的国家课程分类整合，形成了按领域组合的学校课程设置，分为五大板块，即品格与社会、体育与健康、语言与人文、数学与科技、艺术与审美。从学生的实际需求出发，解决了学生应当学什么、重点学什么，以及怎么学等一系列核心问题。学校的大课间体育活动、戏剧课、创新实践课等整合形式，其效果十分明显。

在教师层面，清华附小也摸索出一条适合自身的发展路径。同一领域学科组的教师能根据本学科课程规划和学校课程设置计划，结合学生认知特点，处理教材，促进课程内容间的融合。每个教师进入课堂后能根据学生的实际状况，用好学校研发的课程系列成果，通过《学科质量目标指南》让课程标准可视化，通过《乐学手册》让课堂目标可视化，通过"一单、一问、一练"让学生的课堂学习自主化，这样便很好地把握了课程的预设与生成的关系。在清华附小的课堂上，我看到了学生活泼的精神面貌，这让我觉得那就是孩子们本来该有的样态，是以课程促进学生核心素养发展的应有的样态。

三、教育改革没有唯一的价值尺度，学生的发展是其核心

小学教育与教育体系内其他阶段的教育相区别的特性，主要表现在基础性、全民性、义务性和公益性等方面。而最重要的特性是基础性，其核心是奠定儿童长远发展的基础。长期以来，我们对基础性的理解：一是强调它是整个教育制度的基础，小学教育是为学生升入中学做准备的；二是强调培养目标上的"双基"，即基础知识、基本技能。虽然现在课程标准中加入了基本思想和基本活动经验，但在一些课堂中，仍然有名无实。还有一些家长把小学作为竞争的起跑线，提前演绎升学竞争。这种状况使小学生过早地丧失其本该有的童年的纯真与

欢乐，结果是学生学习热情随年级升高而下降，甚至厌倦和逃避学习。

对小学教育功能与价值的重新定位，可以让我们清醒地意识到，对每个学生个性潜能在尊重、保护基础上的开发，为健康个性的发展，为适应未来社会发展变化所必需的终身学习的愿望和能力的初步形成做适切的教育工作，将逐步替代对文化基础知识的灌输，它们应成为小学教育的基本任务。具体包括如下方面。一是道德品质发展的基础。进入小学的儿童，随着生活范围的不断扩大，会遇到越来越多的道德问题。小学教育应引导学生认识、了解与他们的生活经验相联系的道德观念，并养成相应的道德习惯。二是智慧品质发展的基础。小学时期正是儿童的知识潜力逐步显现并迅速发展的时期，小学教育的重要的任务应当放在启迪儿童智慧发展上，知识教学应为智慧发展服务，反过来，智慧的发展也会促进其对知识的需求。三是个性品质发展的基础。小学时期是儿童的个性倾向开始显露的时期，小学教育应当尊重、发现、维护并培养儿童的个性，使他们形成良好的个性品质。四是身体发展的基础。小学时期是儿童身体迅速成长的时期，应当使儿童养成锻炼身体的良好习惯，掌握锻炼的基本技能、技巧，形成健康的体育精神，以保证儿童的健康发展。

要促进儿童的全面发展，传统分科课程与当今课程整合，都具有其特有的价值，并不是非此即彼、二元对立的排他性关系。虽然我们目前在进行课程整合的改革，但这并不意味着学科教学一无是处。美国、英国等国来向我国的基础教育学习，让我们冷静思考：传统学科教育的优势何在？美国长期存在的教育观钟摆现象以及美国著名学者诺丁斯的研究提示我们：有可能走折中的道路，最重要的是要培养有激情、会关爱、善思考、能行动的人。教育应该为社会培养多种多样的人，教育必须适应不同的生命、不同的孩子，教育应当承认不同学科有不同的知识形态，不同的方法论、工具和学习方法。并非每个学生都要学到同样高的水平，可以允许存在水平的差异，但必须保护学生的自信心和个性。

　　清华附小的教师们在用自己的行动冲破束缚，不断地突破以分数、以升学、以所谓成才改变命运的枷锁，为培养儿童健全、完整的人格，率先身体力行。他们努力丰富自己的教学思想和知识结构，从传统的"左手教材、右手教参、学科本位、各自为战"的工作方式中走了出来，由原来的课程执行者变成了课程创生者。他们进行了许多极具创造力的工作，如为有特殊需要的学生提供"种子课程"，为有特殊兴趣爱好的学生提供"水木秀场"，利用各种所谓的边边角角的时间开设"微课程"等。总之，他们在尽一切努力，调动全部热情为学生的成长与成功提供各种可能性。他们的教育理想、教育探索精神感染着教育界，激励着希望中国基础教育有所改变、尽快改变的人们。

情感教育的理论发展与实践历程
——朱小蔓教授专访①

朱小蔓教授是我国当代情感教育理论的倡导者和实践的行动者，以她的学术责任感和学者的道德良知，长期以来，引领着我国的情感教育研究。朱小蔓教授的情感教育思想在她的不断思考、实践过程中不断完善。除了有伦理学、文化人类学、心理学、教育学等多学科视野及知识修养外，她长期以来与各级各类学生打交道，深入一线基层，经常在课堂听课，用她的"情感教育之眼"观察教育"病症"，发出学术的声音，在对抗现实教育的"分数文化"中发挥了积极而重要的作用。

2015年10月25日至27日，朱小蔓老师（以下简称"朱"）在她的合作学校——江苏省南通田家炳中学，进行了"教师情感表达与师生关系改善"课题研究。其间，她放弃休息，接受了我（丁锦宏，以下简称"丁"）就情感教育方面的问题对她的专题访谈。南通大学教育科学学院教育学专业部分研究生一起聆听了朱老师的教诲。

丁：朱老师好！20世纪80年代，正是社会普遍重视知识教育的时代，教育系统内的"以学习为中心"和"双基"是当时的"主流"话语。

---

① 本文是作者与丁锦宏合作发表在《苏州大学学报（教育科学版）》2015年第4期上的文章。

而您在那个年代，却选择了今天人们越来越发现非常重要的"情感教育"问题来研究，您能给我们谈谈您选择情感教育研究的原因和过程吗？

朱：众所周知，教育界对知识的重视是对"知识反动论"和"知识无用论"的扭转，对当时我国教育和社会经济的发展产生了重要作用。同时，80年代中期，伴随软科学的兴起，道德教育研究开始重视量化研究。学者们希望用更科学的方法去评价、评量道德教育的效果。这对于我国长期以来缺乏实证研究根据的德育来说是可喜的进步。但它在使用过程中被机械地操作，造成了品德判断上实际的不公。而且，当时大学德育课程建设中片面追求知识系统化、片面讲求学科逻辑的思路，并不符合道德教育自身的目的和本性。作为道德教育的研究者和实践者，我心存疑虑。直到1986年，我读到翻译并发表在我国《哲学译丛》上的苏联著名伦理学家吉塔连柯教授的大作《情感在道德中的作用和感觉论原则在伦理学中的作用》[①]，他强调人的感觉、情绪情感在道德中的作用，批判逻辑实证主义对伦理学建设的负面影响，引起了我强烈的共鸣和深究的冲动。由此为开端，我对道德哲学、道德教育学术领域中的这类话题，尤其是情感在道德教育中的价值与发生机制产生了浓厚和持续的兴趣。由此，我选择将道德情感研究作为我的哲学硕士论文选题。

后来，我把对伦理学视域中道德情感的关注延伸为对教育全域中的情感缺失问题的关注。因为，从20世纪80年代中期开始，全国有一批老师发现，学生为了考取大学，出现了偏科、负担过重的现象，如李吉林老师、倪谷音老师、刘京海老师等。因为刚恢复高考，要抓

---

① А. И. 吉塔连柯：《情感在道德中的作用和感觉论原则在伦理学中的作用》，载《哲学译丛》，1986(2)。

"双基"；但怎么抓"双基"？怎样使扎实学习知识和技能的背后，有更持续的、更源源不断的内在力量？显然，仅仅考查认知的发展是不够的，我们必须要追寻人的内在情感和学习动机、内驱力、学习过程中的积极情感状况，乃至生命状态。这是一个现实问题。不仅如此，我在立论中集中阐发了情感发育成熟本身就是教育的重要目的和目标之一。不能把情感仅仅当作取得学习效果的手段。如果人没有感性层面的发展，那么他将成为被批评的"单面人""失去一半的人"。情绪情感的研究，在心理学中一直处于"灰姑娘"的地位。直到冯特心理学实验室成立，学者们才开始用一些实证的方式研究情绪，但还只是对表层情绪的研究。到了 20 世纪 60 年代，心理学分支学科逐渐成熟，尤其是对人类婴儿的研究，推动着情绪情感的研究大步地向前发展。即便如此，情绪情感的研究在心理学研究范畴中依旧是相对薄弱的。所以，作为教育学学者，我们很难找到更多的知识、工具，尤其是清晰有力的思想来支撑我们解决教育中的现实问题。于是，我很想从教育学立场，用哲学思想及工具将各相关学科知识统整起来，建构一个相对完整的教育理念，来应对教育现实中情感缺失和教育研究中情感缺失的现象。

还有两位重要人物不能不提及，一位是中国哲学家李泽厚，另一位是美国发展心理学家加登纳。李泽厚在 20 世纪 80 年代提出"情本体"思想，他的《论实用理性与乐感文化》一文中提到中国历来重视情感（由情况、情境产生的人情及关系），将之作为生活的本根实在。受此启发，我提出情感教育要从关注人的情绪情感状态、基调入手，关注人的情感品质与能力的提升。加登纳的人格智能理论认为，人格智能（其中有一种指向内部，另一种指向外部）是人类每一个婴儿与生俱来的一种能力，是人类认知不可分割的一个部分，应当成为人类智能群中的一个部分。加登纳的人格智能观揭示了情感和智能的统一。他提出的内省智能，实质上是个体对主观体验的一种自我认知；人际智能，是个体对他人情感体验和行为表情的一种认知。这两种认知揭示了情感体验过程中的信息加工机制。可以说，它们既是认知能力，又是情感能力。

丁：情感教育的核心概念是"情感"。不少学习者反映，相比于"认知教育"概念，"情感教育"概念比较难以把握。请教朱老师，我们应该怎样理解"情感教育"呢？

朱：关于情感教育的内涵和外延，我在《情感教育论纲》里对情感教育下了定义。

情感教育，就是关注人的情感层面如何在教育的影响下不断产生新质、走向新的高度，也是关注作为人的生命机制之一的情绪机制，如何与生理机制、思维机制一道协调发挥作用，以达到最佳的功能状态。1993 年版的《情感教育论纲》里，情感对应英文中的 affectivity，affectivity 包括了 emotion 和 feeling，包含了人的行为表现和身体感觉两个方面的状态。emotion 一般是伴随生理反应的、有外在表现的。feeling 更多强调感受、内心感受，有些感受是短暂的，有些感受反复出现并且要反思性地体验。affectivity 则是一个复合词，这个词不仅包含外部表现、内在体验，而且包在其中起着明显作用的一些范畴，如内驱力、动机、自我评价、个人由于自我评价而出现的在情境中的特定反应，这个范围就相对更大一些。

我为什么把情感教育的"情感"定位在"affectivity"上呢？因为我们研究的"情感"不仅仅是心理学、生理学层面上的"情绪"（emotion），也不仅仅是"心理感受"层面上的"体验"（feeling）。欧盟 2006 年提出了"认知—情感"二维概念框架，2008 年提出了"认知—情感—元认知"三维概念框架，内含 3 个维度、10 个子维度，其中情感维度包括学习动机、学习策略和面向变革的学习取向、学业上的自我概念和自我评价

（就是我前面讲的在特定情境下自我的行为方式）、学习环境。当然，并不是所有的环境因素都在内，而是指情感在其中起作用的。1990 年左右，我将人的发展分为认知维度的发展和情感维度的发展，认为情感教育主要是关心认知维度以外的情感维度的发展，由此也造成了一些误解，以为情感教育只重视和强调情感维度的发展，贬低认知维度的发展。其实，当时研究情感发展的机制和路径中就包含通过认知来促进情感发展，不过，我特别强调了情感发展还有一些自己独特的机制尚未被认识，需要好好探查。总之，情感，对这个维度（或窄或宽）心理学关注不多，教育学关心更少。

1995 年，我在正式提出"情感性道德教育范式"时，又对自己使用的"情感"概念做过如下界定。"可以把它看作标志人的情感发展的连续体，包含着以人的情绪基调、情绪表达方式、情趣爱好、情感体验性质与水平、价值倾向，乃至于人格特征、精神情操等等。"①因而，将某种道德教育范式称为"情感性"，是鉴于该范式对个体道德发展水平主要是从内在动力系统而不是从外在能力系统来标识的。并且认为，这一范式强调道德教育对人的情感需求的引导，可以利用两种情绪运作机制，一是中国传统文化历来主张的情意感通机制，二是需求冲突机制。这些想法后来被进一步明确表述为积累正面情感、澄清负面情感。

2011 年，为了实践时使用方便，我又给出了一个操作性的界定。情感教育是指在学校教育、教学中关注学生的情绪、情感状态，对那些关涉学生身体、智力、道德、审美、精神成长的情绪与情感品质予以正向的引导和培育。所以，我对情感教育的内涵、外延的解释，与心理学的解释不大一样。我们可以和欧洲主张精神关怀的情感教育专

---

① 朱小蔓：《情感德育论》，63 页，北京，人民教育出版社，2005。

家 P. 郎的定义做一些比较。P. 郎认为，情感教育是教育过程的一部分，它关注学生的态度、情感、信念以及情绪，包括关注学生的个人发展和社会发展以及他们的自尊，法语中表述得更为确切，关注每个学生是否能够感到身心愉悦，更为重要的是，超越学生个体，以关注他们与别人之间的关系。因此，人际关系和社交技能被认为是情感教育的核心。情感教育常包括对学生的辅助和指导两个方面的措施，并且教育的情感方面和认知方面是彼此相连的。学生对他们自己作为学习者的感觉和对他们的学术性学科的感觉都像他们的实际能力一样影响很小。他更多地强调情感教育就是要帮孩子保持在一个情感很惬意的、愉悦的、快乐的状态。由于中国文化深厚和悠远，我们提出的情感教育寄托的教育和思想目标要比他的更宽阔，认为情感教育既支持人的智力发展，又支持人的道德与审美发展。

丁：您早在 1992 年完成的《情感教育论纲》里就提出了"情感能力"，当时，很少有人理解。直至 1995 年，时任《纽约时报》的科学记者丹尼尔·戈尔曼出版了《情商：为什么情商比智商更重要》一书，这本书 1997 年被引入中国，引发了极大关注。请问您的"情感能力"和戈尔曼的"情商"这两个概念之间是怎样的关系？

朱：当时我提出了"情感能力"的概念，也将情感能力具体分化为情绪辨认能力、移情能力、情感调控能力、体验理解能力、自我愿望能力等。但对于情感能力的提出，当时的心理学界曾有不同看法，认为情感能力的说法不合适。情感不存在能力，这个概念不规范。但我想，弗洛姆曾提出"爱的能力"。既然爱可以是能力，为什么其他的情感品种不可以是能力呢？所谓能力，是某种可以外化出来的行为，这种行为表现出一种功用。而当行为表现出功用的时候，它就可以被称为能力。因此，我还是坚持用了"情感能力"这个概念。到了 1995 年，戈尔曼提出了"情商"，当时有很多人赞成这个说法。说实话，戈尔曼等人的研究把情感智能的概念建立在许多很有意思的案例的基础上，这一点是值得我尊敬和佩服的。虽然我较早提出"情感能力"的概念，但是缺乏一批可以描述情感能力的经典案例，这是我们不及的地方。但是，我不大愿意使用"情商"这个概念。理由是，虽然"智商"概念在心理学中已被不断完善，但在将其用于测试人的智力时，仍有相当的风险。测智商的结果固然有一定参考价值，但是一旦知道哪方面弱，就有可能对孩子造成不利影响。这也是教育学和心理学在学科性质和诉求上的区别。心理学追求科学，讲究科学，但研究最终是为了孩子，如果对孩子不利，那么仅讲科学是不够的。由于情感的隐秘性和复杂性，情商就更难被测试出来，所以，我不愿意使用"情商"这个概念。在与上海市教育科学研究院普通教育研究所梅仲荪老师合作时，我们就试图编制测查情感的表现性指标，但后来没有坚持在使用中调适、完善。

丁：全国著名特级教师李吉林多次谈到情感教育对于她的情境教育理论的支持作用。请您谈谈您的情感教育理论与李吉林的情境教育理论之间的关系。

朱：李吉林是我国德高望重的基础教育方面的专家。她曾在《教育研究》杂志撰文《情感：情境教育理论构建的命脉》，内容涉及情感教育与情境教育的关系。她认为，情感始终是情境教育的命脉。[1] 我在研究过程中一直从李老师的情境教育实践中获取养料，同时我也不断地为她的情境教育理论建构尽一个学者的力量。我俩之间有很多互动和很好的友谊，我会从我的情感教育视角解释、理解情境教育。我认为李老师的情境教育，无论什么样的情境，都旨在寻找用多种方法帮助孩子学习，因为多种情境就代表着、意味着有多种学习方法。孩子从

---

[1] 李吉林：《情感：情境教育理论构建的命脉》，载《教育研究》，2011(7)。

感性学习到理性学习是需要过渡的，如果没有过渡，很陡，孩子就接受不了，而情境就是一个学习中介。有了种种中介，孩子通过听故事、听音乐、讲故事、在大自然中活动等，就比较容易地从感性走向理性的理解。这个过程中，不同的孩子因为有不同的能力、条件，有的擅长活动，有的使用跳舞，有的使用其他形象工具表达，这意味着所有的孩子都可以用他们自己独特的方式卷入学习中。从这个角度看，情感教育可以是她的情境教育的理论基础之一。

丁：关于情感教育，也有学者从不同的学科立场进行了研究，取得了丰硕成果。上海师范大学的卢家楣从心理学科出发研究"情感性教学"问题。请教朱老师，您研究的情感教育和卢家楣研究的"情感性教学"有怎样的关系呢？

朱：卢家楣的"情感性教学"研究，或者叫作"教学过程中的情感心理学"研究，对我也有很多启发。他从心理学家的角度研究教学过程中的种种情感表现，发展和扩展了情绪心理学在教学中的应用，我很尊敬他。不过，教育学立场与他的情感心理学研究的立场毕竟不完全一样。虽然我的研究也要研究教学中的情感现象，但我的研究更多地考察教育目的性，反思教育学的伦理立场，追问我们对儿童是怎样的一种认识、怎样的一种观念，构成教学过程中的一种怎样的师生关系。

心理学更善于捕捉外显出来的情绪情感表现，他们的研究往往切口小，工具比我们细腻。我们的研究则要考虑外显出来的表现背后的历史文化脉络、人文背景，更多地考察生活史，考察文化环境，更关注教育目的，更关注对儿童的理解，更关注师生关系，更关注教师的情感情绪表现的背后历史文化、地域文化、管理文化以及本人内在的人文素养是如何起作用的。卢家楣的情感心理学研究给了我不少启发。1996—1997 年教育部酝酿、发动课程改革之际，我有机会参与课程政策研究，对课程与教学过程中各门学科如何发挥学科自身特点去影响学生的情感、态度、价值观做了一些研究，研究成果以"课程改革中的道德教育和价值观教育"为题发表在 2002 年的《全球教育展望》杂志上。这篇论文在国内产生了较大影响，后被译为英文。著名教学论专家小威廉·多尔夫妇还就此发表了他们的评论。我虽然不从事教学论研究，但由于对情感、态度、价值观的研究，可以为课程改革发挥一点学术作用。我一直觉得自己因为长期"双肩挑"，没有精力和能力做更多学术，但我可以以情感研究这个母细胞向教育学理论和实践的相关方面积极生长，为满足改善教育实践的需要，寻找新的研究目标。

丁：您的专著《情感教育论纲》的出版标志着您的情感教育理论大厦框架已经建成。我们知道，朱老师您一直没有停下情感教育研究的脚步。在后来的情感教育研究中，您还关注了哪些问题？

朱：刚才已涉及向课程领域伸展的内容，当然，更多还是在老本行上拓展。除 1995 年正式提出"情感性道德教育范式"外，2002 年，我受命主持研制思想品德课程标准，编写思想品德教材。这项艰苦的工作对自己的能力和意志是巨大的考验。其中，情感体验的价值、机理等学术性认识在我的实践探索中得到运用和深化。

还有，要想使情感教育研究向前发展，必须研究情感教育目标的细化及落实条件。以《情感教育论纲》《情感德育论》为标志，我初步构建了情感教育的理念框架，但情感教育的目标并没有具体化。之后的工作是继续思考与道德、智力、创造、审美最相关的情感，我把它们称为情感的质料与品种，进而考察其中有哪些质料和品种可以构成情感发展的目标，考察教育的机制。质料与形式的概念来自亚里士多德和康德的质料因和形式因。从那时起，我带着研究生分别研究了秩序感、敬畏感、羞耻感、幸福感、怨恨感、责任感、同情感、友谊感等。另外，我的合作伙伴梅仲荪进行了"爱的操练"系列研究，通过精心组织儿童爱父母、爱教师、爱同伴的活动，训练其行为，以交往行为中的感情传递为强化机制，将儿童自然的社会情感推衍、迁移和升华。在《情感教育论纲》中，我把"爱的操练"作为情感教育的一种模式。后来，我与梅仲荪合著了《儿童情感发展与教育》，研究不同年龄段儿童情感发展的特征与适宜的教育目标和方法，目的是将之前建立的框架细化。其中，与道德有关的情感品种，我的提炼结果是，主要包括依恋感、安全感、快乐、自我悦纳感和由此产生的自尊、自爱、同情、怜悯、利他心、荣誉心、责任心及崇高感等。我一直希望自己的学生可以通过有说服力的实证研究找出在哪一个年龄，哪一个情感品种对儿童道德人格奠基是最重要的，甚至研究不同文化背景下情感品种的优先排序。遗憾的是，由于难度大，我自己没有投入更多的精力，这个心愿至今未能实现。

丁：您的学术研究与您个人的学习、工作经历息息相关。许多一线教师感佩您跨学科的视野和调和知识的睿智。您能和我们分享对您的学术研究，特别是情感教育研究产生影响的人物或者事情吗？

朱：回顾我的工作和学术经历，现在看来，我研究情感教育有内在逻辑。我 1972 年大学毕业，1973 年开始边做行政工作边兼教大学生的思想品德、人生修养和教师职业道德等课程。出于好奇和工作需要，我 1984 年在东南大学——过去的南京工学院，先旁听并继而跟随王育殊先生学习伦理学课程，并开始读翻译过来的苏联伦理学教学委员会主任吉塔连柯教授的《马克思主义伦理学》。

在硕士阶段，我主要受西方哲学史、伦理学史中重要人物的影响。比如，亚里士多德的情感习惯、情感反应模式对我的研究很有启示作用。之所以把内部情感和外部情感都考虑进去，是因为我受到了亚里士多德、黑格尔、杜威思想的影响。亚里士多德是一个"机体论者"，他强调，生命是一个有机体，所以情感不分内和外。内部是什么情感，外部就会反映出来。我认为，儿童时期的情感反应习惯非常重要。当他看到爸爸妈妈开心时，他也开心；当他看到爸爸妈妈不开心时，他也不开心。这就启发我们，在做儿童情感发展研究时，要考虑在什么年龄，在怎样的情境与互动关系中容易形成哪些情感反应习惯，不要误了生命的时节。斯宾诺莎的思想对我也有影响。斯宾诺莎极其重视人的感受与德行之间的关系，他认为人的道德基础在于他的感受。人的德行建立在一点一滴感受的基础上，而不是无本之木。

当然，由萧焜焘亲自讲授的西方哲学史、黑格尔的精神现象学对我的影响最大。我经常告诉我的学生，萧先生讲课，从来不是讲知识，他从来都是从心而发、随手拈来，他的课从来都是哲理与史诗的合金。我研究的情感教育，在某种意义上也是精神现象的教育。它不仅是情绪，也是精神现象。这种精神现象从早期胚胎开始到死亡是怎么发展的，这个过程构成了一个人的情感发育史。我们只有关注情感发育史，才能将其具体地化为教育的操作。我和梅仲荪从 1994 年开始合作，一起写作了《儿童情感发展与教育》。根据我们在实验学校包括幼儿园的实践探索，20 世纪 90 年代末期，我们在以下三个方面达成了较为一致的认识。第一，道德情感的形成有自身的发展轨迹，道德情感教育的目标要求和内容确定存在着明显的阶段性和层次性。第二，道德情感教育要把握情意感通机制和需求冲突机制，让学生在情感场的氛围中，积累道德情感的感受和体验，从而使道德情感通过内化和外化升华。第三，道德情感教育要重视教育者的情感资质和人格魅力的独特作用。

同时，东方哲学史对我的研究也有影响。在中国传统文化中，情感教育始终被赋予"教化"的色彩，具有"人文化成"的含义。教人在夫妇、父子、长幼、君臣之间恪守道德规范，不同于动物的人的社会情感便产生了。这一"人文"色彩，就叫"情深而文明"（《礼记》）。至于情感教育的具体思维方法与操作方法，则是"能近取譬""近取诸身，远取诸物"。其特点是推己及人，由己到人，"己欲立而立人，己欲达而达人""己所不欲，勿施于人"，因此，情感教育便是以理服人、以情动人、合情合理、理从情出的教育。

鲁洁先生对我选择情感教育研究的肯定和鼓励，对我影响很大。20世纪80年代后期，人届中年、40岁出头时，我才有机会做了鲁洁老师的博士研究生。先生曾经是我的硕士论文评审专家。后来，有着研习伦理学、研习西方哲学史的一点基础和未泯的兴趣的我，投到她门下学习教育学，期望通过教育学科继续研习伦理学，并转向研习道德教育哲学。入学后不久，有一次她对我谈起，现在教育学术界，人们不大愿意做德育研究，但这么重要的事情总得有人做。之后，我听她在不同场合表达"我们不下地狱，谁下地狱"，一种理想主义和英雄主义的豪迈，夹杂着些许悲壮的气息，很是感染我，让我冲动、激奋。关于鲁洁先生对我的影响，我在《南京师大学报（社会科学版）》2010年第2期上写过专文——《跟随鲁洁先生学习道德教育哲学》。

丁：朱老师，作为"双肩挑"学者，您要求自己忠于岗位责任，情感教育研究显然不是您生命时光的主要部分。但回首望去，在情感教育的研究园地里，您不仅选题在拓展，其实方法也在拓展。您能围绕这方面谈谈吗？

朱：我在硕士阶段受到萧焜焘老师严格的形上哲学（思辨哲学）的学术训练，尤其是对充分的感性直觉，尽可能精确的知性知识，历史、辩证的综合能力这三种思维形式和阶段的训练，让我受益终身。当然，我没有学好。后来接触到现象哲学，我开始感到自己在研究观念特别是方法上的不足。研究人的情感，而不仅是期望人的情感发展，更需要研究真实生活中人的情感。用佐藤学的话来说，"规范论"的线路是不够的，要采取"逼近论"的思路。比如，研究教师情感素质及能力提升，20世纪90年代，我只能主要靠思辨和经验推论来描述；21世以来，我指导研究生论文更多学习并采用人文实证研究的方法获取尽可能多的实证根据。田家炳基金会项目更加重视洞察、捕捉教育活动中的真实情境、画面，考察"关系"、事件和人物内心，研究者要注意克己、聆听、感情移入、同感共受，注重教师身上发生的细微、缓慢的变化，而不急于求结果。

教育学的行动研究既要涵盖因果性分析，也要涵盖解释学的领域。因果设定只能用于被对象化了的过程，而主体之间的互相影响与位置置换在我们研究中被发现是完全可能的。我以我的心来体会当时你的心，从而走进你的世界。而与此同时，我们自己的情感境界也在悄然变化，从而体会到情感教育研究对自我提升的价值。

丁：第八次基础教育课程改革明确提出了"三维目标"，特别是将"情感态度与价值观"维度作为各科教学必须关注和落实的"目标"，这和党的十八大明确要求的教育"立德树人"高度一致。是不是可以这样说，您的情感教育研究对教育变革产生了一定影响？

朱：从 20 世纪 90 年代后期开始，我国的课程改革在各学科课程标准中，都强调了实现道德及价值观教育的目标，希望教师尽可能全面、深入地挖掘、展示出不同学科在实现道德教育上的不同价值。尤为突出的是，各门课程标准都强调培养学生积极情感（体验）的态度目标，这一目标被概无例外地明确陈述出来。我认为这是将道德教育、价值观教育从课程功能的完整性、整合性的角度去规定，从而建立起新的基于完整课程功能观的学校道德教育理念。这样，就将学校道德教育、价值观教育的空间大大扩展了。

我不敢妄说是自己的研究影响了某些课程改革政策，但从某种程度上可以说，对情感态度与价值观的重视和我们的长期研究与努力有一定关系。大家越来越认同教和学的过程中教师和学生的"情感"都很重要。情感不仅是动力系统，其本身也是发展目标，人的价值观主要是通过教和学的过程产生影响的。过去我们常常把德育与智育分开，忽视在智育中影响人的态度和价值观。其实，智力活动中对价值观和态度的影响在时间和空间上比专设的德育课更深远。学界和实践界尽管对三维目标的提法以及实际落实有不同的看法，我本人也期望学界有更深入的研究；但至少它可以释放教学过程中的潜在能力，同时对德育本身也是一种新的空间和理念的调整。

丁：目前，情感教育的重要性和价值越来越被广大一线教师认识、认同。但是作为教师，我们在教学中如何体现情感教育？

朱：我们从 2014 年就开始了关于教师情感表达与师生关系构建的项目研究。20 世纪 90 年代初以来，我在教育研究中始终秉持如下立场、观念。教师的情感—人文素质是教育素质的支撑性品质，它不仅从内部保证教师的教育信念、教育热情，而且在技艺层面上保证教师的教育、教学效率。21 世纪以来，越来越多的证据表明，学生学习积极性、学生发展与学习环境、与教师和学生间的关系密切相关。教师的情感表达方式及表达效果体现为教师在其教学活动中是如何深刻理解和传递学科背后的伦理价值、文化意蕴、方法妙趣的。无论教师个人性情、教学风格如何迥异，教师对其学科、对专业是否挚爱，对学生是否真爱都会被每一个敏感的学生感知。孩子们时刻与教师处在相互构建、相互形塑的过程中。由于教师的情感表达是其内在情感素质的外显，"表达"指向学生，构成一种"关系"，由双向互动而产生进一步的结果，因此，我们将它作为工作的切入口，着力考察教师的以下方面。比如，对学生的情感需求是否敏感，能否识别并恰当应对，包括观察、倾听、缄默、移情、同情性理解、共情等；帮助学生澄清情感困顿，以及有能力调适自己的情感；与学生建立基于"关心"的情感关系。项目希望通过提高教师文史哲修养，尤其是通过文学阅读、影视观赏，找到相似情境而情意感通，由此提高对情境的感知力、识别力、洞察力、移情与共情能力；通过叙事分享和现象学写作，理解教师情感表达的意义，由此增进教育的理解力。香港田家炳基金会"教师情感素质提升行动"项目，以教师情感表达能力提升为切入口，与中小学、幼儿园教师一起，对师生交往，课堂教学中的师生通过表情、语言和行为进行沟通的情感素质与能力开展行动研究。

　　教学过程为什么对情感态度有影响呢？因为学生大部分的时间是在学校和课堂中度过的，学生对学科是否热爱，本身就是一种重要的情感。所以，教师针对每门学科进行情感教育，最主要的就是通过学科增进孩子们对这门学科的情感，这本身就是很重要的情感目标，而很多教师忽略了这个问题。如果一个人热爱母语、热爱自己的伟大民族的优秀文化传统、热爱自己的祖国，本民族语言文学承载的文化、价值观和情感本身就是对学生十分重要的情感教育的内容。但是，教师不一定能将教材内容包含的情感价值观传递出来。那么，教师应该怎样去传递？首先，要对学科内容有情感性的理解。比如，镭是居里夫人发现的，居里夫人是一个多么伟大的女性。如果教师理解这一层面，那么讲课过程中不仅有化学知识的教育，而且还会很自然地进行情感教育。所以，我们要提醒教师树立这种意识，每门学科的内容都是饱含着情感态度与价值观的。其次，每门学科的学习方法也是饱含着情感态度与价值观的。譬如，数学的方法有逻辑推理和寻找充足事实根据的方法、严谨推导的方法、抽象思维的方法，这些方法严谨、客观，都是经过严谨推导甚至是长推导而来的，这是需要很强的毅力和记忆力的。它就是一种情感、审美和价值观。所以，学科无论内容还是方法都是有情感的，这就有赖于教师的理解。如此，教学设计有了情感，教学过程也可能就有了情感。同时，教学活动中大量生成的东西，要依靠教师进行教学的组织工作以及教学过程中新生成的东西，新生成的东西也要依靠教师的敏感。教师要通过识别学生的面部表情、肢体动作，把握学生表现出来的态度。南通的李庾南老师是全国数学名师，她坚持当班主任，就是为了了解每个学生的秉性、学习能力、喜好、擅长用什么方式学习，这对她的数学教学有很大的帮助。她尽可能地使学生对学习数学不畏难、不放弃、不自卑，避免学生因学习困难及分化遭遇灰暗的人生。

每一个人都有情感，如果学生长时间保持积极情感，如对学校、教师及学科是喜爱的、愿意与之合作的，那么这个孩子怎么可能发展不好？我们现在对情感的研究是通过实证的方式，探究什么样的师生关系会使学生产生积极或消极情感。怎样的情感支持道德、支持智力活动，怎样的情感伤害道德、破坏人的学习和创造愿望，这在生活中都是十分真实的。许多教师作为班主任，迫于各种外部压力，会忽视学生的情感。这很可能会就此造成一个孩子一生的悲剧。对于很多留守儿童来说，爱是缺失的。爱有两种，一种是健全的爱，另一种是不健全的爱，不健全的爱包括溺爱和爱的缺失。无论是溺爱还是爱的缺失，都不能给孩子一种独立的存在感。溺爱使孩子独立性很差；爱的缺失使孩子没有独立感，感受不到存在的价值，因此会变得冷漠，严重的还可能会报复社会。情感教育对现在的孩子和未来的孩子抱有一种深切的人道主义关怀和同情，我们应尽可能不让孩子在童年和少年时期遭受情感伤害，他们应该阳光快乐，信任教师和学校。如果他们不信任教师，也会不信任学校，进而不信任社会，在他们心里播下是怀疑的、不信任的、怨恨的种子，那么就不可能形成和谐的、有序的社会。教师要通过各门学科的教学，最大程度地让孩子进入积极的情感状态，进入全情投入学习的状态。教师要有能力识别表情和内心，有能力与学生进行实时的互动，去调整学生学习中的情绪情感。这不仅可以发展学生的积极情感，也可以通过发展积极情感构成学生发展的强大动力。教师应带头播撒正面情感力量的种子，给孩子奠定健康的人格基础。

丁：教师本人的情感状况跟情感教学有关系。您在 20 世纪 90 年代就呼吁开展情感性师范教育，重视师范生的情感素质培养。请教朱老师，教师的情感素质是怎样影响教育、教学的呢？

朱：情感师范教育是指在各级师范教育中，加强对师范生情感素质方面的培养，使师范生不仅在认知、技能水平上达到师范教育目标，在一般的思想政治素质方面具备其他类别目标没有的、特殊的职业条件，而且能够在未来的师范职业中，善于与学生顺利进行情感交往，能够胜任对学生情感导向的教育工作。这是国外 20 世纪 70 年代对师范教育提出的教育改革思想与实际操作要求。美国曾有过情感师范教育、人文师范教育、融合师范教育等，虽然叫法不一样，但总体上说，都是强调人文取向的师范教育理念。1994 年，我就写过呼唤有情感—人文素质的教师的文章。1997 年，国外"教师专业化"的思潮传入中国，自那以后，我不断地撰文提出有情感—人文素质的教师的特征，以及与教师专业化的内在联系，包括指导博士生研究的教师的创造性品质与一般的专业技术人员的不同，教师创造的根本来源是教师的爱心、敏感性、与学生的情感互动能力等。一个教师当是一个人文主义者，他足够尊重人，会劝诫自己一定要有耐心，要了解学生的家庭原因、生理原因、生活事件的原因、性情性格的原因、生活史的原因等；充分了解了学生后，能够及时沟通。我相信这个教师的学生是不会与他对抗的。教师的人文素质使其能够包容、等待、平等交流，不会用控制、强力、淫威和惩罚的办法来扭曲学生的性格，使学生情感消极，如痛苦、无奈、无助、迷茫等。

前面已经说到，有两大类情绪情感经验对于教育工作者特别重要。一是积累正面情绪情感经验，二是澄清负面情绪情感经验。正面情感的积累，多多益善，且不断分化与复杂化。如何有效澄清负面情感？要考察、观察、求证原因。失调的情绪需要经历情感澄清，如果在教师的帮助下，其认知活动和意志力被重新激活，人的联系感体验被勾连和接续，情绪情感就可以得到修复，返回平衡态而重新达至精神安宁。我把它称作"爱的联结"，我认为，教师要学习做"爱的联结"的使者。

1992 年，我在《情感教育论纲》中将其定义为儿童的联系感，现在称之为"联结感"。当联结感的种种变式——各种积极的主观联结体验在生命体内产生时，生命的内外关系便呈现出和顺、通畅、惬意、兴味盎然的情绪情感状态；相反，若联结感阻滞、割裂，则表现为生命内外关系不畅、情绪沮丧、扭曲、了无兴趣、压抑、疏离、自我封闭、防御、逃避等。而且，它们并不只是人的封闭的内心生活。它们是生命活动极具动力性的机制，影响生命状态，又是生命态度形成、稳定为人格、性格的最丰富和重要的来源。教师要用自己的爱把知识与知识进行联结，把学科与学科进行联结，把学生与学习对象进行联结，把人和人进行联结；当学生爱的联结被阻隔时，教师可以帮助学生把断链的部分用爱联结起来，学生就会恢复正常的情感态度和生命状态。

联结感是儿童与生俱来的一种情感，刚出生的孩子的情感是一种很朦胧的整体，他更多是通过整体判断的。蒙台梭利的研究发现，一岁到两岁半这个阶段，孩子只能看到整体，不容易看到细节；大致两岁以后，才慢慢发现分割了的细节。这些都应该是教师要掌握的心理学知识。我抓住"联结感"这个生命现象，越来越觉得它是情感教育研究中的基础概念和范畴，是我们要攻克的教育学的基础研究。基础概念和范畴中会有一些如数学上用到的所谓"变式"，"变式"这个概念很有用，后来在我的情感研究中发挥了很大作用。一个人如果有"变式"意识，有"联结感"体验，不仅学习的知识可以迁移，而且会自觉追求合作学习、社会性学习。许多人学成书呆子，因为联结能力差，与知识、与人的联结能力不足。学校为什么要整合课程呢？学科很多，生活是整体，任何问题都不是靠哪一个学科就能解决的。陶行知一生倡导生活教育，解决一个问题，可能要用到数学、物理、文字的理解等。课程改革以后，人们开始倡导用研究性学习、探究性学习等学习方式来解决跨际学习问题，一些小学尝试探索基于问题的学习。所以，整合是为了减少不必要的学科重复，增加课本知识与生活知识之间的联系、学科和学科之间的联系、知识与知识之间的联系。对事物间的联系有敏感性、有好奇心，我把它称为"联结感"。希望家庭和学校重视从小培养人的"联结感"体验，这种思维习惯、情感需求，可以帮助人提升用不同方式和路径解决问题的综合能力。"联结感"体验正是我在情感教育研究中发现的一个基础概念。作为基础概念，它演化的基本范畴、基本命题可能会被不断使用，就像一个核心技术，掌握它、弄通它，一通百通。

丁：您高度重视对"情感文明"建设的研究。"情感文明"这个概念，对不少学习者来说还比较陌生。请教朱老师，教育与情感文明建设是什么关系？

朱：2002年，我开始关注学校管理与文化建设，到中央教育科学研究所工作后，在南京首开"校长发展学校"，第一期班的讲座中提出的概念，即"学校情感文化"。后在《教育研究》2005年第3期发表《面对挑战：学校道德教育的调整与革新》时，我描述这种文化是师生间相互信任、友善、相互支持和鼓励的精神氛围，而不是相互排斥、冷漠、不信任的气氛。我认为，以人为本的学校管理、以道德为本的校长能够创造出情感文化，而情感文化正是学校文化最重要的表征。但是一段时期以来，一些学校热衷进行的文化建设主要停留在建筑文化、景观文化上，停留在限于文本和成人诠释的制度文化、释义文化上，离孩子们的真实生活、真实情感需要很远。它们并不能实际地对人产生情感和精神上的满足、吸引和提升作用。管理是教育的手段，并不是目的。管理中的权力、管理者结构、领导与服从、规章制度与纪律使人受到一定的规训和约束而有可能成为一个有教养的人；但是，管理学中的机构、权力、责任、各部门的联系、相互依从、上下级关系、领导与服从等并不能生搬硬套到教育学范畴乃至教育实践中。集体教育同样不是目的而仅是手段。班级生活是学生在学校过的共同生活、公共生活。在健康、健全的班级生活中，孩子们的情感才可能是惬意、舒展的，时常有与己相关的联结感，有同感共受的正面感觉。他们盼望与教师、同学见面和分享情感，以满足正常的人之需要。因此，班级的建设也要从班级情感文化建设、班级情感育人入手。

2002 年，我虽然开始重视情感—道德领导力，但那时还未直接接触苏霍姆林斯基关于情感文明的概念。2004 年，我与卡娅（苏霍姆林斯基的女儿）对话时，卡娅使用"情感文明"这个概念标识苏霍姆林斯基的情感教育思想，对我有很大的启发。虽然在俄语中，"Культура чувств"一词既可以翻译为情感文化，可以翻译为情感文明，指称个人时，也可以翻译为情感修养，但"情感文明"这一概念从此植入脑中，引发了我的极大的兴趣。同时期，我还读到了法国埃德加·莫兰的系列著作，其中介绍了关于人的认知与情感不断做圆环运动，推动脑的进化，从而为作为人科动物的人的文明进步奠定脑发育的基础的内容。教育（德育）从一定意义上说是培育合适的脑。这个思想与苏霍姆林斯基的情感文明思想是一脉相通的。在苏霍姆林斯基的思想和实践中，道德教育是重点，情感教育的分量也很重。怎样理解苏霍姆林斯基情感教育与道德教育之间的关系？卡娅在与我的对话中说，苏霍姆林斯基的教育思想有一个变化发展的过程。20 世纪 60 年代是他思想发展的第三阶段，他逐渐总结出在整个教育中最重要的是道德价值观教育。[1] 苏

---

[1]　朱小蔓：《与世界著名教育学者对话（第一辑）》，28 页，北京，教育科学出版社，2014。

霍姆林斯基认为，"全体教师努力使劳动人民在千百年间形成的那些高尚的道德品质——帮助别人、有同情心、不计私利、慷慨助人等等，成为儿童的精神财富。这是教育工作中最细致的一个方面，它和情感教育紧密地联系在一起"①。苏霍姆林斯基的情感教育贯穿于全部教育活动中，而不是单独的一域。虽然我在写作《情感教育论纲》时还没有来得及读很多苏霍姆林斯基的著作，但在情感教育是贯通教育全域的、情感教育的核心是道德价值观教育等基本看法上，我们完全一致。苏霍姆林斯基认为人持有的价值体系中最为核心、最基本、最重要的是道德价值。所以，他把道德在整个教育体系中凸显出来，并将道德教育渗透在各种教学和教育活动的各个方面。从某种意义上说，苏霍姆林斯基思想就是道德情感教育思想，所有的教育努力都是为了建设情感文明。

卡娅对我说，她想用"情感文明"这个词表达情感教育的宗旨。"因为，情感教育就是让孩子去体验诸如交往、信念、尊敬、同情、悲哀、快乐、爱和互助等情绪、情感的教育，这样的教育将人的情绪、情感汇集在一起便会促成学生产生一种情感的美丽，也就是形成一种情感文明。如果情感教育让孩子们形成情感文明的话，就等于让他们有了多样生活的体验，从而具有了自我独立判断和选择的能力，哪怕在单独的环境里，也能做出关于道德方面的正确抉择。"②"情感文明"让我联想到精神文明，这是一个漫长的发展过程，教育就是要为情感文明做出贡献，学校要为实现情感文明发挥出自己的功能。而如今，道德教育现实不容乐观，现在看来，当年提出的重视情感在个体道德形成

---

① 蔡汀、王义高、祖晶：《苏霍姆林斯基选集（五卷本）》第4卷，875页，北京，教育科学出版社，2001。

② 朱小蔓：《与世界著名教育学者对话（第一辑）》，26页，北京，教育科学出版社，2014。

及道德教育中的地位和价值，提出"情感性道德教育范式"，强调以情感体验为基础，以情感—态度系统为核心，以情感与认知相互影响、促进而发展为过程，从情感素质层面保证人的德行构成的道德教育理念、取向及实践操作样式远未过时，还需要我们继续传播、继续深化研究。

人本身是最宝贵的价值，人的生命也是最重要的价值，而对一个人来说，道德价值又是最基本的价值。科技不断发展，但人性变化并没有那么快。在人类文明史中，恒常不变的东西是价值观中最基础的。它可能超越时空，是人类共同性的东西；它最接近生命的本能，也最接近自然。甚至可以说，越是基础的，越是恒常的；越是恒常的，越是自然的。而孩子就是自然的，他表现着生命的本能，其早期形成的东西最为牢固。要使人形成具有恒常性的基础价值观，越早进行教育越好。

爱是人类最基本的情感，情感是最牢固的东西，我们要最早地把这种与生俱来的东西保护下来。情感教育是事半功倍的工作。通过爱的力量，在"爱力""爱心"中，生命才可能以整全的状态建立更好的自我内部以及它与外界他者之间的联结并获得意义。教育性的关爱之光照射生命，这是一种激活生命、穿透生命关系的伟大力量。

我谈情感教育从来不反对认知。若人的阅读量不够，则看不到人类丰富的内心世界，也不可能看到世界之广大、科技之发达。学习字词句并非为了考试，只有通过对字词句的学习，促进认知发展，才能更好地理解细腻的情感；否则，一个人对情感的理解是非常粗糙的。总之，情感教育从来不反对认知。有了认知的条件，情感才可能细腻、深刻、复杂、博大，认知是助力情感的，而情感也是助力认知的。我们要在理念、方法和机制上探讨一套办法来加强对不曾被人重视且至今也不被人重视的维度和领域的探究。我们要培养真人，有喜怒哀乐的真人，而非机器人和假人。人的探索、创造需要情绪专注、精神高度集中，还需要勇敢、冒险、不怕嘲讽和失败，这与早期安全感的获得，与充满信任、鼓励的环境有关。没有情感教育，也就不会有创造性。所以，情感教育研究是教育中极为基础的理论研究。在这个过程中，我们研发了一些基本概念和基础理论，包括道德情感结构、情感性道德教育、爱的联结、教师情感表达能力等。它们生长在这几十年中国自己的教育情境中，今后仍然要接受中国教育的检验并不断充实、发展。

丁：情感教育理论深邃，实践丰富多彩。请您谈谈今后情感教育的理论与实践方面应如何发展。

朱：第一，要进一步加强基础理论研究，因为基础理论需要更透彻的逻辑论证，基础理论还会延伸出新的概念和范畴，也需要足够充分的论证。第二，对情感教育的质料和内容要有实证研究。比如，人们常问，自尊心在什么时候培养最重要？诚实品质养成的关键期在什么时候？这些都需要做进一步的实证研究去证实，尽管我的学生已经做了一些有价值的研究。尤其是要研究在中国文化的脉络下，在中国本土，我们的儿童在不同环境里有哪些情感的品种以及如何培养、如何检测。另外，要通过教育实践来进行应用研究。通过对家庭、对学校的研究，去发现情感发育和培养的有效经验，以及关于积极情感和消极情感的大量生活案例和现象，引发我们从理论上做结构化的思考，促进理论与实践之间更积极的互动。总的来说，情感教育的基础研究与实践研究都远远不够。

21世纪以来，我开始较深入地阅读苏霍姆林斯基的作品，他的情感教育思想对我的情感教育实践研究产生了很大影响。这种影响最突出的表现是对儿童的真爱，对教师工作、教育作用之可能性的信念以及扎根学校、立于职场研究的韧劲。

我的情感教育研究在今后的主要工作除了对学术细节的深化研究外，很重要的就是与教育工作者一起真正去懂得每个学生（包括自己和同事）都有被承认的本性、欲求，这涉及个人生命发展的生命历史动力学。学校及学生班集体等组织无非是搭建一个平台，为个体、家庭和集体组织搭建能够实现自我满足的平台。

　　当然，思想普及的任务也很重要。希望我们有组织的力量和媒介的力量能够进行这项工作。我们要让更多的人知道情感教育是什么，情感教育为什么重要，情感教育需要学校做什么、需要学科教师做什么，大家为了做成这些应该如何要求自己。这些都需要我们进行细致、广泛的普及工作，而这些工作也需要我们把原有的知识、认知进行梳理。

　　情感教育研究是一个无止境的学术过程与生命过程。包括之前的情感概念、提问方式、命题等都可能在被不断"重新建构"。借用某位学者在清华大学的演讲中的一句话，要对世界的变化保持开放性，否则就无法做一个严肃的学者。

　　丁：今天占用了您很长的宝贵时间，感谢您就情感教育主题给我们做的全面深入的分析与指导，尽管我本人作为您的开门弟子，从硕士到博士一直追随您学习情感教育，但对您的深邃思想的领会还很浅显。您今天就情感教育的研究背景、情感教育研究的基础和价值、情感教育的概念、情感教育在教育教学中的实践、情感教育与教师发展等方面进行的系统阐述，使我受益匪浅。我相信，今天在座的每一个同学也学有所得，我们回去后再慢慢消化吸收。再一次谢谢您！

情感教育视阈下的"情感—交往"型课堂：一种着眼于全局的新人文主义探索①

21 世纪以来，"世界日新月异，对于人权和尊严的渴求正在日益凸显"②，而全球范围内仍然存在暴力、不宽容、狭义的经济主义和功利主义等问题和矛盾。现实迫使我们不断拓宽自己的视野，解决、消除我们面临的共同问题和矛盾，以此获得可持续性的发展前景。教育如何为以促进社会平等和文化多样性、引导并丰富人的生命成长、维护人的尊严和权利平等、实现可持续发展与团结为目标的人类共同利益的全局框架奠定坚实的基础，并据此回应当今时代中的个体生存危机？我们迫切需要对那些恒久以来的教育命题做出新的思考——什么是高教育质量？教育的目的到底何在？个人的教育质量意味着什么？个人是在怎样的环境中，如何展开他的学习的？学到了什么？感受到了什么？这种学习对于他的生命成长和可持续地发展具有什么样的价值和意义？

---

① 本文是作者与王平合作发表在《全球教育展望》2017 年第 1 期上的文章。

② 联合国教科文组织：《反思教育：向"全球共同利益"的理念转变?》，联合国教科文组织总部中文科译，序言 1 页，北京，教育科学出版社，2017。

一、情感教育的目标

人类社会面临的价值文化冲突、精神匮乏、不公正、暴力等深层次的矛盾和问题构成了影响人们生活质量的更大的、尤需引起注意的新的问题和挑战。它们使得身处其中的教育内含的价值理性功能得不到应有发挥。面对人的个体生命、精神以及情感被压抑，乃至整个教育中的情感层面日渐衰弱、撇开情感片面讲认知发展的生活和教育现状，我们在对现代教育的重新审视和反思的过程中，必须从与个性生命有活生生的联系、先于理智逻辑的生命优势特别是人的情感出发，重提教育的价值理性功能和人文主义道路。

(一)指向人的精神关怀

情绪、情感在表征人的生命活动，体现人的心理、意识和思想等方面比理智认知具有更直接、显著的优先作用。通过情绪、情感，我们能够比较直观地把捉和窥见个体生命内部隐秘的信号和价值旨趣。情感教育以个体的生命活动规律及其呈现出来的情绪、情感状态为生理依据，以教育的方式，将与人的发展密切相关并且对于人的发展具有重要影响的情绪、情感进行正向、积极的引导，并使其生长出新的情感品质。这个过程必然不排斥知性教育，更不把情感与知识、道德等对应或者割裂开来，而是将"情感"作为辐射教育活动和人的发展全领域的基础性、全息性因素看待。研究情感教育也就是研究人的情感与人的生存发展的道德关系、认知关系、审美关系、价值关系如何取得最佳状态。从本质上说，情感教育论属于教育哲学范围。

中华文化中，"周孔教化自亦不出于理智，而以感情为其根本"，

"孔子学派以敦勉孝弟和一切仁厚肫挚之情为其最大特色"①，"以'情'为人生的最终实在、根本"②，这是情感教育研究得天独厚而又宝贵的民族精神遗产。当代社会，一直处于"灰姑娘"角色的人的情绪、情感的问题和研究的缺失更是突出地体现为人的精神世界的贫瘠。包括哲学(伦理学)、心理学、生物学、社会学等在内的几乎所有人文社会学科的兴趣和关注点也都将矛头指向因漫长的生物进化论、科技理性主义、唯认知主义和工具理性的统治而造成的人的诸多情感问题和精神失落。

英国的 P. 郎教授自 20 世纪 80 年代末开始，持续关注情感教育领域的问题。他认为，"情感教育是教育过程的一部分，它关注学生的态度、情感、信念以及情绪"③。他对情感教育做了更加宽泛和包容性的理解，认为就欧洲而言，"指导""咨询""精神关怀""塑造个性与社会性""教育气氛"等都可以纳入泛指意义上的情感教育当中。情感教育关心认知发展，更关心认知并以认知为基础的包含个性和社会性，尤其指向人的精神和整个生命关怀的教育。

(二)通往人类伦理建构的核心

人的情绪、情感不仅是道德价值观形成和发展的标识，而且很多社会性的情感，如关心、尊重感、荣誉感、自豪感等，本身就是道德价值观的一部分。"伊·彼·巴甫洛夫把情感称之为模糊力。情感的生理基础隐藏在使人和动物相似的各种本能之中。而人之所以能上升到动物界之上，那是由于人的各种情感通过特殊的素养、人的认识、劳

① 梁漱溟：《中国文化要义(第 2 版)》，115、276 页，上海，上海人民出版社，2011。
② 李泽厚：《实用理性与乐感文化(修订本)》，54 页，北京，生活·读书·新知三联书店，2008。
③ [英] P. 郎：《情感教育的国际透视》，载《华东师范大学学报(教育科学版)》，1995(3)。

动和多种社会关系而使人变得高尚。"①正是因为人的情绪、情感能够通过教育的作用而发生改变，并且由此发挥它们在个体认知、道德和审美中的弥散性作用，情感教育才在整个教育，尤其是道德教育中居于无可替代的核心地位，并且贯穿整个道德教育始终。

俄罗斯著名伦理学家、曾任世界伦理学会主席的吉塔连柯早在20世纪80年代就曾敏感地注意到情感在人的道德乃至整个生命领域的重要价值和作用，认为"要使道德这样一种特殊的文明武器真正发挥功能，尤其是发挥其巨大的创造潜能，诉诸外部的、整体的、静态的力量显然不够；简单告知，甚至强制，更加无效。真正可靠的道德力量必须从人的内部生长起来。因而，道德中的主观—个人因素一定不能忽略"。② 情感在道德以及人的整个伦理大厦中具有特殊的价值和作用。吉塔连柯在《情感在道德中的作用和感觉论原则在伦理学中的作用》一文中，集中阐述了自己的这一观点，认为情感，特别是道德情感，在生活中起着使人高尚的作用，没有它们，任何真正伟大的东西都是不可能有的。因为"情感不仅是获得生活和文化价值信息的唯一直接渠道（经过感觉、知觉等），是找到这些价值和在价值起伏变化的世界里的方向的复杂工具，而且也是内在主观的利益动因本身，是认识和行为动机的道德意义"。③ 由于情感在个体以及建构整个人类伦理体系中的重要价值，在通往人类伦理大厦建构的道路上，情感教育在对抗唯理智主义、唯认知主义以及道德教育中的灌输、说教等问题上，

---

① 蔡汀、王义高、祖晶：《苏霍姆林斯基选集（五卷本）》第3卷，719～720页，北京，教育科学出版社，2001。

② 朱小蔓：《永恒的道德　无尽的思念——写在俄罗斯著名伦理学家季塔连科教授20周年忌辰》，载《教育研究》，2013(5)。

③ А.И.吉塔连柯：《情感在道德中的作用和感觉论原则在伦理学中的作用》，载《哲学译丛》，1986(2)。

具有十分重要的价值和意义。

(三)直接针对狭隘、封闭、忽视人性的教育积弊

从 20 世纪 80 年代开始，由于复杂的文化发展和历史原因，特别是受西方科技理性主义思想的影响，个体人的鲜活、丰富的精神世界和教育、学习活动中情感被忽视等问题越来越严重。因人的健全发展以及教育研究在思想观念上受束缚等问题，在实践和理论研究中探索情感教育具有现实的针对性。

在实践层面，具有代表性的当属李吉林的情境教育。"近一个世纪来，中国的教育……注重认识，忽略情感，学校成为单一传授知识的场所。这就导致了教育的狭隘性、封闭性，影响了人才素质的全面提高，尤其是情感意志及创造性的培养和发展。"①有感于这一教育实践中的情感缺乏问题，李吉林在实践中提倡并发展出了其情境教育的情感教育模式。情境教学—情境教育为儿童的理智认知和情感精神的协调发展创造了一个最优化的空间，使得儿童能够在情境当中将静态的概念、语词和故事通过形象操作、思维操作活化成形象的感觉意象，把符号中的价值说教还原成儿童易于接受、乐于体验的活泼生动的经验，从而使得认知学习的过程伴随着情感的体验与发动，而情感则在这一过程中由于认知的参与而获得审美上的愉悦和价值上的积极润泽，最终在知与情的相互交融中，人的生命获得整体性的成长与发展。在理论层面，从 20 世纪 80 年代中期开始，我国教育学界开始基于基础教育一线的实验、实践经验，探索并进行情感教育的理论研究，其中，情感教育的目标建构、内在过程以及教育实践的具体机制和操作方面均有研究涉及。

---

① 李吉林：《激情萌发智慧——李吉林情境教育论文选》，142 页，北京，教育科学出版社，2016。

今天，尽管整个教育生态与环境当中的极端功利主义、唯分数论以及重视认知和理智、忽视人的情感，与人的整体协调发展背道而驰的思想观念还没有从根本上得到扭转和改变；但是，关于情感教育或者与情感教育旨趣一致的诸多教育实践、教学模式和教育研究的理论在中国已经有了一定程度的深入和进步，许多有识之士也逐渐看到并呼吁情感教育的重要性和迫切性。

情感教育在超越简单的识字和单纯的认知，转向关心学习的环境，关心整体教育质量对每一个个体而言具有什么意义，关心个体在学习过程中的权利是否得到了尊重，生命状态是否展开、丰满等方面具有重要而积极的价值。正是通过关怀每一个人（包括教师、学生以及社会中的一切个体）的精神和健全生命，为他们的成长真正地负起责任，重视他们的文化素养，我们才有可能通过情感教育帮助他们在一个变革的时代获得生存的能力，并且在一个相互联结的社会中构成命运共同体，成为可持续发展的维护者、建设者和创造者。所有这些，都与教育中关心人的整全发展，从情感入手，进而关心人的精神，培育人的良善品质以及适应和创造未来健康生活的能力等未来教育的定位和精神具有高度的一致性，是反思教育并进行人文主义教育和教学实践的中国本土化的理论依据和宝贵的实践经验。

在一个社会变革和教育遭受挑战的时代，反思教育并通过教育解决社会可持续发展问题，对于今天中国学校教育特别是课堂教学中现存的生命情感状态不够好的生态问题具有特殊的、紧迫的价值。

(四)情感在知识学习、课程教学与道德价值形成中的作用

情感在不同程度、从不同侧面产生辐射作用，并影响学习、课程、教学以及价值观和道德品性的养成。

情感是牵涉个体生理、心理和精神的生命体的一部分，因而也是知识的一部分。作为学习的重要维度，情感对人的学习经验和生命状

态的丰富都有重要意义。2006 年，欧盟专家组提出了"学会学习"能力的"认知—情感"二维概念框架；2008 年，又提出了"认知—情感—元认知"三维概念框架，内含 3 个维度、10 个子维度，其中情感维度包括学习动机、学习策略和面向变革的学习取向、学业上的自我概念和自我评价、学习环境。

新的知识观不仅仅包括语词、符号、概念、理论等，而且包括价值观和态度。学习的过程既是逻辑不断完善的过程，也包括积极的社会性情感和道德情感的形成，公共精神的培育，合作学习、团队协作的愿望的实现等。为此，每一个学生在学习过程中的感受和体验，在学习过程中的生命和精神状态都需要并应得到关心，因为它们既是学习的内容也是学习获得成功的途径，更是学习的最终目的。没有学生的情感参与、不关心学生个体的情感发展和精神状态、失却对学生生命状态的关怀的学习不仅难以获得持续性的、深入的展开，而且容易窄化为知识的说教和理智的规训。除了面对冷冰冰的概念符号、僵化沉闷的知识框架以及某些应试的临时技巧以外，学习者很难在学习的过程中与本人的生活经历、生命感受发生联系，很难做到对情感和内在精神的培养和提升，教育者也很难关怀到学生个体的生命感受和生命成长。

学习不是单向的、纯粹个人化的活动。特别是在学校教育中，课堂是学生学习的重要场所，课堂教学是学习的主要形式和过程。有别于传统的、静止不动的、线条式形态的知识传递，关心个体学习质量和全副生命状态感受、生命质量提升的课堂教学应该是一个由师生共同体组成的、面向全体的动态交往过程。要想实现较高的教学质量，应面向全体，较好识别和满足学生真实的需要，师生在感性与理性、认知与情感方面应得到关注，获得协调发展的经验；如此，师生的生命活力、创造欲望得以表现，负性情绪得到关切和适时调适，教学过程与育人过程融整，具有可持续的生态，有共在感与共生体验。

早在两百多年以前，赫尔巴特就指出"教学具有教育性"。学校教育中的所有课程，乃至每一节课都既是学科知识教学的载体，更可能而且应当具有维系人发展的情感性价值。情感渗透在课堂教学和课程内容中，在课程内容的教与学过程中渗透和体现其内在的隐性价值，并伴随知识学习实现其自身的不断丰富和发展。而在显性课程以外的隐性课堂教学环境则是情感蕴藏、情感力量得到发挥的又一重要载体。为了实现教学与教育的相融并达到课程育人、环境育人的教育目标，学校中的课堂应当为人的健康、积极、高级的情感发展提供安全、温暖而又理性的环境。

人的情感体验与其价值观认同、道德品性与健全人格的养成紧密关联，继而对完整的、整全的人的生命成长起基础性及持续生长性作用。情感是高度个体化的，与个人的包括认知、意志和行为在内的一切生命活动有着密切的内在关联，是"人在与自我、外部他者互动过程中的'关系'反应上的'标识器'"，① 而"同情共感"作为"人类形成社会秩序的基本的天然禀赋"则直接地体现了情感在道德价值观养成中的不可忽视的作用。

二、"情感—交往"型课堂的理念与操作

从"情感"切入，教学应关心师生在教与学中的感受，尤其是关心学生在教学过程中感受到了什么、学到了什么，教师对教学过程的体验如何，如何评价和调整自己的教学，如何评价学生之间以及师生之

---

① 朱小蔓、王平：《德育漫谈：理论与实践的新拓展与新生长（上）》，载《中国德育》，2015(10)。

间的互动状况。教学"并非简单实施计划，而是包含着诸多令人不知所措的、复杂的未知因素。教学设计的方法中应该体现教学本质的复杂性和模糊性"，"教师的教学工作并非通过事先设计来控制学生，而是要珍视每一位学生的学习点滴，而后将其串联成故事"。[①] 能够帮助促进教师教和学生学的双向互动的，融认知、技能和价值观为一体的教与学的道路和课堂教学样态对于改善课堂教学环境，并在整体意义上真正促进学习质量的提高都至关重要。

为了营造有质量的、因关心个体而关心由每一个个体组成的全体成员的学习环境和提高教育质量，我们认为，课堂教学应该是融情感教育、课程育人、情感德育为一体，注重个体生命间的联系，尤其关心包括个体情感在内的整体人格健全发展的动态过程。我们把对这样一种课堂样态和模式的构想称为"情感—交往"型课堂。

第一，"情感—交往"型课堂以关爱、呵护师生生命状态，通过师生、生生感性和理性沟通统整，情感与认知沟通统整，激发师生自我调适，塑造感性与理性、认知与情感协调发展的人为教学和教育的根本目的。这是超越知识教育、技能教育的情感教育、生命教育和全人教育。希望通过关心并改善知识学习的过程和方法、改善师生关系而改善整个学习的物理与人文环境，使教师获得职业幸福、学生获得成长幸福，指向基于个体生命成长的教学过程中共同利益的达成的新的教育质量观，使得课堂教学真正关心生命、通达生命。

第二，这是一种完整的、具有生命质量的课堂教学生活。它并不侧重于教学技巧的掌握或知识传授的高效，它针对的是教学中因缺乏生命气息和生活气息、缺乏师生间充满生命活力的互动而使教学过程

---

① ［日］秋田喜代美、［日］佐藤学：《新时代的教师》，陈静静译，19页，北京，教育科学出版社，2013。

脱离了个体生命感觉，造成了体验的孤立、知识的割裂、概念的堆砌等问题。"情感—交往"型课堂重视认知和情感都得到照顾、呵护、发展，而不是以过度的负性情绪为代价去获得短暂的认知结果、分数和升学成就。它不排斥教学需要考试的评价，但尤其关心并希望反思与改善的是用什么方式、经由怎样的过程去获得学业成绩的提高。

第三，课堂中的学习活动是教师教与学生学的、共度的、愉悦的、有趣的、有意义的活动。这是师生共同在特定时空中构建的，需要当事者唤醒自身的觉悟，反省自己的课堂行为与态度，培育自身对自己生活质量的敏感性。因此，教师在课堂教学中的作用不仅是激发学生，更是通过建立良好的师生关系，让自己能够更加胜任教学，体会教学生活的快乐，与学生一起成长。所以，教师在课堂教学中的情感表达、与学生的应答关系、教学组织方式上，重视特定的、有脉络的情境和随机调整教学策略以满足不同学生所需的能力就显得特别重要。它甚至关系到教师能否与学生之间形成良好顺畅的师生关系，营造一个课程育人的、认知与情感不断得到和谐发展的、充满生命力量的、关涉教师和学生共同利益的课堂教育环境，从而改变课堂中教和学的生态，使得教学成为关心生命、提升生命并促进生命绽放的生动的过程。

第四，积极、健康、和谐的课堂师生关系和教学环境是"情感—交往"型课堂的载体。这种师生关系体现在整个课堂教学的环境以及师生的交往方面。其中，教师表现出尊重、关怀、耐心（伦理上追求完善）、宽容、欣赏、惬意（美感上追求完善）等情绪情感体验和状态；学生体验安全、兴趣、热爱、信任、胜任、成就、自在等情感状态。教和学的整个过程中，师生双方情感生命状态稳定、积极。有趣、专注、生动、活泼、自由等构成课堂教学活动主要的情绪情感基调。

这种镶嵌于课堂教学中的良好师生关系又反过来促使整个教学过程与顺畅的情感联系相吻合且融合一体。其中，教师不再满足于对教学内容的教及学生的听懂与掌握，而是激起了对专注于学习过程的兴趣及向往，对自己的表现有心安、兴奋、胜任的愉悦、自信，对学生给予教师的尊重、热爱与信任有自豪和幸福感。教室里形成积极安宁的学习环境、兴致盎然的学习气氛，教学中具体的知识、方法技能已经融化于积极的情感态度与学习动机之中。

学校是教和学的场所，学校教育是教育的主体，以课堂教学为主的学习环境是师生展现、展开生命状态，并在其中获致共同成长的重要载体。在教育普及、全民学习和终身化学习的时代，学习是每个人的权利；进行有效的、高质量的学习则是在一个知识来源渠道广泛、技术信息日新月异的社会中，个体学习的新的、尤为重要的诉求。"情感—交往"型课堂在营造良好、积极的学习环境，激发人的学习动机，帮助保持人的学习愿望，形成良好、积极、主动的学习态度，开发、锻炼和提高学习能力等方面给予人尽可能多的支持和援助。由于这个过程对每一个个体学习和交往中的情感、态度与人格给予了关心，这种关心能够通达每一个个体的生命之中。教育质量的提高真正对每一个个体产生意义，并据此真正帮助建立一个全局性的教学利益共同体。

我们之所以认同以上理念，不仅是因为我们均身处全球共同利益的时代背景下，更是以长久以来对情感教育理论的研究和实践为基础的。情感是个人化的、与生命密不可分的，尽管每个人的知识水平和思维能力不同、经验不同、风格不同，但无论是教师还是学生，其在学习和交往过程中体现的以向善求美为基调的人文精神完全相通，而这些与对情感素质和能力的要求方面也十分相近。虽然情感能力涉及控制力、反思力、性格、个性等的不同，情感能力的培养需要与认知条件相伴随，但这种要求也并非完全苛刻与严格。人类千万年的进化史和生活经历告诉我们，在走向情感文明的道路上，人类并无多少实质性差别。

当然，"情感—交往"型课堂是仅靠肉眼无法完全、透彻观察到的。

作为情感教育理论研究和实践的一种拓展和应用，"情感—交往"型课堂没有固定的模式和标准，它的发掘和实践是一个需要用一个生命去体悟另一个生命以及一群人生命的历程。

区别于以往的仅仅依靠外显行为甚至是基于分数、权重等量化标准的评价和操作模式，对"情感—交往"型课堂的构建、发掘和评价是一个介于主客观之间的，融合观察、感受、体悟和建构生成的动态过程。这样的课堂教学理念和形态本身就需要包括教师、学生等在内的所有教育要素合力参与、协同生成。它不看重"固定"和"唯一"的标准，我们也更不是要提供一个固定的标准和模式来评价课堂教学，而是希望通过观察、感受和体悟，经历反复他评和自评，走向融合更好的教师情感素质和能力、更乐学的学生情感精神状态以及更融洽的师生关系在内的，结合观察和体悟为一体的，更好和更高质量的课堂教学状态。因此，它不仅需要我们关注和敏感于相应课堂教与学情境中的情感交往的行为表现方式、包含情感体验和道德价值等在内的课堂教学整体性效果的体悟，而且要尤其关心教师、学生、教学关系、师生关系以及教学资源和内容在预设和现实课堂情境中生成的育人功能和价值。由此，在实操方面，我们认为，可以从行为表现和价值体验两个维度，尝试在教师的情感素养和能力、教师与学生的课堂行为表现以及课堂教与学的整体状态等方面，综合性地为教师和教育同行们提供一些具有指导性、建议性和支架性的"建议"和"指南"，来帮助达成这一目标。我们希望通过这些开放的、建议性的"建议"和"指南"，为教育者进行课堂教学的自我评价、自我诊断、课堂观察和同行互评等提供一种指向具有"情感—交往"型课堂意蕴、体现情感教育旨趣和目标的参考和方向。

情感关注，班级育人的基础[①]

　　班级生活是孩子们学校的集中空间和时间的生活。陶行知说，是生活就是教育，是好生活就是好教育，是坏生活就是坏教育。孩子们来到学校时，记得最清楚的是爱、恨、欢乐、恐惧、善和恶，也就是说，是人类最深邃的情感以及道德的基础。

　　什么情感对处于学校生活中的儿童来说最重要？被承认、被爱；安全感，可以无压抑地与教师、同伴交往；信任感，可以表达自己的真诚；自我价值感，从而获得自尊、自信、有力感、胜任感。

　　2006 年，欧盟专家组提出了"学会学习"能力的"认知—情感"二维概念框架；2008 年，提出了"认知—情感—元认知"三维概念框架，内含 3 个维度、10 个子维度，其中情感维度包括学习动机、学习策略和面向变革的学习取向、学业上的自我概念和自我评价、学习环境。联合国教科文组织倡导的全民教育运动也主张从认知与情感两个维度考察和认定教育质量。

　　这些既关乎学业成就，又关乎道德价值观形成的情绪情感，涌现、积累、汇聚为稳定的性情、情感品质与情感能力，是衡量学校教育质量的重要标志物。班级生活是学生在学校过的共同生活、公共生活。

---

① 　本文是作者发表在《上海教育》2015 年第 13 期上的文章。

其愿景、使命是价值引领,是未来感、格局感、秩序感的体验。人际差异性是重要的学习资源,承认个体生命的独特性、独立性、唯一性可以锻炼人的宽容、尊重与敬畏心。在集体中遵循必要的规则、程序,学会负责与担当,学会谈判与妥协等都是形成公共精神的经由之路。总之,集体教育是用来培养人的开阔、丰富的个性与饱满的精神世界的。

因此,学生自治、协商对话、参与、合作共享等是班级管理与集体生活中的道德生活常态和主旋律。只有在健康、健全的班级生活中,孩子们的情感才可能是惬意、舒展的,才可能时常有与己相关的联结感、有同感共受的正面感觉。他们盼望与教师、同学见面和分享情感。教师也应该对学生的情感需求适时做出恰当的回应。肢体表达和语言表达应准确、细腻,口语的声响、语调、频率、节奏、用语等都应当同特定情境以及同儿童有适切性。

从情感教育视角看教师如何育人

——对落实《中小学德育工作指南》的思考①

2017 年 8 月，教育部印发的《中小学德育工作指南》（以下简称《指南》）是党的十八大以来在德育为先、立德树人等背景和精神引领下，结合中小学德育工作实际对德育的目标、内容、实施途径、要求等方面做出的及时、细致和全面的回应。它对于中小学德育存在的虽然工作成效显著，但重认知轻实践、德育方法途径较为单一、各学段之间衔接不够顺畅、德育工作体系不够贯通完善等问题的化解具有系统、全面的指导意义，也是新时期对学校教育"培养什么样的人""如何培养人"等教育基本问题的来自国家层级政策文本的再一次明确和具体化。它对当前及未来一段时期我国中小学德育实践与德育理论研究都具有重要的引领意义。作为育人活动，德育尤其看重生命内不同层次和不同生命个体之间的相互关照、协调、顺畅，并体现为精神、行为和人格等的不断提升与完善。虽然影响德育目标及德育全程的因素有很多，但其中教师作用的发挥至为关键。教师是在学校教育中与学生关系最为密切、对学生的思想品德和价值观形成具有直接而持续性影响的人。从情感教育的视角看，教师对德育性质的认识和把握具体地体现在课

---

① 本文是作者与王平合作发表在《中国教育学刊》2018 年第 3 期上的文章。

堂教学、师生关系、教师自身的情感素质以及与此相关的条件等方面，这体现了教师在学校德育工作中的重要地位和作用。

一、教师在课程与教学中育人

学科知识、教学活动中蕴含着丰富的德育资源、内容和契机。重视课程育人，明确要求"充分发挥课堂教学的主渠道作用，将中小学德育内容细化落实到各学科课程的教学目标之中，融入渗透到教育教学全过程"，这是《指南》在中小学德育实施途径和要求中首先强调的一点。细化、落实到教师身上，它是对将德育看成品德课教师、辅导员、班主任的责任而与授课教师无多大关系的陈旧、单一和片面的德育工作观念和路径的进一步纠正，也对教师课程育人、教学育人的责任和使命提出了更明确的工作指向和意识、能力要求：改变重教学轻育人、重知识轻品德、重分数轻做人的狭隘片面的教学观和教育观，将"育人"看作自我工作的首要和重要的内涵体现，并渗透到对学科的认识和相应教学活动的全过程中，意识到学科与知识本身、教学活动过程、教师自身对学科的热爱和教学胜任的体验等方面是重要的道德生成与价值观教育的载体和契机，并在其中形成和锻炼自己相应的课程育人能力。

（一）挖掘学科知识中的德育资源，让学科知识因与师生生命和情感经验相联系而"活"起来

不同学科具有自身不同的属性和特点，人文学科中的语言文字、人物事件、文化传统、风俗人情等，自然学科中的定理公式、生命成长、科学发现的历史等，都以不同的角度传递出审美的、厚重的、严密规整的、多样包容的、让人惊讶与赞美的等丰富而不同的价值观念。它们对于涵养学生的科学素养、规则意识、思维品质，使其形成积极

健康的审美情趣、生活技能与习惯、交往和团结的能力，磨砺其意志品质，培养其相应的道德价值观和健全的生命与人格等，都具有十分重要的影响。这些影响有的是以显著和较为直接的方式如专设的品德课来体现的，但大部分是不明显、隐晦的，尤其是各个专门学科的德育功能是需要教师认识和不断挖掘、开启的。从情感教育的视角看，作为一种信息、符号，只有在与具体的人、情境以及在此情境中的处境和感受体验相结合的时候，知识才可能显现出一定的价值，并在作用于个体道德与价值观的层面上具有促进个体生命成长的意义。因此，每一位任课教师是否具备相应的学科素养，是否能够并善于在自己所教学科的知识中挖掘、发现知识背后丰富和深层次的德育资源，是否能够以学科和知识学习为载体和平台，抓住、生成和建立各门学科知识与学生生活以及已有认知和情感经验之间的联系，使学科知识因与学生个体的生命经验和生活现实发生联系而"活"起来，既考验教师的学科素养，也是教师在学科与知识中育人的德育意识、能力的体现，是在实际教学工作中能否落实《指南》中的"课程育人"这一德育实施途径和要求的具体表现。

(二)构建有情感带入的课堂教学，让教学活动成为具有道德成长意义的价值观载体

"统一""普遍"的学科知识是否具有个人意义而真正与学生的思想观念、情感体验、生活需要产生联系，并进而成为具有道德成长意义的价值观载体，具体地体现在教师的教学过程中。苏霍姆林斯基早就说过，教师在课堂教学中不是在教某一门学科，而是在教每一个具体的孩子学习知识。学科以及学科知识本身如何成为学生认知、思维和经验系统中的一部分，也即学科知识如何彰显个人价值、呈现个人意义，既是教学中尤其需要受到教师关注的方面，也是体现教师教学智慧与能力、显见教师教学艺术，却又在以往的教学过程和教师意识中或多或少被忽略掉的方面。有效的教学活动既非教师孤立地教，也不是学生被动地学，而是教师能够与学生之间建立情感上的联系——教师将自己的生活经验带入对学科、知识、文本的理解和解读中，在教与学活动结成的关系中，以学生学习活动及表现为着眼点，敏锐地发现、识别学生的情感状态，并进行移情性的回应、调适和恰当地处理学生在学习中的情感困惑和问题，使他们能够感受到学习中的乐趣、思维和理智上的挑战，感受到惊喜和自豪并保持继续学习的愿望，逐渐发展进一步学习的能力，等等。这些一方面是教学活动本身的效率要求，另一方面，学生在这个过程中的情感和伴随情感而带入的个体生命感受，认知、思维的发展，以及教师在其中的参与程度、伴随的角色、做出的回应等，都是影响学生思想和价值观念的重要方式与契机。

教学活动通过知识、运用知识并在知识学习的过程中锻炼学生的学科思维，涵养学生的思想情感，培育他们良好的道德品质和价值观。不过，教师不是在教孤立的知识点，而是在人类知识的大厦、在一个系统化的知识链条中与学生一起展开一定的教与学的活动。将教学活动放到人类知识的系统和长河中看待，知识教学既不是孤立的点和面，也不是简单的记诵和符号，而是人类知识谱系中的某一段、某一点，并在特定的历史时间、空间中，与发现、发明和使用、创造这些知识与文明的人联系了起来，因此，知识是具有生命的、立体的、丰富的。不仅教和学知识的人是具体的、生动的，知识本身也不再是静态和僵死的，而是具有人的价值考虑，也就与人的生活和人类社会的文明与福祉联系了起来。对知识的教和学也就超越了简单的符号活动而具有道德上的考量。其中，教师因可能超越表层和孤立知识的视野而看到了学科和知识的脉络以及其背后的那些与人的生活、人类历史发展相关联的具有价值和文化意蕴的东西；学生既是在学习某一门学科、某一课、某一章、某一节、某一点的知识，更是在整个系统的知识和人类文明的框架中学习，他们要知道为什么要学，要知道知识所处的位置、学科的价值以及学习本身的意义。所有这些不仅彰显了教学活动的终极目的所在，而且可以锻炼学生的思维能力，形成科学思考的方法与态度、自我学习的意识和能力，建立自我生命经验与知识之间的联结，并在其中形塑自己的价值观，感受和形成切己的道德品质。这些与《指南》的精神是一致的、贴切的。

(三)在对学科的热爱中渗透积极的价值观期待，激发学生的道德积极性，促进伦理上的自我发展

教师对学科的认识、对知识的理解和把握程度除了与教师的学科素养、教学技能、教学艺术等相关，还深刻地体现在教师自身对于学科和知识的热爱上。教师因为热爱学科，因为在学科和知识教学中渗透了个人饱满的热情、深刻的理解、积极的价值观念和期待，他们对学科进行带有情感温度的个人化理解和阐释便成为可能。学校教育中，具有敏感性的教师更容易敏锐把握文本和知识背后的内涵与联系，而根源于他们内心的动力——对学科的热爱则是他们具备这种能力的基础。尽管有时候教师的情绪情感不一定完全是积极的，经验与认知是有局限的，尽管有时候其方法是笨拙的、不那么妥当的，但教师能将个人内心复杂的、多层次的感觉和知觉、情绪情感、赞成与否定等真实的体验带入进来。如此，他们才是一个个真实的人(当然，这还要视学生年龄的不同而有所区别)，才可能将自己的生命向学生、学科和知识教学敞开，使自己的热情在教学实践中不断获得磨炼，其也由此获得学生的信赖。而这种热情、真诚激发和转化出的深刻的道德—心理机制则是人的道德积极性和伦理上的自我发展得以展开、实现的依据。如果没有教师本人对所教学科挚爱、真实、执着的情感，没有经常性的对胜任该学科教学的自我肯定的积极体验，那么不但教师自己的教学和职业发展难以为继，其也无法影响学生的情感态度与价值观，教学育人的效果会大打折扣。

二、师生关系中教师的情感素质及其育人价值

人在生活的过程中因受到多种复杂因素的裹挟和综合影响而不断地成长。《指南》指出："切实将党和国家关于中小学德育工作的要求落细落小落实……努力形成全员育人、全程育人、全方位育人的德育工作格局。"更大范围内的学校生活中，校园的物理环境、文化环境、学生的家庭背景甚至校外的生活环境、社区和社会影响等，都是在进行中小学生道德价值观教育时不可不考虑的重要因素。它们渗透在课堂教学中，但更多地弥散、附着在师生交往关系之中。教师对这些因素的意识和敏感性、教师在其中的角色和反应不仅影响教师对师生关系的理解，而且通过师生关系在教师与学生的交往过程中体现出来，成为影响中小学生道德价值观教育的重要因素。

然而，长期以来，教师在这方面的意识等远远不够，教师应对由于社会转型与现代化进程加速带来的家庭、学校和社会环境、氛围的极大变化，中小学生在认知、心理、交友、学习、情感等方面出现的新情况、新问题的能力亟待提升。教师对于学生课堂学习以外的诸如亲情、友情、爱情、人际关系处理，甚至包括课堂学习活动中的正面情感体验与负性情绪，乃至心灵成长等重要的情感现象的关注、呵护、引导与援助比较薄弱，或故意回避。因如厌恶学习、逃学，同伴排斥，青春期的异性交往、恋爱等导致的学习困难、心理障碍、青春期困惑、反抗期焦虑、心理压力和精神疾患等常常被教师忽略。这种"不见人"的畸形师生关系不仅无法满足学生的安全感、被承认感、被接纳感、独立感、惬意感以及自由创造的正当情感需求，而且进一步渗透在师生关系中，表现为教师常常以自己的"威权"指令学生、以自己的视角

和自身的体验一厢情愿地揣测学生、"告状式"地通报家长等，由此导致师生之间缺乏信任、产生隔阂，部分教师与学生成为"陌路人"，甚至"敌人"。造成这种状况的原因是多方面的，但是教师自身情感素养和能力的欠缺是一个重要的、不可忽视的因素。教师对其自身的情感素养在学生人格发展中的影响缺乏基本的认知，教师对学生的心理、家庭、生活经历等缺乏基本的了解，师生关系缺乏基本的关怀性情感氛围。

(一)在对学生情感需求与特征的基本认识和了解中结成师生关系

教师每日在学校里面对和接触的是活生生的、来自不同家庭背景、具有不同生活经验的学生。教师对学生道德成长的影响和教育首先体现为教师对学生的性格特征、兴趣爱好、受教育经历和家庭背景等方面有足够多的认识和了解。比如，教师知道在小学低年级学生的入学适应阶段需要提供给孩子们什么样的情感与教育支持，在中年级学生经历学习分化，高年级学生面临交友、家庭和自我成长方面的各种困扰的时候需要提供什么样的知识与情感援助，在"在矛盾和不平衡中快速发展"的青春期需要如何识别和回应学生的成长问题与需求，并给予及时恰当的成长帮助，等等，这些都需要教师有相当的教育知识和素养来应对学生的行为事件。这就要求教师除了具备必要的教育学、心理学和关于道德方面的知识以外，还需要具有一定的社会学、文化人类学和青少年发展的相关知识储备。这样，当教师在面对不同的学生和问题的时候，就能够基于一定的知识和认知做出敏感而适恰的判断与回应。

(二)发于真情的师生关系中蕴藏着丰富的积极价值观，是无形的道德教育力量

教师对学生道德品质和价值观成长的影响还蕴含和体现在更广泛

的师生日常交往过程中。静态的、普遍性的学科知识并不足以建立和形成真正的人与人之间的关系，师生关系具有重要的"育人"价值。教师和学生作为社会中的基本元素，在人与人的交往过程中都有与他人建立情感联结的需要，以维持人类社会中最基本、普遍存在的人际关系。然而，师生关系不是自然而然就存在的，如果没有在活生生的、具体的人之间的真实情感和思想的交流，没有在交往中形成的相互关系中的磨砺、碰撞和交互影响，而仅仅依靠书本和教师的抽象认知，是难以结成和维持真正意义上的师生关系的。正是在教师与学生结成的关系中，人类的伦理和道德问题才得以显现。师生关系中的需求、爱好、趣味，师生相处中的尊重、宽容、公正、平等等价值取向自然刺激和影响着学生的心理情感定向和认知思维发展。尽管它们在具体的事件和人身上的反应会有不同，但是由此奠定的一种人际交往观和个体因在其中遭遇的情感经历、价值选择的过程而获得的价值调整、重构，是道德价值观还处于不稳定时期的儿童青少年的道德与价值观形成的重要影响源。而在师生交往形成的关系中，教师带着关心，并且以对学生的尊重、平等的眼光和视角处理教学中的问题，与学生之间形成关心而公正、真诚而平等的师生交往关系，师生之间呈现出坦诚、平等、互相尊重与信任的交往互动关系以及信赖、责任、惬意等积极的生命状态等，也是涵养学生在人际交往中的价值观，并使其形成一定的道德品质的重要契机和途径。

正如关怀伦理学的代表人物内尔·诺丁斯所言，大部分的道德行为是与关心、同情等直觉相连的，因此，对于接纳、认同、理解等道德情感的培育，既是道德教育的重要方面，也是人的基本的道德需要。"关怀"既是美德，也是关系，关怀双方对"关怀"情感的感受以及在此基础上建立的关怀型的情感关系是积极道德品质生成的重要环境和内在条件。陶行知说，爱是教育的前提。尽管并不是所有的教师都可以天然地从爱出发，或时时处处皆能出于"爱"而关心、理解、接纳学生，但是教师职业的特殊性恰恰就在于教师日复一日地、长时段、高频度地与学生相处，师生关系的好坏本身已然是教师和学生生活质量优劣的重要参考方面。教师的榜样作用显然有助于引导学生形成积极的情感品质和价值观念，教师在与学生的相处中不断调整自己，同时引发学生学会关怀教师，教师会更容易从学生的反馈中获得自我职业的满足感和尊严感。教师虽不是圣人，但教师本人，或者更确切地说，健康、良好的师生关系一定是学生道德价值观形成的重要来源。师生关系的构建及其成效一定是教师在职业生活中无法回避的最真实的人生履历和考验。

（三）具有一定情感素养和情感教育能力的教师，更容易培养学生成为心灵丰富而健康的人

德育工作的重要目标之一在于培养学生成为心灵丰富且健康的人。一方面，情感是构成学生道德品质与价值观的重要基础和敏感要素。学校教育为人的生命顺遂成长担负着自己的使命，教师对学生人性发育、人格健全、价值观形成等方面的关切使其不能不关注他们的情感状态、情感品质及能力的增长。另一方面，"情感"也是构建并保持良好师生关系的最基本的线索和渠道，师生之间的情感状态和师生关系中的情感氛围是重要的道德和价值观形成的影响因素。这就要求教师还应具有一定的情感素质去面对学生的情感需求，构建并维护与学生互动良好的师生关系。教师识别、回应和处理不同成长阶段、不同生活背景、不同性格特征的学生的问题的能力不仅依靠技巧和知识，而且依靠对学生的爱、对教育工作的热情。"老师对学生的情感，像父母对孩子的情感一样，是在一个更广泛的背景下以成长和变化的价值为前提的，以这种价值对发展年轻人的自我人格和个性所起的作用为前提的。"①

除了具备教育的爱和情感上的敏感之外，教师更需要成为情感饱满、丰富的人。内在情感和精神世界丰富并保持开放性的教师，能够关注学生的情感（包括情绪）表达，敏锐地发现学生沉默、对抗等消极情绪背后的精神活动，并创造性地寻找转化学生消极情绪为积极行动的契机。这些都需要教师不仅关注学生外在的行为表现，更关注学生内在的精神世界，并结合一定的社会学、文化人类学的知识做出解释和应对。而情感深沉的教师，会为寻求一个好的解决方法而殚精竭虑，会为找不到合适的办法而焦虑苦闷。"机智是一种对他人的关心指向。一方面，关心是主动愿意为他人承担重负、困难和悲痛。另一方面，关心他人也意味着注意他人、爱护他人，慈爱而温柔……机智是一种实践中的规范性智慧，它受见解（insight）的支配同时又依赖于情感。"②教师对学生问题背后隐藏的深层问题的洞察能力以及应对这些问题的情感能力，关系到学生的身心发展。

三、提升教师自身基于"情感"的道德品性

学生在道德上的成长除了需要外在的道德规范指引与约束、内在的情感经验积累与理性思考能力增长外，还与他们每天在所处的环境中受到耳濡目染有关。教师自身是否具有良好的道德品质和素养，尤其是以教师的人文素养为依托的、体现并表征在教师情感状态上的教师"情感—人文"素养，是学生道德成长一个重要的影响源。

---

① ［加拿大］马克斯·范梅南：《教学机智——教育智慧的意蕴》，李树英译，90页，北京，教育科学出版社，2001。

② ［加拿大］马克斯·范梅南：《教学机智——教育智慧的意蕴》，李树英译，193页，北京，教育科学出版社，2001。

(一)把抽象的道德规范化为具体的道德形象，"教师自身"是最好的道德教育资源

道德教育的目标之一是帮助学生形成积极健康的人格和良好的心理品质。外部的规范、要求等，只有与学生个人具体的感知方式、认知方式相融合，成为学生自我发展和考虑的一部分的时候，才能真正地发挥作用。"道德是要要求个人，但这种要求的最终应当是关注个体的生活质量和生活幸福。"①因此，德育是否能够成为一种深入心灵的活动，真正进入学生的内心，是所有德育途径和方法的选择中都应该关注的重点。在这方面，教师尤其是教师自身的道德品质以及与此相关的情感和人文素养等，发挥着潜在而深刻的影响作用。作为有血肉、有情感的完整生命体，教师在自己的生活经历和职场生活中不断累积和形成的道德修养、素质和能力等不仅渗透在教学活动和师生交往中，从而对学生的思想品德产生影响，而且还体现在"教师自身"这个完整的生命体身上并整体性地呈现、暴露在学生面前，影响学生的各个方面，渗透他们的品德和价值观的形成过程。

强调教师自身作为良好道德的代言人和道德品质的集合体是与《指南》中强调的通过多种途径开展德育活动，尤其是"管理育人"中强调的"加强师德师风建设""争做'四有'好教师"的精神相一致的。教师的"身教"是相比于教师关于德育的知识、教师的德育能力而言更为重要的直观地影响学生道德品质和价值观成长的"生命元素"。在道德影响中，教师是作为一个"整个的人"出现的。"教师对于学生的影响体现在教师知识、品德、情感、人格、精神乃至教师的言行举止等方方面面。教师是以其全部生活经历和生命状态在影响学生，而不是简单的知识传

---

① 朱小蔓：《情感德育论》，236 页，北京，人民教育出版社，2005。

递者、说教者。"①作为一个生命体，教师本人把抽象的道德规范化为具体的道德形象，以生命的灵动、鲜活代替知识的死板、僵化，这胜过一切形式的活动和说教。拥有良好道德品质和积极生活态度的"四有"好教师本身就是"育人"的楷模，他们身上体现了人类道德的美好。而通过他们的实践，以他们自己的生命形象地呈现的道德之美，是最激动人心的，也最容易打动孩子们，为他们所接受。当思想与行动、认知与情感都结合在一个人身上并以活泼的生命姿态向他们展示的时候，孩子们内心受到的触动是可想而知的。

(二)以情感为表征的教师道德素养在师生、同侪的交往互动中激发与显现

教师自身的道德素养既与教师的生活经历、受教育环境等有关，更是在自己长期的职场生活，尤其是与学生、同侪的交往中不断提高的。其中，除了道德知识的教育之外，教师对学生的情感状况的重视以及教师自身的情感状况等，都会形成一种无形的道德教育力量。苏霍姆林斯基在《和青年校长的谈话》中谈道，教师是有情感修养的人，儿童每天都在亲身感受教师对其行为举止在他的心灵深处做出的最细腻的情感反应。这种反应就是用人道精神进行教育的强大基础，离开它，就无所谓学校。②

现在教师队伍中年轻教师、独生子女教师所占的比例越来越大，他们在生活阅历、人生经历方面还比较贫乏，常常会因被国家和社会以高标准要求，但福利条件和工作条件受限而缺失职业的光荣感、尊严感，因无力承受社会矛盾在教育中的折射而产生无助感，因工作时

---

① 朱小蔓、王平：《在职场中生长教师的生命自觉——兼及陶行知"以教人者教己"的思想与实践》，载《南京师范大学学报(社会科学版)》，2017(3)。

② ［苏联］B. A. 苏霍姆林斯基：《和青年校长的谈话》，赵玮等译，123 页，北京，教育科学出版社，2009。

间长、负担重、枯燥、烦琐而无新意而产生疲惫感，以及工作中时常会感受到无力感、挫败感等。所有这些负面的情感状况都容易激化和放大教师的精神冲突与矛盾，并间接地在教师的日常生命状态中呈现和传递给学生，对他们的精神和人格的发育、思想道德和价值观念的形成造成不健康的影响。而良好的情感状态则可以呈现、表征他们在道德方面的热情和对于信仰的笃定，并由此反映他们人格与精神上的崇高。"由人的情感品质所制约的道德敏感性，对自己、对他人的感受性，情感世界的丰富性、深刻性、稳定性等，都是人的道德行为过程中的恒常心理背景。"①

尽管教师的情感条件、性向和能力有一些与个人与生俱来的气质、性格类型等有关，也与教师在后天接受的教育、成长的环境等分不开，但是对道德的需求、对情境中的具体人物和事件的价值评判与感受等是与后天的环境分不开的。教师是在具体的环境中去感受具体的人与事的，因而这种伴随着道德评判并具有价值意蕴的情感体验的深刻性、广泛性、稳定性的品质与能力就可以在教师后天的生活环境中，尤其是在与学生、同侪之间的交往、互动的过程中被刺激、显现，从而得到锻炼和提升，并内化和凝聚为教师的以情感表征、人文气质为核心的自我修养和道德品质。它们是师德的表现，也是影响学生道德品质和人格成长的形象的、直观的、活生生的德育源泉。

(三)借助阅读和情感表达工作坊，提升教师自身的道德品质与人文素养

"腹有诗书气自华。"读书是丰富人的知识结构与精神层次，提高人的认识与思维能力的重要方式。古往今来，人们对于读书的意义的强调不胜枚举。就教师而言，读书的意义更是不言而喻。教育家苏霍姆

---

① 朱小蔓：《情感德育论》，46 页，北京，人民教育出版社，2005。

林斯基曾经不止一次地鼓励教师多读书，他将无限相信书籍的教育力量作为自己的教育信念之一，甚至强调："教师不读书，不迷恋于书海，那么，提高教育水平的一切措施就会失去意义……教师的道德感情素养、学识水平、教育学和心理学素养、语言素养等，都要从书籍中吸取丰富的营养。"①教师除了读教育学、心理学以及与所教学科相关的书籍之外，还应该广泛地涉猎杰出人物的传记，优秀的文学、艺术、历史、哲学等方面的书籍。它们是提升教师人格境界，尤其是激发教师的想象，使他们情感上受到深刻的冲击和震撼、心灵与精神得到洗礼，从而葆有对真善美的向往和笃定的信念之必不可少的精神营养。而从学校管理者的角度而言，是否重视、倡导和为教师提供自由阅读的时间，创造出相应的制度和文化氛围，一定意义上又是评判校长是不是一位教育领导而不是一般的行政管理者的重要标准。

教师的价值观念、情感状况和能力是需要在与他人的情感交流和思维碰撞中生成、锻炼和提升的。在由不同学科背景、年龄层次、教育经历、阅读经历的同侪组成的情感表达工作坊中，教师可以交流自己在教学生活乃至日常生活中的认识和想法，经由不同观点和认识的碰撞，形塑自己的价值观念和认知，释放并抒发自己的情感。教师也可通过同侪之间的互相沟通，在沟通之中不断地反思自己的情感状况、教学育人中的行为表现，不断地对自己的情感表达能力以及通过情感进行人际交往特别是与学生之间的交往状况进行反观，反思自己与学生交往、在教学活动中的情感反应和能力，从而调适自己的情感应对，锻炼自己将价值观念通过恰当的情感形式、在合适的时机进行表达的能力，并对学生道德品质和价值观的形成产生积极、正面的影响。

---

① 毕淑芝、唐其慈、王义高等：《苏霍姆林斯基的全面发展理论》，见《当代苏联教育家的新思想》，243页，上海，上海教育出版社，1990。

"情感—交往"型课堂：
课程育人的一种人文主义探索路径[①]

　　人的情感发展关乎个体身心健康成长，关乎家庭的和谐幸福，并深深影响社会有机体的良序发展。我国当代的情感教育研究兴起于20世纪80年代中期，为了应对"升学至上""千军万马过独木桥"现象，我国出现了片面强调知识传习、备考记诵，忽视学习者的情绪情感，特别是忽视安全感、自尊心和愉悦感的获得，致使学生积极、丰富的情绪情感体验不足，感受、表达与调适能力不强的问题。人的情感发育、发展的缺失是教育活动中存在的现实问题，会直接影响人的生命健康生长、人格健全发展，同时，这也折射出长期以来教育学、心理学领域对情绪情感的研究过于薄弱。而这一研究现状和认识局限导致我国师范教育在职前培养与职后培训阶段对这一关涉学生与教师人格健全发展以及教学效果改善之重要领域的严重忽视。几十年来，情感教育研究虽然在理念传播、实践探索方面做了大量工作，但总体上看，传播面不广，许多基础理论尚待深化研究，对于更大范围的学校教育层面如何落实情感教育，以及包括学校德育、日常课堂教学在内的教育活动如何关怀人的情感层面，依然缺乏更为细致的可操作性研究及在

---

① 本文是作者与王坤合作发表在《课程·教材·教法》2018年5月上的文章。

更大范围的有效应用。

对人的整全发展质量问题的敏感和对情深意切的人道主义信念与理论的学习，尤其是数十年来经济快速发展，工业化、快速城镇化等引发的一系列环境问题、社会矛盾，已迫使人们转向对价值的关注、对意义的判断。与此同时，义务教育的全面普及和教育条件的持续改善，既体现出经济快速增长带动教育事业发展的成果，也从更深层面表明了"我们的教育对于社会流动和分层所起的作用明显地要先于和优于教育对人内在素质培养的迫切性"。① 可以看出，偏向快捷的心灵关注与价值处理的文化惯习，全人教育视域下追求人有质量发展的时代趋势和理想，以及21世纪初兴起的基础教育课程改革和片面化应试教育模式滋生的应试压力、恶性竞争等积弊，正以多种矛盾和张力拉扯、考验着学校育人课程的信念、内容与实施以及教师的专业品质和能力。我们深处复杂多变的学习背景中，面对既有国情使然，也不乏成功经验的教学方式与考试评价、甄别、选拔方式，反思并调整课堂教学以适时回应普遍的现代性问题和中国教育自身的问题，进而探求对学习的人文主义理解，有助于我们在人的发展理想感召下挣脱困境，找到切实可行的改变之路。正如联合国教科文组织在《反思教育：向"全球共同利益"的理念转变?》研究报告中所言："我们需要采取整体的教育和学习方法，克服认知、情感和伦理等方面的传统二元论。各界日益认识到，消除认知和其他学习形式之间的矛盾对立，对于教育至关重要，就连侧重于衡量学校教育学习成绩的人也不例外。"②

实现课程的整体育人功能是第八次基础教育课程改革的初衷，也

---

① 朱小蔓：《与世界著名教育学者对话（第一辑）》，111页，北京，教育科学出版社，2014。

② 联合国教科文组织：《反思教育：向"全球共同利益"的理念转变?》，联合国教科文组织总部中文科译，30页，北京，教育科学出版社，2017。

是一个至今尚在探索之中的实践与理论课题。面对作为学校育人核心载体与知识内容的课程，我们需要深入课程实施过程中，全面体察、分析人的发展质量，思索课程实施如何保障课程功能的完整性、学习权利均等的落实以及课程与教学活动对学习者成长需求最大程度的满足，并据此推动教育教学面貌与实效的真正改观。为此，我们依托香港田家炳基金会的支持，开展了"全球化时代的'道德人'培养——教师情感表达与师生关系构建"研究，在北京市、江苏省南通市两所种子学校以及江苏省多所学校进行课堂教学观察，通过多次、多学科、多学段听课、研讨、对话，研制出了用于指导教师课堂观察与自我观察，省思教学活动中教师与教材、教师与自身以及师生、生生之间情感交往互动与表达状况的指标体系——"情感—交往"型课堂观察指南。我们尝试用一套非量化的表现性指标，将课堂教学中的知识学习、教与学的行为、师生与生生的情感交往以及价值体验与理解等多个维度纳入一个可以观察的框架体系，并据此在一定程度上检测教师情感表达的方式、能力及效应，教学活动中的师生关系，教与学的积极性以及由此构成的较为完整而不失偏颇的教育教学质量、课程育人质量等。在理论工作者、教研员、一线教师反复观评课、研讨、日常交往与体悟的基础上，我们记录、梳理、总结研究资料，提炼出融合优质教学与情感教育、道德价值观教育，并能较充分地体现课程育人效应的课堂案例和中介理论，期盼经由观察指南的使用唤醒并强化教师的交往互动（与教材、学生、自己）意识，锻炼教师的交往能力，从而提升教师情感人文素质，提高教与学的质量，在师生、生生间的良性互动中涵养对人际社会良序关系的敏感性及构筑能力。

一、"情感—交往"型课堂的价值立意：指向完善学习品质的课程与教学活动

个体的成长是一个受天性禀赋、文化习俗、价值倾向与个人努力影响的复杂过程。人过什么样的生活，就有什么样的成长质态，终归是"千人千面"，难以把握。尽管如此，我们依然要关注教育与人的发展之间的种种联结，从中探寻有意义的线索与机制，以追求真正有质量的教育。学校教育着眼于人的发展质量，体现为师生在正规课程、潜在课程中学习各类知识，在知识涵养中过上健全的伦理与道德生活，从而实现情感与理智的不断平衡、个体与环境的顺畅交互。在追求教育质量的当下，可以有多样化的办学模式与差异化的教学模式，但底线是保障人的学习权利和尊严。具体而言，学校的课程与教学活动首先应当为每位学习者能享有学习权利提供尽可能多的机会。这就需要尊重每个人的生活与成长环境，体会与理解不同表征的生活习性、学习方式与价值趣味，而不是因权威、主流与共识来否定或忽视人的学习权利；需要关注不同智力性向、不同性格特征、不同学习风格以及不同成长进路的学生的学习状态与学习需求，在共同的学习时空中寻求具有差异化的学习突破路径；需要更为深厚的仁爱之心和更为长远的发展眼光，以更加开放、多元的价值观寻求具有基础性和根本性的价值共识，探索更加灵活多样的教学方式与方法，力求做到像人民教育家陶行知当年呼吁的那样"在立脚点谋平等""于出头处求自由"①。为此，我们希望教师能够契合学生个体认知与情感发展的节律以及个体间的差异，进而开展教与学活动，使课堂中每个孩子的生命状态都

---

① 方明：《陶行知教育名篇》，385 页，北京，教育科学出版社，2005。

能得到关注与照料，每个孩子的学习困惑都能引起重视并得到处理；学习氛围应适宜激发人的学习积极性与合作意愿，使人的智力潜能、兴趣爱好、个性特征、情感价值倾向有更多的机会得以自由展现，被发掘的优长在努力营造的教育环境中有条件相互补给、顺性生长；课程与教学活动更多呈现为以多样化的教学设计、学习方式满足学生多样化的需求，让大多数学生乐于主动参与学习，感受到学习过程的乐趣和人格的尊严，并对后继的学习保持热忱与积极性。因此，"在教育实践中，我们可能需要适当地补弱，但主要是尊重孩子的天性和天赋，更多地扬长，不能用'全面发展'的尺子对着量"①。

在基础教育走向普及的今天，完整的学习权利诉求已绝不仅在于入学机会均等，而且在于学习者受教育机会均等，那就势必关注每个学习者在学习过程中的真实感受，使他们的认知与情感得到关照，进而相互支持、协调发展。尤其在义务教育普及、高中阶段教育大力发展、人民群众教育需求日益旺盛的情势下，开展适性、适需的多样化教学，办适合的教育、有特色的学校在当前及未来较长时期势在必行。然而，时至今日，片面化的应试教育还需进一步遏制，新的、急切的对高教育质量的诉求在独特的中国教育问题语境下并未得到完整、深刻的理解；在相当多的基础教育学校，关注人的精神生活质量，尤其是从尊重、保障每个个体学习权利出发的教育质量观还未成为主流。情感教育要想走向深入和普及，必须关心学校课程与教学活动对个体的真实影响，鼓励孩子顺性扬才、多样化发展，凸显并引领个体素质多种维度的协调发展。我们接受并支持现代信息科技、人工智能技术在课程与教学活动中应用，期待新的科技在知识获得、技能训练、教

---

① 朱小蔓：《超越"管理"，做"整个儿"的校长——乡村学校校长的信念与担当》，载《福建教育》，2015(10)。

育情境创设、教育手段与方式更新、教育数据统计等方面发挥人无法替代的高效能作用。当下，学习可以越来越多地采用智能技术，智能机器人甚至可以替代教师的部分技能性工作，教师的"手脚"因此得以解放，精力得以激活；未来，智能科技在教育领域中将会足够成熟，并有足够的能力在模拟的情感和认知世界中与个体交往并互促成长。因此，教师关注心灵成长、从心出发与学生互动并展开教育、增进教育的价值与精神意味的角色作用愈加凸显和重要，教师适恰的情感教育本领会随着科技进步对人的解放而越加成为时代发展与人的精神成长急需的素质底色。教师应当具备足够的观察能力、人文理解能力与适恰的人文关怀能力，面对学习者的学科偏好、学习速度、学习方法与风格的差异，能够敏感觉察，给予回应与帮助；教师应能够引导学生展露自我，向学生敞开心扉，彼此相互扶持，使学生的学习过程充满人性关怀，引导他们健康地发育与成长。学校是孩子们学会人际交流、沟通与合作的场所，也是人社会化、政治化成长与发展的场所，需要在课堂中发现彰显不同生活底色、思维方式、情感基调、解答方法的教与学兴奋点，因为理解、宽容与同情的关系品质可以涵养未来社会发展需要的多元智能与个体追求核心价值的意志。我们期望这种温暖、健全的学习关系与学习氛围不仅可以催生学习者的学习乐趣，而且可以使他们在人生学习的基础性阶段砥砺终身受用的学习信念，以便在未来有足够的能力与意志迎接多样化的学习与生活挑战，能够悦纳自我与他人，从对善意的感受与理解中增进行动智慧与生命幸福。

情感教育的倡导与研究着眼于人的成长，希望帮助学校教育弥补家庭教育的不足，通过建构良好的人际关系来提升学习质量，培育个体在生活中扩充善意、克服挫折、积极作为的素养。而研制观察指南可以在一定程度上观察、矫治以符号传递、文本记诵、操作演练为主要方式的片面化、技术化的学习观，可以矫正目前课堂教学中占据主流地位但阻隔与破坏人的深度学习体验以及理智与情感能力发展的实践倾向。

二、观察指南的理念：寓教于行，涵情育人

"对于影响中国教育政策和实践的重大问题，对其中的基本理论，特别是那些具有广泛实用价值的基础问题应当被不断析理、识别出来，加以清晰化，投入较为长时段的研究。"①"情感—交往"型课堂理论接续了自 20 世纪 80 年代中期兴起的情感教育研究，是几十年来情感教育理论深入一线课堂的展开与丰厚。② 我们希望游走于情感教育理论研究与课程育人实践之间的思考以及随之而来的思想创造，能够将课堂教学现场中更多具有广泛应用价值的精神现象、基础问题描绘出来，使之清晰化，并在不断的追问与解答中积淀为深刻的问题意识，具体化为有行为改观导向的价值指标，形成教师观察自我与课堂的窗口，发展为教师改变自我、提升自我的工具，以利于教师整合教育智慧，创造丰富多样的课堂形态。

(一)着眼于教师情感人文素质，展开课堂观察

教师是课程育人功能得以实现的关键。在这个过程中，教师的知识量、思维能力、教学技能、性格习惯直接表现为一种教与学的专业素养，教师的生活阅历、阅读习性、学习经历、人文经验、价值倾向也会作为内隐的精神底色对教学实践产生重要影响。经过一段时期的课堂观察和试验，我们发现，在教师外显的专业素养与内隐的精神底

---

① 朱小蔓：《祝贺·致敬·期待》，载《教育研究》，2014(4)。

② 1994—1995 年，我们曾深入江苏省海安县实验小学的课堂开展实验，探索课程育人的"情感—交往"机制。

色之间，可以找到某些能够把握的情感能力。比如，教师的表情既能体现其一段时期日常学习与生活的状态，也浸透着当时对某个学生的判断与理解。我们可以之为线索或通过它们大致观测教师的人文情感素养水平，并据此引导教师专业成长。新现象学理论认为："情感是一种激动人的、把捉人的力量，这种力量不是仅存于身体之内，而是像天气、气氛那样包裹着人，人就置身于其中，所以身体的情绪震颤似乎固定于、附着于身体的某一部位……情感以这种空间整体性的特征显示出来，成为客观的可感知的对象。"①基于人的情绪情感具有的可外化的、客观的空间特征，我们甚至可以直接体察教师的情感能力，具体表现为教师以语言、眼神、表情、肢体动作为方式的情感表达能力，对他人与自我的情绪情感状态、价值趣味、性格品性的觉察与识别能力，以及对他人与自我的情绪情感状态的调适与引导能力。当然，我们对教师情感表达能力的考察不只是立足于可见的表达方式，更侧重于在具体的教育情境中观察和体悟内在统整了情感觉察与情感调适的教师情感表达方式的教育意味。因为，情感不仅是受人当下的感受、价值判断与理解、调适行为共同影响的主观体验与表达，也是人在整全生活历史中积累下的客观的感觉经验、情感定式与价值倾向。这些主观体验与客观存在以一种模糊和捉摸不定的形式弥散到人的整个生命领域，成为包含理智、价值观、品性、行为能力等整全素养发展的生命材料。这些生命材料经由大脑的生理协调以及事件、教育与环境的作用和影响，进而引导人的发展。而这种反映情感的弥散与裹挟并作用于人的"内质性"条件发展的过程本身也是个体人文素质的展现。具体而言，教师的情感人文素质是以教师的生命阅历与经验、人文阅读与体验、人文理解与思考为素质底色而发育、生长出的积极、正向

---

① 庞学铨：《新现象学的情感理论》，载《浙江大学学报(人文社会科学版)》，2000(5)。

的情感状态。比如，基本的情感育人认知，稳定的情感品质(关爱、同情、信任、尊重、宽容、理解、鼓励等)以及健全的情感能力。我们期望这种会对课程育人目标的达成产生根基性影响的教师品质能被教师自觉地观察与体认，继而经由广阔的职场生活，尤其是课堂教学活动的磨砺，最终生成稳定的自我意识、适恰的教育行为与积极的教育意义。

(二)重视教与学行为的情感交往与育人价值

课堂中的教与学行为组织并勾连起教学事件与教学过程，表征着课堂"面貌"。与此同时，每一种行为都关联、表达了个体的学习状态、兴趣偏好、价值倾向以及师生、生生关系的状态和品质。我们关注每种行为表征和产生的情感意涵及其统整知识学习、情感与价值观学习的效用与价值，重视体察师生、生生交往中的情感交往线索及其对良序伦理生活构建和课程育人目标达成的作用和意义。因此，课堂观察并非易事，既以教师情感人文素质切入，也是教师提升情感人文素质需要的专业训练。诚如孔子所讲的观察人的方式与内容："视其所以，观其所由，察其所安。人焉廋哉？人焉廋哉？"我们希望教师依据学生的当下行为，品读其行为动机、目的与需要，结合在日常交往中积累的对其态度、意志、习性、价值倾向与情感反应倾向的判断，形成信任、惬意、舒适但也凸显张力、涌现智力的交往关系；我们也希望教师不断关注此类良好关系品质的持续发展，以至展现为师生主体间相互依赖的、较为深刻的情感交往，当这类良好关系品质渗入个体学习与认知交往中，必会有益于学生认知与情感品质的全面发展。

基于此，我们倡导课堂教学整合个体学习过程与情感交往关系，从教师与学生两种观察维度，以层次递进的"行为表现—情感体验—价值体悟"为观察逻辑，研制"情感—交往"型课堂观察指南。观察指南力图揭示教师教学行为，学生学习行为，师生、生生交往行为具备的情感教育意蕴，以及达到较高水平课堂教育教学质量的路径与着力点。指南主要由三张表格构成，即两张行为指标表（分别指涉教师与学生）和一张指向教育教学质量的价值体验指标表。首先，观察指南希望教师（课堂观察者）理解从哪些具体维度观察和改善课堂。为此，观察指南提供了"情感性交往"行为指标的教师表与学生表。教师表分为一级观察维度、二级观测点和行为指标三个部分。其中，一级观察维度包括教师教学、师生情感交往两个观测点，具体细分为教师的学科素养、教师的教学方式、教师设置教学情境、教师的评价、教师的情感识别、教师的情感表达、教师的情感回应7个二级观测点，以及据此细化的16个行为指标。这些指标体现了对教师教育教学能力和素养的期待：教师只有热爱所任教的学科，才会有饱满的热忱与持续的动力率先尝试并鼓励学生大胆运用多种方式学习知识，率先探索并指导学生了解知识产生的历史与方法，训练学生感悟、辨析知识的价值意味，进而带领学生挖掘学科知识的生活链接与趣味性。课堂上，教师不仅要积极主动参与到教学活动中，倾听、理解每位学生，识别学生的学习困难、学习需求、学习状态以及学生学习过程中内隐的情感状态和情感变化，而且要依据不同的学生特点、学习内容、教学场景，既有针对性地运用和调整教学方式来引导最大多数的学生主动、乐意参与到学习过程中，又能对学习困难和有特殊需求的学生做出诊断性回应。与此同时，在师生交往的过程中，教师的语言、眼神、表情、肢体动作应当自然、温暖、有亲和力，能够随着教学内容、教学情境和学生学习状态的变化而富有变化与吸引力。教师应当通过适恰、妥帖的情感表达让学生感受到积极、正向的学习与交往体验，并由此创设出安全、宽容、相互尊重和信任、彼此关注和鼓励的学习环境。我们期待，在这样的学习环境中，师生自由表达、全情投入、坦诚互助，在生产与获得知识的同时修补彼此的缺陷，进而影响并涵育人格个性，养成正确的价值观。

　　学生表同样分为一级观察维度、二级观测点和行为指标三个部分。其中，一级观察维度包括学生学习、学生与学生的情感交往两个观测点，具体细分为学习状态、学习方式、学习评价、学生的情感识别、学生的情感表达、学生的情感回应 6 个二级观测点，以及据此细化的10 个行为指标。学生表旨在监测课堂上有多少学生能身心舒展、全情卷入地学习，能随着学习进程运用自己力所能及的、喜欢的、胜任的学习方式学习。我们希望以此来保持学生的学习兴趣和探究热忱，使他们敏于思考和提问，进而激发出学习过程中的想象力与创造力；我们也希望学生对学习表现出自信、乐观，对自我有持续积极、正面的评价，不因学习受挫而气馁和消沉，而是愿意敞开心扉、展现自我，主动迎接学习挑战并尝试改变自我。在交往方面，我们期待学生能够识别小组成员彼此的学习状态、困难和情感需要，并据此在合作学习时做出恰当回应和调适，乐于主动、大方、自信地表达，愿意与教师有眼神、语言上的互动和交流，学生之间能够真实地展开讨论，互帮互助，携手解决学习难题，共同实现学习进步。

　　需要指出的是，我们归纳、研制的两个行为指标表中共 26 个行为指标，每个指标既展现出某个观测点，也表达了在这个观测点下我们期望的教师或学生行为包含的教育意义。但是，这些行为指标并不是对师生教与学行为的分割，也无意用具体指标对课堂教学做割裂式的观察与改善，而是希望教师（包括课堂观察者）在理解教师表与学生表的基础上，对教师教学与学生学习产生一种有联结性的敏感和自觉观察的意识，在理解每种行为指标的上述育人深意的基础上，找到知识学习、情感教育与师生、生生交往的观察切入口，在实际操作中摸索到教育改善的依据。

　　事实上，学习质量、交往关系品质、完整课程功能的达成等课堂教与学的价值意味常常是内隐的、缄默的，并不完全像外显的教学行为那样可以直接被观察到，而是依赖教师的反思、敏感与体悟能力去发现、发掘和改善。为此，观察指南专门搭建了一个层次较为分明、指向较为明确的价值体验指标体系，意在帮助教师（包括课堂观察者）健全、清晰地把握课堂教学质量的完整含义，并据此引导（观察）教与学的展开与深化。价值体验指标表分为完整教与学关系的达成、良好师生关系的建构、课程育人的实现 3 个观测点，并据此细化为 9 种价值体验性指标。我们认为，高质量的课堂教学表现为师生双方对学习内容和学习资源有比较全面和深入的理解与掌握，师生在学习过程中能够使用恰当的教与学方法引导彼此的知识探索与获得，师生能够积极卷入课堂教学活动中，给予彼此包容、信任和激励式的教与学评价，营建教学氛围浓厚、紧张有序、张弛有度的教与学关系。我们期待，在这样的教与学关系中，师生坦诚相待、相互支持与帮助，教师从中体验到教学的愉悦感，学生从中体验到学习的安全感、自信心和成就感，师生双方形成尊重、信任、依恋的情感交往关系。在此基础上，师生既能通过完整教与学关系的达成和良好师生关系的建构实现知识的掌握、学习方法的获得、理智与情感能力的和谐发展，也能从教学内容、教学组织和课堂的情感交往中感受并认同关爱、尊重、宽容、理解、和谐、平等、正义、集体荣誉的价值，从而在积极合作、学习关心、携手相助、诚实守信、承担责任、勇于探索和坚韧不拔等方面得到锤炼。

三、观察指南的使用：建设"情感—交往"型课堂

观察指南希望在课堂展开的过程中帮助教师综合观察课堂，并尽可能好地实现课程育人的功能。通过指南的引导，教师既能通过对行

为指标的学习，用完整的而不是偏颇的眼光看待和评估课堂教学质量，理解并努力导向其中要求的价值目标，体验指标蕴含的意义，又能通过对价值体验指标的理解浸入或反思课堂教与学行为，促进自身教学行为的改善。总之，观察指南的使用意在推动教师的情感人文素质在课堂中显现，进而通过具体行为来反思和深化其价值性与人文性，以进一步调整、改善教学行为。通过课前关照、课中体验、课后反思，教师反复观察、感受与分析，在课堂交互中调适与改善教学行为，进而深化自我理解，提高育人能力与教育质量。

我们深知，教师的情感人文素质提升与课堂教学改观绝不是一蹴而就的，使用指南旨在引起情感教育意识的觉醒，使教师在课堂及日常交往中一点一滴地锻炼情感能力与人文素养，同时通过坚持阅读与写作，扩充知识面，深化和提升人文理解能力与表达素养，扩大生命视域与格局。研究人员扎根课堂，与一线教师坦诚合作、思想交锋，依据观察指南观课、评课，组织大学学者、不同学科教师和教育管理者参与课堂研讨、专题工作坊，从多个角度共同挖掘、探讨有价值的课堂教学问题，磨砺并统整知识学习、情感教育与道德教育的敏感性、专注力以及行为品质。

（一）依托观察指南，提升教师的情感人文素质

通过较长期的合作行动研究，一些教师对课堂教学中的情感教育产生了比较自觉的意识，并生发出较为深刻的思考。在一次"情感—交往"型课堂课例研讨与写作培训班课程结束后，我们分析了教师的文字反馈，发现几乎所有参训教师都明确意识到，在课堂教学中，有意识的情感教育以及构建良好的师生、生生关系，对有意义的知识学习和人的全面发展来说十分重要且尤为必要。通过他们的文字，我们也感受到了诸多深刻的教育智慧与教育情怀。比如，语文学科的房老师写道："只有真实的情感才能产生感人的力量，教育需要引领、帮助，更

需要坦诚、陪伴。没有情感的教师是没有力量的；情感使用不准确的教师，力量也是分散的……情感是无形而有意的，是教育中极具价值的内容，或者说是我们的教育内容发挥作用的重要保障，也是孩子们在未来的人生中超越知识以外的恒温的东西。"数学学科的赵老师写道："我们需要思考如何让孩子们有效地感受学科的本质，感受规则的价值，感受规则建立过程中的合理性、有效性，如何让孩子们体验有效使用规则给学科学习带来的好处，逐步让他们在建立规则、使用规则的过程中敬畏规则……有效培养他们的阅读习惯、理解能力及表达能力，是数学教学过程中需要不断浸润的抓手，也是构建师生情感的必要环节。"语文学科的张老师写道："教师都尝试在课堂上搭建平等沟通的平台，引导师生、生生之间更轻松自如地沟通……见惯了孩子们在课上沉默的模样，眼见这些课堂上活跃、真诚的孩子，不禁感慨这或许就是情感的力量，它为学生情感的释放构建了通道，释放了他们最真实的生命力。"教师的文字反馈中还有许多类似的直逼教育工作者心灵的表达。我们可以感受到，那是对情感教育从无意识向有意识的转变，是有自我生命特色的学科育人思想的迸发，也是长期教育感悟与经验的激活。我们感受到适恰、温暖的情感表达开始受到关注，师生关系质量已被正视。我们也发现，完全可以从课堂的知识学习中寻求突破与改善，从中体认学习是每个人的权利；在这些教师的课堂里，学习困难的群体开始受到关注，并找到了调适的路径与方式；课堂教学不再是技术的演练与知识的灌输，而是师生、生生通过心灵对话不断生成价值与智慧、建筑生命力量的特殊时空；冷漠、懈怠、误解、抱怨连同热忱、关爱、宽容、理解、同情、鼓励一体成为教师认识自我和课堂的关键词，不同质地的情感体验在交流的平台上与表达的过程中相互映照，因此而涌现的教育价值可以成为教师踏实可靠的情感教育认同与课堂改观的敏感点；教学组织、教学方式、生活经验与人际交往开始受到关注，成了品读平等、民主与正义价值，勾连学习内容不可或缺的学习资源。那些潜藏于每位教师教育经历与经验中的自在生命体验与智慧，经由"情感—交往"型课堂理论的激发，开始凸显为活灵活现的问题敏感、教育理解与情感关注。我们可以想象和有理由期待，经过日常课堂教学与师生交往的反复重构和锤炼，教师的情感人文素质完全有可能滋长为灌注教师职业生涯的教育信念和育人智慧。

(二)鲜活生动的"情感—交往"型课堂示例

我们惊喜地发现并记录下了几十节"情感—交往"型课堂示例。这些涉及小学、初中与高中阶段，涵盖语文、数学、英语、道德与法治、化学、生物、地理、历史、音乐、美术、体育等学科，既是教师较高水平育人素养的自然呈现，也是我们一段时间以来艰辛的扎根研究与合作探索的思维和情感的结晶，体现了"情感—交往"型课堂理论的具体操作路径，以及由此引发和彰显的丰富多彩的课程育人形态。比如，在一堂面向高一学生展开的"化学辩辩辩——化学究竟是什么"课上，逻辑思辨能力强且葆有音乐欣赏、表达与创作情趣的张老师以自然、轻松的家常问话开场，同学们积极、愉悦的回应反映了他们对即将探索的未知学习领域并没有紧张感，反而充满了好奇与期待。之后，为了让同学们更直观地了解化学的功能与价值，张老师播放了由一位年轻的男性化学教师自创的"记得吗？你还学过化学"的音乐视频。视频画面清新，一位教师拿吉他弹唱由化学元素、化学现象、化学问题、化学学习生活串联起的说唱型歌曲。歌曲旋律轻快、温婉，结合几位同学跳的与歌曲内容相适配的舞蹈，在真实、幽默的化学课堂上再现，迅速将学生引入了对化学课堂与化学问题的想象与讨论之中。这次有趣的化学课导入，将生涩的化学概念与生活连接起来，激发了同学们的学习兴趣。事实证明，这些通过音乐表达的积极的化学体验，为后续的课堂探讨、思维迸发与知识表达奠定了积极的人文基础。在一堂小学语文阅读课上，睿智沉稳、热情干练的陈老师引导同学们品读《小王子》。这堂课没有太多的语言知识传递，依循《小王子》的故事创设情境、展开对话是主要的教学方式。在角色扮演、绘画等教学设计的引导下，故事主题激发了同学们的想象与表达。陈老师身处其中与同学们对话，激活了他们的兴奋、开心与忧伤，直面负性情绪的调适，展开了对友谊、理解与同情的学习与体验。在由角色和绘画引起的故事情境对话中，陈老师穿梭于课堂之中，时而像亲切的邻家大姐姐，时而像智慧的母亲，边交流边鼓励同学们抬起低垂的头，有时轻拍他们的肩膀以示鼓励；同学们则在问题的引导下争先恐后地表达，倾倒不被理解的苦楚。面对有的学生突如其来的负性情绪表达乃至失声痛哭，陈老师也会鼓励他说出其中的原因，并给予拥抱、安慰与激励。"要使人形成具有永恒性的价值观，越早进行教育越好……因而，学校教育要把社会的真实情况越早地、越全面地用合适的方式告诉孩子，从而使教育贴近生活，促进学生在生活中真实地成长。"[①]这样的课堂已经超越了语文知识学习，《小王子》故事深含的精神力量得以在课堂对话中显现、流淌，同情、理解与宽容之美涌现并直抵孩子们的内心，在心中的不快得到释放的同时，他们也感受到了关爱、互助与集体价值的力量。

(三)课堂观察与课例写作帮助教师提升情感人文素质、建设高质量课堂

观察指南是教师观察自我与课堂，提升情感人文素质与课堂教育质量的工具。经由对观察指南的反复理解、在课堂现场的诠释而建设

---

① 朱小蔓：《与世界著名教育学者对话（第一辑）》，29页，北京，教育科学出版社，2014。

起来的"情感—交往"型课堂一定饱含着改观的切口与价值。课堂中的经历不能白白流逝，课堂中的那些最微观的眼神交流、动作表情、神情状态、文字语言，课堂中的时空安排、教与学的方式、任务分配、教学内容，以及课堂中师生的生活经验、情感反应模式与知识体系的交互建构，无不深含每个学习者的当下体验与价值倾向，不仅支持课堂中的知识产生与内化，一定程度上也具备助力师生成长的知识性价值。教师需要通过有意识的课堂观察与课后回味，反思并记录下这些鲜活生动的现象、场景、冲突与体味，依据"情感—交往"型课堂理论，展开基于包括回溯、描写、叙事、体验、反思等人文研究方法在内的教研写作，将每天发生的课堂实景通过文字写成切己、可见的教育经验和智慧，以此来提高敏锐性与专注力，扩展生命观察与体验的视域，进而积淀为日后提升教育教学素养与课堂教育质量的"热认知"[1]与生命材料。

"情感—交往"型课堂理论视域下的课堂观察与课例写作倡导专注于体验的人文写作。对体验进行描写并不容易，可以从描述一段单独的体验开始训练。"在写的时候，要做到简单、直接，尽可能地使用描述性的语言并避免解释和归因。不要让自己陷入事实的细节中，应该首先是生活体验，那是你应该努力描述的。"[2]对单独体验的描写训练可以帮助写作者直面事件中的自我，通过文字将当时的感受可视化，

---

[1] 人的认知过程与切身经验、认知体验紧密关联。知识点记诵、机械训练与价值观训诫等过程，常常因生活与生命经验卷入不够、缺少切身体验而成为于学习者而言的抽象符号与单调程序，体现为一种冰冷、无意义的认知过程，甚至阻隔、破坏学习与成长。只有学习者主动参与学习、积极维持学习，知识、经验、价值与体验在认知过程中得以统整为学习者的自我理解与自主的生命状态，学习的意义才能真正涌现，认知才会转化为一股暖流，滋养智慧产生与生命成长。

[2] ［美］洛伦 S. 巴里特、［荷］托恩·比克曼、［荷］汉斯·布利克等：《教育的现象学研究手册》，刘洁译，55～56 页，北京，教育科学出版社，2010。

以便从中发掘自我教育的切入口与生命成长的可能性。当对单独体验的描写越发纯熟、真实、直接，文本能被多数他者接受、认同而且卷入其中时，教师就可以开始训练对教学片段进行反思并写出观察体验。在这个阶段，我们建议教师依据描写单独体验时积累下的写作感受与习惯，结合对诠释了观察指南指标意涵的教学片段的观察，描写教学事件，描述师生状态与体验，阐释教育价值或澄清不足与缺陷。当教师越来越能从对教学片段的写作中体验到表达的自信，获得切实的教学改观时，也就可以开始尝试训练系统观察与反思整堂课，依据观察指南的视域撰写课堂示例。全面、系统的课堂观察是一个立足知识学习现象，从课前到课中再到课后，从教师的情感人文素质切入，深入观察、感受、理解并反思师生、生生情感交往与价值意味的复杂过程。整堂课例写作是对有意义的教学片段写作的接续融合，包含依据价值体验指标对整堂课的教育教学质量的把握、感受与分析。课例作为研究结果，试图提出一些对教师的课堂改善产生更多可能性的建议（包含具体的教学模式、策略和方法），同时为那些和课堂决策有关的人提供一个更好的情境，为更好地行动指明方向。① 我们期待这种扎根一线课堂、实现课程育人的人文主义方法和内容能够开垦出更多芳香四溢的课堂花园，让师生置身其中，自由、惬意而充满智慧地成长。

---

① ［美］洛伦 S. 巴里特、［荷］托恩·比克曼、［荷］汉斯·布利克等：《教育的现象学研究手册》，刘洁译，75 页，北京，教育科学出版社，2010。

图书在版编目（CIP）数据

朱小蔓文集/朱小蔓著. —北京：北京师范大学出版社，2023.8
ISBN 978-7-303-28957-8

Ⅰ.①朱…　Ⅱ.①朱…　Ⅲ.①教育学－文集　Ⅳ.①G40-53

中国国家版本馆 CIP 数据核字（2023）第 092316 号

图　书　意　见　反　馈	gaozhifk@bnupg.com　010-58805079
营　销　中　心　电　话	010-58802135　　010-58802786
北师大出版社教师教育分社微信公众号	京师教师教育

出版发行：北京师范大学出版社　www.bnup.com
　　　　　北京市西城区新街口外大街 12-3 号
　　　　　邮政编码：100088
印　　刷：北京虎彩文化传播有限公司
经　　销：全国新华书店
开　　本：787 mm×1092 mm　1/16
印　　张：133.25
字　　数：1630 千字
版　　次：2023 年 8 月第 1 版
印　　次：2023 年 8 月第 1 次印刷
定　　价：980.00 元

策划编辑：冯谦益　　　　　　责任编辑：赵鑫钰
美术编辑：陈　涛　焦　丽　　装帧设计：陈　涛　焦　丽
责任校对：陈　荟　　　　　　责任印制：马　洁